Hermes
Hand
Lexikon

ETB

Wer kannte wen?

Große Gestalten der Geschichte
in synchronoptischer Darstellung

Hermes
Hand
Lexikon

Zusammengestellt
von Michael Matthes

ECON Taschenbuch Verlag

Hermes Handlexikon

1. Auflage 1983

Bildredaktion: Angelica Pöppel
Umschlagdesign: Ludwig Kaiser
Satz: Bauer & Bökeler Filmsatz GmbH, Denkendorf
Reproduktion: Repro Ludwig, Zell am See
Druck und Bindung: Georg Appl, Wemding
Printed in Germany
ISBN 3-612-10001-7

Die Reihe »Hermes Handlexikon«
wurde von Bodo Harenberg begründet

Bildnachweis

Archiv Klöckner-Humboldt-Deutz AG, Köln: S. 152 o. Archiv für Kunst und Geschichte, Berlin: S. 6, 12 u., 13, 15 o., 20 u., 23, 26 o., 41 o., 42 o. M. u. r., 45, 50 o., 55 M., 62, 67 u., 73 u., 75 o. u. u. r., 84 o. u. u. r., 91 o. u. u., 92 M., 93 u., 97, 102, 105 o. l., M. l. u. u. l., 113 o. r., 115, 119, 122, 124 o., 127 u., 128 o. l., 129 o., 133, 135 u., 138 u., 140 u., 142 o. r. u. u. l., 143 M. u. u., 146 o., 151 u., 168 o., 178 u., 183 o., 199 u., 205 u., 211 M. l., 221, 223 o., 227, 241 u. r. Associated Press, Frankfurt/M.: S. 225 u. Daimler-Benz AG, Stuttgart/Bad Cannstatt: S. 154, 155, 176. dpa, Frankfurt/M.: S. 84 u. l., 130 u., 164, 170 u., 177 o., 184, 185 o. u. M., 195, 200 o., 205 o. l., 206, 209 u., 210 o., 211 M. r., 213, 219 M. r., 224, 230 o. l. (Foto: Schäfer) u. r. (Foto: UPI), 231 o., M. u. u. l., 232, 236, 237, 239, 241 o. u. M., 243. Historia-Photo, Hamburg: S. 178 o. Bildarchiv Jürgens, Köln: S. 113 u. Keystone, Hamburg: S. 143 o. l., 216. Klett-Verlag, Stuttgart: S. 199 o. Lufthansa Photo, Köln: S. 196. Österreichische Nationalbibliothek, Wien: S. 171 u. Hans Patzelt, München: S. 20 M. Bildarchiv Preußischer Kulturbesitz, Berlin: S. 20 o. M. u. r., 74 o., 84 M. l., 85 u. l. u. r., 91 M. r., 92 o., 103, 114, 124 u., 129 u., 142 o. l., 151 o., 159, 165 u., 166 o. l., 167 o. l. u. r., M. u. u., 181 o., 185 u., 186, 190, 192, 197, 201 M., 203, 205 o. r., 207 u., 210 u., 211 o. u. u., 212, 218 o., 219 o., M. l. u. u. l., 241 u. l. Schiller-Nationalmuseum, Marbach/N.: S. 112 u., 113 o. l., 166 o. r. Toni Schneiders, Lindau: S. 14 u., S. 34. SPADEM, Paris/Bild-Kunst, Bonn © 1983: S. 175 o. Städtische Galerie im Lenbachhaus, München: S. 161 u. Ullstein Bilderdienst, Berlin: S. 135 o., 153 o., 167 o. M. Zentralbibliothek, Zürich: S. 147 u.

Alle oben nicht aufgeführten Aufnahmen stammen aus dem Verlagsarchiv.

Inhalt

Einführung

Wer kannte wen? ist ein modernes biographisches Nachschlagewerk, dessen Besonderheit sich bereits in seinem Titel ausdrückt. So kommt es hier nicht allein auf eine Ansammlung biographischer Daten an, sondern vor allem auf die Beziehungen dieser Daten untereinander. Um diese Beziehungen einem gewissen Ordnungsschema einzuordnen, mußten Strukturmerkmale eingeführt werden, die Zuordnungen ermöglichen. Diese sollten aber offen genug bleiben, um nicht eine zu kleinliche Einordnung zu erzwingen. So wurde hier auf die drei Klassifikationsmerkmale: »Politik und Wirtschaft«, »Technik und Wissenschaft«, »Kunst und Kultur« zurückgegriffen. Aber auch schon diese Einteilung erzwang Entscheidungen bei der Eingruppierung von Personen, die von anderen Herausgebern vielleicht anders getroffen worden wären. In welchen Zusammenhang etwa ist Leonardo da Vinci einzuordnen, wo Martin Luther, wo die Päpste? Lange Zeit war die Kirche ein bestimmendes Moment der Politik, aber ebenso ist sie wesentlicher Ausdruck unserer abendländischen Kultur. Hier wurden Schwerpunkte im Hinblick auf die Frage gesetzt, in welchen Bereichen im Zusammenhang mit dieser Art der Darstellung die besondere Bedeutung der angeführten Person liegt; dabei wurden Politik vor allem unter dem Aspekt der Macht, Technik und Wissenschaft unter dem Gesichtspunkt neuer Erkenntnisse, Kunst und Kultur im Hinblick auf Widerspiegelung gesamtgesellschaftlicher Veränderungen, Stilrichtungen und allgemeinmenschlicher Problemsituationen interpretiert. So wurde Nietzsche als Kulturkritiker im Bereich der Kultur angesiedelt, Kant und Hegel aber stehen im Bereich Wissenschaft.

So fragwürdig manche Rubrizierung auch erscheinen mag, sie erfüllt ihren Zweck immer dann, wenn es gelungen ist, die Fülle des Stoffes soweit zu gliedern, daß er an Übersichtlichkeit gewinnt und damit das Auffinden von gesuchten Daten erleichtert. Hier zeigt sich sicherlich eine Grenze der Darstellungsmöglichkeiten dieses Buches. Eine andere wurde zusätzlich eingeführt: Alle hier berücksichtigten historischen Persönlichkeiten gehören dem europäisch-abendländischen Kulturkreis an. War es schon schwierig genug, überhaupt repräsentative Biographien aus Politik, Wissenschaft, Technik, Kunst und Kultur auszuwählen, ohne dabei – abgesehen von einer sehr rasch nicht mehr überschaubaren Datenfülle – den Rahmen eines Taschenbuches zu sprengen, um wieviel mehr hätte jede Begrenzung durchbrochen werden müssen, wären in diesem

Gegenüberliegende Seite:

*Die Tafelrunde Friedrichs des Großen (1712 – 1786) in Schloß Sanssouci.
Gemälde von Adolph von Menzel (1815 – 1905) aus dem Jahr 1850.*

Buch Persönlichkeiten aus allen Kulturbereichen der Erde berücksichtigt worden. Die Auseinandersetzung mit fremden Kulturen spiegelt sich in den Daten einzelner Europäer.

Das Bestreben, Geschichte an Personen festzumachen, wie es für die Geschichtsauffassung des 19. Jahrhunderts charakteristisch war, unterscheidet sich von dem hier vorliegenden Versuch dadurch, daß die aufgeführten Daten nicht unter dem Blickwinkel gesehen werden, daß durch sie Geschichte bestimmt ist, sondern daß *sie selbst Geschichte sind.* Die Feststellbarkeit von Widersprüchlichkeiten innerhalb eingrenzbarer historischer Epochen wird besonders deutlich an der Gleichzeitigkeit von scheinbar ungleichzeitigen Phänomenen. Es sind die von Nietzsche so genannten »Unzeitgemäßen«, die uns gerade ihre eigene Zeit erhellen. Ein Buch, das biographische Daten unter dem Titel *Wer kannte wen?* zusammenstellt, knüpft ein Netz von Beziehungen zwischen Lebensdaten der unterschiedlichsten Persönlichkeiten, bei dessen Entflechtung der Leser selbst mit beteiligt ist.

Wer wurde nicht schon einmal nachdenklich, wenn ein älterer Mensch erklärt, er könne sich an seinen Urgroßvater erinnern, der seinerseits in der Revolution von 1848 mitgekämpft habe; oder wenn die letzte Kaiserin von Österreich, die greise Zita, im Fernsehen so anschaulich und lebendig von ihren Begegnungen mit Kaiser Franz Josef erzählt, der seinerseits noch den letzten Kaiser des Heiligen Römischen Reiches Deutscher Nation, Franz II., erlebt hat. Hier tun sich Beziehungen auf, Erlebnisketten werden offenbar, die uns in unserer alltäglichen, eingefahrenen Denkweise kaum bewußt sind. Wir verbinden den Namen eines berühmten Menschen mit einigen wenigen Jahreszahlen oder abgegrenzten Epochen, in denen er etwas Großes, mitunter Entscheidendes geleistet hat. Tatsächlich durchleben viele Menschen 50, 60, 70 oder 80 Jahre und berühren mit ihrer gesamten Lebenszeit Epochen, in die sie gar nicht zu passen scheinen. Dieses Buch soll eben dieses unser klischeehaftes Denken korrigieren, soll zeigen, daß die Übergänge von einer zur anderen Epoche fließend sind, ja daß die Einteilung in Epochen erst von nachfolgenden Generationen getroffen wird und zumeist recht zweifelhaft ist. Geschichte ist eine permanente Bewegung, die von einem Anfang in Richtung auf ein Ende abläuft. Dabei dienen die in diesem Buch festgehaltenen Daten als unverrückbare Fixpunkte zur Orientierung. Sie zeigen, daß die Geschichte der Menschen eine Auseinandersetzung von vielen Kausalzentren ist, von Einzelmenschen und deren geschichtsbedingten Überzeugungen, die man nur vom Früheren und zum Späteren schauend und urteilend verstehen kann.

Darüber hinaus dokumentiert dieses Buch aber auch, welche bedeutenden Taten auf dem Gebiet von Kunst und Kultur gleichzeitig mit wichtigen Ereignissen in Politik und Wirtschaft oder Technik und Wissenschaft erfolgten. Wir haben uns angewöhnt, die politische Geschichte getrennt von der Kulturgeschichte zu sehen. Um aber die Fülle der Gesamtgeschichte zu erfassen, benötigt der Mensch offensichtlich Einteilungskriterien, ein Raster, das er nachträglich der Geschichte auflegt. So kann man sagen, daß der Mensch die Geschichte horizontal in Epochen einteilt und vertikal in Ländergeschichte, politische Geschichte, Kunstgeschichte, Wissenschaftsgeschichte etc. Wir wissen zwar, daß die altägyptische Kultur eine sehr hochstehende war, aber wenn wir ehrlich sind, können wir sie – altägyptische Objekte betrachtend – kaum in eine zeitliche Beziehung zu unserer mitteleuropäischen Geschichte bringen. Dieses Buch soll uns – zumindest für den europäischen Raum – helfen, neue Perspektiven zu sehen, aus der Geschichte neue Erkenntnisse zu schöpfen.

Die gesammelten Daten sind keine neuen Erkenntnisse, aber indem sie zueinander in Beziehung gesetzt werden, ergibt sich eine neue Qualität der Geschichtsbetrachtung. So verhält es sich ja immer mit neuen Erkenntnissen: Die Grundelemente sind bekannt und nicht neu, es kommt nur auf die neue Zuordnung an. Das ist die große Leistung von Erfindern, die nicht selten nachträglich gering geschätzt werden, indem man behauptet, die Entwicklung sei zwangsläufig so verlaufen, oder die Grundelemente seien doch längst bekannt gewesen. Tatsächlich ist es vorgekommen, daß eine Erfindung von zwei voneinander unabhängigen Forschern gleichzeitig gemacht wurde – man erklärte dann »es lag in der Luft« oder »die Zeit war dafür reif« –, was aber die Leistung des einzelnen Erfinders keineswegs schmälert.

Schließlich zielt dieses Buch darauf ab, das Geschichtsbewußtsein des Lesers zu stärken. Denn, wie Karl Löwith in seinem Essay *Vom Sinn der Geschichte* (Mchn. 1961) schreibt, haben Völker, die ohne historisches Bewußtsein leben, keine eigentliche Geschichte, auch wenn sich noch so viel ereignet. Hier wird gezeigt, daß wir mit der Geschichte unmittelbar verbunden sind, ja daß Geschichte bereits mit dem gestrigen Tag, mit der vergangenen Stunde, beginnt. Geschichte ist nicht eine vergangene, in sich abgeschlossene Epoche, die wir erforschen und an die wir herangehen wie an irgendein anderes Forschungsobjekt. Geschichte war auch einmal Gegenwart und auch Zukunft, und unsere eigene Gegenwart wird sehr schnell Geschichte. So sind wir mit der Vergangenheit verbunden, indem jeder von uns mit Menschen der vorhergehenden Generation ein Stück des gemeinsamen Lebenswegs teilt und diese wiederum in ihrer Jugend die Generation davor erlebt haben. Einen solchen »Staffellauf« gibt es eben nicht nur in der Familie – Großeltern, Eltern, Kinder, Enkel, Urenkel etc. –, sondern auch außerhalb derselben, wenn Menschen unterschiedlichen Alters einander zufällig oder in bestimmter Absicht begegnen. So werden, vorwärtsgewandt durch die Jahrtausende, Wissen und Werte weitergegeben, aber auch wir können uns mit den Menschen der vergangenen Zeiten verbunden fühlen.

Wer kannte wen? erfüllt aber auch alle Anforderungen an ein herkömmliches Nachschlagewerk. Es will nicht andere, schon bestehende biographische Werke ersetzen, weshalb im Anhang auch Angaben über allgemeine biographische Nachschlagewerke und Lexika verzeichnet sind. Es will vielmehr aufgrund einer neuen Konzeption die bestehenden Nachschlagewerke ergänzen, neue Möglichkeiten der Beziehungen von Menschen untereinander in Abhängigkeit von der Zeit aufdecken, ohne dabei diese Beziehungen dogmatisch formulieren zu müssen. Über das Register erhält der Leser einen alphabetischen Zugriff auf die Personen, deren biographische Daten in dem Buch erfaßt worden sind. Die Registerdaten wurden ergänzt durch nähere Angaben zur Person, die im Text selber aus Platzgründen nicht aufgenommen werden konnten. Der Hinweis auf die im Text genannte Person erfolgt im Register über die *Jahreszahl* der Eintragung (nicht über die *Seitenzahl*).

Wenn auch der einzelne nur soweit erfaßt werden konnte, wie es durch reine Jahreszahlen möglich war, so ergibt sich aus der Zusammenschau der Vielzahl der Daten ein Mosaik, das für jeden zu einer lebendigen Darstellung der Zeit werden kann, der sich über die Vielschichtigkeit der Lebenssituationen und Beziehungen bedeutender Persönlichkeiten untereinander zu einem bestimmten historischen Augenblick informieren will.

Abschließend noch eine Bemerkung zur Illustration des Buches: Die zahlreichen, zumeist farbigen Abbildungen sollen die im Text vermittelte Information veranschaulichen. Selbstverständlich liegt der Schwerpunkt auf den Personen, sei es als Porträt oder in szenischen Darstellungen; darüber hinaus wurden jedoch, unter der Voraussetzung, daß sie eine bestimmte Epoche besonders charakterisieren, auch andere Objekte und Ereignisse abgebildet. Die optische Begegnung mit zeitgenössischen, aber dennoch sehr unterschiedlichen Persönlichkeiten oder Ereignissen wird den gleichen Effekt hervorrufen wie das Studium des Textteils. In vielen Fällen wird es zu einem aufklärenden Überraschungseffekt kommen, wenn Personen und Ereignisse auf derselben Seite abgebildet sind, die man bisher nie in einen zeitlichen Zusammenhang gebracht hätte.

Synchronoptischer Teil

500–400 v. Chr.

Politik und Wirtschaft

500 * Perikles

473 Perikles läßt als Choregen die *Perser* des Aischylos aufführen
463 Perikles tritt als Ankläger im Bestechungsprozeß gegen Kimon auf
462 Perikles gelingt zusammen mit Ephialtes die Entmachtung des Aeropags
450 Perikles wird führender Staatsmann in Athen
445 Perikles schließt einen dreijährigen Frieden mit Sparta

Perikles (500–430 v. Chr.). Antike Kopie einer zeitgenössischen Büste von Kresilas (um 450 v. Chr.).

Wissenschaft und Technik

500 * Anaxagoras
490 * Empedokles
* Herodot
480 (um) † Pythagoras

470 * Sokrates
462 Anaxagoras siedelt nach Athen über
460 * Demokrit
* Hippokrates
* Thukydides
455 Herodot beteiligt sich am Sturz des Tyrannen von Harlikarnassos
450 Herodot unternimmt eine Forschungsreise ans Schwarze Meer u. nach Ägypten
445 Herodot hält in Athen Vorträge über seine Reisen, wobei er in Verbindung mit Perikles, Phidias u. Sophokles stand

Sokrates (470–399 v. Chr.). Mit ihm begann die Blütezeit der attischen Philosophie. Römische Kopie einer griechischen Herme.

Kunst und Kultur

500 * Phidias
499 Aischylos führt seine ersten Tragödien u. Satyrspiele in Athen auf
496 * Sophokles
490 Aischylos beteiligt sich an der Schlacht v. Marathon
484 Aischylos wird Sieger im Wettkampf der drei Dichter beim Dionysos-Fest in Athen
480 * Euripides
Aischylos beteiligt sich an der Seeschlacht v. Salamis
Sophokles führt bei den Siegesfeiern nach der Schlacht v. Salamis den Knabenchor an
470 Aischylos wird v. König Hieron nach Syrakus eingeladen
468 Sophokles siegt beim städtischen Wettbewerb in Athen über Aischylos
458 Aischylos besucht erneut Sizilien
456 Phidias: Bronzestatue der Athena Proachos
455 † Aischylos
Euripides läßt seine erste Tragödie in Athen aufführen
445 um * Aristophanes

443 PERIKLES wird Stratege in Athen
431 Ausbruch des Krieges zwischen Athen und Sparta
430 † PERIKLES

Die Akropolis in Athen zur Zeit des Perikles. Links der Parthenon und rechts das Erechtheion. Lithographie einer Rekonstruktion von C. Votteler aus dem Jahr 1860.

444 HERODOT läßt sich in Thurioi in Unteritalien nieder u. erwirbt das Bürgerrecht
440 DEMOKRIT gründet in Abdera eine eigene philosophische-naturwissenschaftliche Schule
432 ANAXAGORAS muß Athen aus politischen Gründen wieder verlassen
431 SOKRATES dient als Hoplit im Peleponnesischen Krieg
428 † ANAXAGORAS
424 THUKYDIDES wird zum Strategen von Athen gewählt, muß aber aufgrund eines athenischen Gerichtsbeschlusses in die Verbannung
427 * PLATON
425 † EMPEDOKLES
406 SOKRATES wird zum Prytanen, d.h. zum Mitglied des geschäftsführenden Ausschusses des Rates der Fünfhundert, gewählt
404 Der Verbannungsbeschluß gegen THUKYDIDES wird wieder aufgehoben

443 SOPHOKLES wird Schatzmeister des Delisch-Attischen Seebundes
441 SOPHOKLES wird neben Perikles Stratege
438 PHIDIAS: Bronzestatue der Athena Parthenos
EURIPIDES: *Alkestis*
431 EURIPIDES: *Medea*
430 SOPHOKLES: *Oidipus tyrannos*
427 ARISTOPHANES tritt erstmals als Komödiendichter hervor
414 ARISTOPHANES: *Die Vögel*
411 ARISTOPHANES: *Lysistrate*
SOPHOKLES wird Mitglied der oligarchischen Regierung in Athen
408 EURIPIDES begibt sich an den Hof des makedonischen KÖNIGS ARCHELAOS in Pella
407 † EURIPIDES
405 ARISTOPHANES: *Die Frösche*
404 † SOPHOKLES

400–300 v. Chr.

Politik und Wirtschaft

384 * DEMOSTHENES

361 DEMOSTHENES setzt sich erfolgreich gegen seine Vormünder vor Gericht durch
356 * ALEXANDER III., der Große
355 DEMOSTHENES tritt erstmals als Volksredner in einem politischen Prozeß auf
348 DEMOSTHENES ruft zum Widerstand gegen PHILIPP II. v. Makedonien auf
346 DEMOSTHENES ist Mitglied der Gesandtschaft für den Friedensschluß mit Makedonien

Demosthenes (384–322 v. Chr.), der berühmteste und einflußreichste politische Redner im antiken Griechenland. Römische Kopie einer griechischen Bronzestatue (Oberteil, geweiht 280 v. Chr.).

Wissenschaft und Technik

400 † THUKYDIDES
399 † SOKRATES
Nach dem Tod SOKRATES hält sich PLATON mit Freunden in Megara auf, zieht sich dann in Athen zurück
395 PLATON reist nach Unteritalien
388 PLATON gründet in Athen die Akademie
384 * ARISTOTELES
375 † HIPPOKRATES
370 † DEMOKRIT
367 ARISTOTELES tritt als Schüler in die platonische Akademie v. Athen ein
366 PLATON reist nach dem Tod DIONYSIOS I. n. Syrakus. DIONYSIOS II. aber verschließt sich seinen Reformplänen

Kunst und Kultur

385 † ARISTOPHANES

Delphi, Tholos (Rundbau) der Athena Pronaia im attischen Stil des frühen 4. Jh.s v. Chr.

340 DEMOSTHENES wird Flottenkommissar u. löst eine panhellenische Bewegung gegen die Vorherrschaft Makedoniens aus
338 Sieg PHILIPP II. v. Makedonien über die Griechen bei Chaironeia
336 ALEXANDER D. GR. übernimmt nach der Ermordung seines Vaters PHILIPP II. die Regierung
334 ALEXANDER D. GR. beginnt den ›Rachefeldzug‹ gegen Persien
333 ALEXANDER D. GR. siegt bei Issos über den Perserkönig DAREIOS III.
331 ALEXANDER D. GR. gründet Alexandria in Ägypten, Sieg über DAREIOS III. bei Gaugamela, Besetzung v. Susa u. Persepolis
326 Sieg ALEXANDERS D. GR. über KÖNIG POROS im Pandschab

323 † ALEXANDER III. d. Gr.
322 † DEMOSTHENES

347 † PLATON
ARISTOTELES gründet zusammen mit XENOKRATES nach dem Tod PLATONS eine platonische Schule in Assos
345 ARISTOTELES geht nach Mytilene auf Lesbos
343 ARISTOTELES wird von PHILIPP II. v. Makedonien zum Erzieher ALEXANDER D. GR. berufen
341 * EPIKUR
335 ARISTOTELES gründet mit dem Lykeion eine eigene Schule

323 EPIKUR wird in Athen Ephebe
ARISTOTELES geht nach Chalkis auf Euboia
322 † ARISTOTELES
311 EPIKUR tritt als Philosophielehrer in Mytilene auf
306 EPIKUR geht mit seinen Anhängern nach Athen

Oben: *Die* Alexanderschlacht *(333 v. Chr.) zwischen Alexander d. Gr. (links) und dem Perserkönig Dareios III. (rechts). Mosaik im Haus des Fauns in Pompeji (um 150 v. Chr.) nach einem Fresko des Philoxenos von Eretria (?) vom Ende des 4. Jh.s.*

Gruppe von Philosphen der Akademie von Athen (um 385 v. Chr. von Platon – dritter von links – gegründet, 529 n. Chr. durch Kaiser Justinian geschlossen). Mosaik aus Pompeji, 1. Jh. n. Chr. Der Begriff »Akademie« leitet sich von jenem Olivenhain bei Athen her, der dem Heros Akademos geweiht war.

300–60 v. Chr.

Politik und Wirtschaft

290 * ARCHIMEDES
235 * SCIPIO AFRICANUS
210 SCIPIO wird Oberbefehlshaber der römischen Truppen in Spanien
206 SCIPIO vertreibt die Karthager aus Spanien
204 SCIPIO landet mit seinen Truppen in Afrika
202 Sieg der Römer unter SCIPIO über die Karthager bei Zama
201 Friedensvertrag zwischen Rom u. Karthago
187 Prozesse gegen die Scipionen in Rom
184 SCIPIO zieht sich auf seinen Landsitz zurück
183 † SCIPIO AFRICANUS
162 * TIBERIUS GRACCHUS
154 * GAIUS GRACCHUS
147 TIBERIUS GRACCHUS nimmt am 3. Punischen Krieg in Afrika teil
146 Zerstörung Karthagos durch die Römer
137 TIBERIUS GRACCHUS wird Volkstribun u. tritt mit einem Gesetz zur Agrarreform hervor
133 † TIBERIUS GRACCHUS

Wissenschaft und Technik

218 ARCHIMEDES baut im Zweiten Punischen Krieg Kriegsmaschinen für Syrakus
212 † ARCHIMEDES

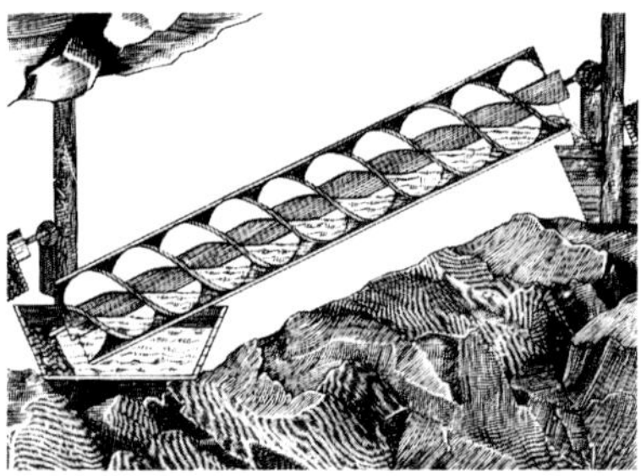

Die archimedische Schraube, ein mobiles Wasserhebegerät. Sie wird heute noch in Ägypten benutzt.

Kunst und Kultur

220 * TERENZ
202 Versklavung v. TERENZ
190 TERENZ gelangt über Scipio Africanus in den Besitz des Senators TERENTIUS LUCANUS, der ihn später freiließ
166 TERENZ: *Das Mädchen v. Andros*
160 † TERENZ

123 Gaius Gracchus wird Volkstribun u. erweitert das Agrarprogramm seines Bruders durch eine umfassende Sozialgesetzgebung
121 † Gaius Gracchus
102 * Gaius Julius Caesar

73 Caesar widmet sich der politischen Advokatur
Spartacus bricht aus der Sklaverei aus u. bezieht mit anderen geflohenen Sklaven Stellung am Vesuv
72 Vernichtung der Heere der Konsuln des Jahres 72 durch das Sklavenheer unter Spartacus
71 Sieg des M. Licinius Crassus über das Heer des Spartacus bei Petelia
† Spartacus
63 * Octavian (Augustus)
61 Caesar wird Proprätor in Spanien

97 * Lukrez
88 * Marcus Vitruvius Pollio

Brücke über den Eurymedon bei Aspendos (Belkis in der Türkei) in der typisch römischen Bauweise mit großen durchlässigen Bögen und dem charakteristischen Satteldachknick in der Mitte.

110 * Titus Pomponius Atticus
106 * Marcus Tullius Cicero
86 T. Atticus begibt sich nach der Wiedereroberung Athens dorthin
82 Cicero beendet seine Ausbildung in Rhetorik, Rechtswissenschaft u. Philosphie

79 Cicero unternimmt eine Bildungsreise nach Griechenland u. Kleinasien
77 Cicero kehrt von seiner Reise nach Griechenland zurück, wo er T. Atticus kennengelernt hatte
70 * Vergil
* Gaius Maecenas
Cicero setzt sich als Redner bei der Anklage gegen Verres durch
66 Cicero wird Prätor
65 T. Atticus kehrt als Freund der griechischen Kultur nach Rom zurück
* Horaz
63 Cicero wird Konsul u. unterdrückt die Catilinarische Verschwörung

60 v. Chr. – Christi Geburt

Politik und Wirtschaft

59 CAESAR wird Konsul
58 CAESAR beginnt die Unterwerfung Galliens
51 CAESAR unterwirft Gallien bis an den Rhein u. an die Nordsee
49 Beginn des Römischen Bürgerkrieges zwischen CAESAR und POMPEIUS
46 CAESAR wird nach seinem Sieg über POMPEIUS vom Senat zum Alleinherrscher auf Lebenszeit ernannt
44 † GAIUS JULIUS CAESAR
OCTAVIAN nimmt nach der Ermordung CAESARS dessen Namen an
43 OCTAVIAN sagt sich von den Republikanern los u. erzwingt seine Wahl zum Konsul. Zweites Triumvirat zwischen OCTAVIAN, LEPIDUS u. ANTONIUS
42 ANTONIUS besiegt die Republikaner M. BRUTUS u. CASSIUS in der Schlacht v. Philippi
40 Aufteilung des Römischen Reiches unter OCTAVIAN, ANTONIUS u. LEPIDUS

Wissenschaft und Technik

56 LUKREZ: *De natura rerum*
55 † LUKREZ

Römisches Kriegsschiff mit Soldaten für den Nahkampf. Relief vom Tempel der Fortuna Primigenia in Praeneste.

Kunst und Kultur

58 CICERO wird wegen der formal ungesetzlichen Hinrichtung der Catilinarier aus Rom verbannt
57 CICERO darf nach Rom zurückkehren
55 CICERO beginnt als Schriftsteller tätig zu werden
51 CICERO wird Statthalter in Kilikien
47 CICERO wird als ehemaliger Anhänger des POMPEIUS von CAESAR begnadigt
46 CICERO setzt seine philosophische Schriftstellerei fort
44 HORAZ tritt in das Heer des BRUTUS ein
CICERO verfaßt seine *Orationes Philippicae* gegen MARC ANTONIUS
43 † MARCUS TULLIUS CICERO
* OVID
42 HORAZ nimmt an der Schlacht bei Philippi auf der Seite der Republikaner teil
VERGIL bittet OCTAVIAN um die Rückgabe der durch die Schlacht von Philippi verlorenen Güter seiner Eltern
MAECENAS kämpft auf der Seite OCTAVIANS bei der Schlacht bei Philippi
40 MAECENAS vermittelt zwischen OCTAVIAN u. MARC ANTONIUS

37 Im Vertrag v. Tarent überläßt ANTONIUS OCTAVIAN seine Flotte für den Kampf gegen S. POMPEIUS
36 LEPIDUS wird zum Pontifex Maximus gewählt. ANTONIUS heiratet CLEOPATRA VII. v. Ägypten
31 Seesieg AGRIPPAS bei Actium über die Flotte CLEOPATRAS
30 † MARC ANTONIUS

27 OCTAVIAN legt seine politische Macht nieder u. erhält vom Senat den Ehrentitel AUGUSTUS
23 AUGUSTUS erhält die tribunizische Gewalt auf Lebenszeit
19 AUGUSTUS erhält die konsularische Gewalt auf Lebenszeit
15 Vorstoß der Stiefsöhne des Augustus, TIBERIUS u. DRUSUS an die obere Donau
12 Beginn der Germanenkriege des DRUSUS
AUGUSTUS wird zum Pontifex Maximus gewählt
10 1.8. *CLAUDIUS
9 † DRUSUS
5 TIBERIUS geht als Privatmann freiwillig in die Verbannung nach Rhodos
6 TIBERIUS erhält die tribunizische Gewalt
4 * LUCIUS ANNAEUS SENECA

26 † MARCUS VITRUVIUS POLLIO
25 * AULUS CORNELIUS CELSUS
4 * LUCIUS ANNAEUS SENECA

Brutus. *Etruskische Porträtbüste (Fragment einer Statue) aus dem 3. Jh. v. Chr.*

39 VERGIL veröffentlicht seine *Bucolica*, die ihm zahlreiche Gönner brachte, u.a. ASINIUS POLLIO, CORNELIUS GALLUS u. MAECENAS
38 VERGIL u. VARIUS stellen HORAZ MAECENAS vor, der ihn in seinen literarischen Kreis aufnimmt
37 MAECENAS ist am Zustandekommen des Vertrags von Tarent wesentlich beteiligt
33 MAECENAS schenkt HORAZ ein Gut in den Sabiner Bergen
32 † TITUS POMPONIUS ATTICUS

29 VERGIL beendet sein didaktisches Epos über den Landbau, die *Georgica* u. beginnt mit der *Aeneis*
19 † VERGIL
OVID: *Amores*
15 OVID: *Medea*
8 † HORAZ
1 OVID: *Ars amatoria*

Gegenüberliegende Seite:

Oben links: *Marcus Tullius Cicero (106–43 v. Chr.), römischer Redner und Staatsmann.*

Oben Mitte: *Gaius Julius Caesar (100–44 v. Chr.). Der Staatsmann und Feldherr leitete den Übergang von der Republik zum Kaiserreich.*

Oben rechts: *Kaiser Augustus (63 v. – 14. n. Chr.). Marmorbüste mit der Bürgerkrone aus Eichenlaub.*

Mitte: *Das Forum Romanum bildete jahrhundertelang das Zentrum des politischen und religiösen Lebens in Rom. Rechts die Säulen des Castor-Tempels, in der Mitte der Tempel der Vesta.*

Unten links: *Das römische Haus. Blick aus dem Atrium durch das Tablinum in das Peristyl. Holzstich des 19. Jh.s nach einer Rekonstruktion von Prof. J. Buehlmann.*

Unten rechts: *Die Thermen des Caracalla in Rom. Die Innenräume während der Kaiserzeit. Holzstich aus dem 19. Jh.*

Oben: *Kaiser Marc Aurel (121–180). Bronzestandbild auf dem Kapitolsplatz in Rom. Das einzige Beispiel einer Reiterstatue aus der römischen Kaiserzeit.*

Mitte: *Pompeji am Golf von Neapel wurde 79 n. Chr. durch den Ausbruch des Vesuv unter heißer Asche und Schlacke begraben. Seit dem 18. Jh. wird die gut erhaltene Stadt wieder ausgegraben. Die Abbildung zeigt eine Straße mit hohen Bürgersteigen und Trittsteine für die Fußgänger.*

Unten: *Vergil (70–19 v. Chr.) zwischen den Musen der Geschichte und der Tragödie auf einem Mosaik des 3. Jh.s n. Chr. Vergil hält eine Papyrusrolle mit den Anfangsworten seiner* Äneis *in der Hand.*

Christi Geburt – 200

Politik und Wirtschaft

4 TIBERIUS wird v. AUGUSTUS adoptiert
8 OVID wird v. AUGUSTUS in die Verbannung nach Tomis (Konstanza) geschickt
9 Vernichtung v. drei römischen Legionen unter VARUS durch ARMINIUS im Teutoburger Wald
10 (v. Chr.) 1.8. * CLAUDIUS
12 31.8. * CALIGULA
14 19.8. † AUGUSTUS (OCTAVIAN), TIBERIUS wird Nachfolger
16 GERMANICUS dringt über die Weser weiter vor und schlägt ARMINIUS
30 8.11. * NERVA
37 16.3. † TIBERIUS
CALIGULA wird Nachfolger
15.12. * NERO
41 24.1. † CALIGULA
CLAUDIUS wird Nachfolger
51 24.10. * DOMITIAN
53 18.9. * TRAJAN
54 13.10. † CLAUDIUS
NERO wird Nachfolger
68 9.6. † NERO
VESPASIAN wird zum Kaiser erhoben
76 24.1. * HADRIAN
79 23.6. † VESPASIAN
TITUS wird Nachfolger
81 13.9 † TITUS
DOMITIAN wird Nachfolger
96 18.9. † DOMITIAN
NERVA wird Nachfolger
98 27.1. † NERVA
TRAJAN wird Nachfolger

Wissenschaft und Technik

23 * PLINIUS D. ÄLTERE
30 (um) * MARCUS FABIUS QUINTILIANUS
33 * MARCUS FABIUS QUINTILIAN
46 * PLUTARCH
53 PLINIUS tritt als Anwalt in Rom auf
55 (um) * PUBLIUS CORNELIUS TACITUS
59 (um) QUINTILIAN kehrt nach seiner Ausbildung als Rhetor in Rom nach Calagurris (Spanien) zurück
66 PLUTARCH studiert Mathematik und Philosophie in Athen
68 QUINTILIAN kommt im Gefolge von Kaiser GALBA nach Rom
77 PLINIUS wird Befehlshaber der römischen Flotte im Tyrrhenischen Meer
78 QUINTILIAN zieht sich von seinem Lehrberuf als Rhetor zurück
79 † PLINIUS D. ÄLTERE
88 TACITUS wird Prätor
95 QUINTILIAN schließt seine Arbeiten an *Institutio Oratoria* ab
96 † MARCUS FABIUS QUINTILIAN
97 TACITUS wird Consul
98 TACITUS: *De vita Julii Agricolae liber*, eine Biographie seines Schwiegervaters

Kunst und Kultur

2 OVID: *Remedia amoris*
18 † OVID
† AULUS CORNELIUS CELSUS
31 SENECA kehrt nach mehrjährigem Aufenthalt in Ägypten nach Rom zurück
41 SENECA wird v. Kaiser CLAUDIUS nach Korsika verbannt
49 SENECA darf nach Rom zurückkehren
65 † LUCIUS ANNAEUS SENECA

117 8. 8. † Trajan
Hadrian wird Nachfolger
121 7. 3. * Marc Aurel
130 15. 12. * Lucius Verus
138 10. 7. † Hadrian
Antonius Pius wird Nachfolger
Marc Aurel wird von Antonius Pius adoptiert und erhält den Caesartitel
145 Marc Aurel heiratet die Tochter des Antonius Pius, Annia Galeria (Faustina)
161 6. 3. † Antonius Pius
Marc Aurel und Lucius Verus werden Nachfolger
31. 8. * Commodus
Marc Aurel besteigt den Thron und verleiht seinem Adoptivbruder Lucius Verus die Augustuswürde
172 † Lucius Verus
Marc Aurel wird Alleinherrscher
Marc Aurel schlägt die bis nach Griechenland vorgedrungenen Germanen zurück
175 Marc Aurel unterwirft die Sarmaten
176 Marc Aurel erhebt seinen Sohn Commodus zum Mitregenten
177 Marc Aurel verleiht seinem Sohn Commodus die Augustuswürde
180 17. 3. † Marc Aurel
Commodus wird Nachfolger
186 4. 4. * Caracalla
192 31. 12. † Commodus
193 Severus wird Kaiser in Rom

100 (um) Tacitus: *Dialogus de oratoribus*, eine Schrift über den Verfall der Redekunst
104 (um) Tacitus beginnt mit der Abfassung seiner *Historiae*
112 (nach) Tacitus beginnt mit der Abfassung der *Annales*, einer Geschichte Roms
Tacitus wird Gouverneur der Provinz Asia
125 † Plutarch
(um) † Publius Cornelius Tacitus

Unten: *Das Pantheon in römischer Zeit während einer Opferfeier. Seit 1609 ist der prachtvolle Rundbau die katholische Kirche S. Maria dei Martiri. Gemälde von Peter van Bloemen (17. Jh.).*

200–400

Politik und Wirtschaft

211 4. 2. † SEVERUS
CARACALLA und SEPTIMIUS GETA werden Nachfolger
212 CARACALLA wird nach der Ermordung von SEPTIMIUS GETA Alleinherrscher
217 8. 4. † CARACALLA
218 * GALIENUS
222 ALEXANDER SEVERUS wird Kaiser in Rom
235 19. 3. † SEVERUS
253 P. LICINIUS VALERIANUS wird Kaiser in Rom und ernennt seinen Sohn GALLIENUS zum Mitkaiser
260 P. LICINIUS VALERIANUS wird im Feldzug gegen SAPORES besiegt und gefangengenommen
268 † GALLIENUS
284 C. AURELIUS VALERIUS DIOCLETIAN wird Kaiser in Rom
285 27. 2. * KONSTANTIN DER GROSSE
292 DIOCLETIAN teilt das Reich in vier Teile
303 24. 2. DIOCLETIAN verschärft die Christenverfolgung
305 1. 5. DIOCLETIAN legt die Herrschaft nieder
306 KONSTANTIN D. GR. wird zum Nachfolger seines Vaters als Kaiser des Westreiches ausgerufen
312 KONSTANTIN D. GR. siegt am Ponte Milvio über seinen Gegenspieler MAXENTIUS und bekennt sich zum Christentum
313 KONSTANTIN D. GR. erläßt das Mailänder Edikt, das die Christenverfolgungen beendet
314 KONSTANTIN D. GR. führt Krieg gegen LICINIUS
317 7. 8. * CONSTANTIUS

Wissenschaft und Technik

Kunst und Kultur

Oben: *Kaiser Konstantin der Große im Kreise seiner Familie. 312 wurde er durch seinen Sieg über Maxentius an der Milvischen Brücke bei Rom Alleinherrscher. Spätantike Gemme (Kamee) aus zweifarbigem Onyx.*

330 (um) * BASILEIOS DER GROSSE
339? * AMBROSIUS V. MAILAND
354 13. 11. * AURELIUS AUGUSTINUS
356 (um) BASILEIOS D. GR. kehrt nach seiner Ausbildung in Rhetorik, Grammatik und Philosophie nach Kaisareia (Kappadokien) zurück
357 BASILEOS D. GR. empfängt die Taufe und unternimmt eine Reise nach Ägypten, Palästina und Mesopotamien
358 BASILIEIOS D. GR. wird Einsiedler bei Neokaisareia in Pontos

323 KONSTANTIN D. GR. schlägt LICINIUS
324 KONSTANTIN D. GR. siegt über LICINIUS, den Kaiser des Ostreiches und sein Schwager
KONSTANTIN D. GR. wird Alleinherrscher
325 KONSTANTIN D. GR. beruft die Kirchenversammlung nach Nicäa
KONSTANTIN D. GR. erhebt das Christentum zur Staatsreligion
330 (um) KONSTANTIN D. GR. erhebt Byzanz zur Hauptstadt des Römischen Reiches
331 * JULIAN APOSTATA
337 22. 5. † KONSTANTIN DER GROSSE
351 JULIAN APOSTATA hält sich in Ephesos auf und lernt den Neuplatonismus kennen, der ihn vom Christentum entfernt
354 JULIAN APOSTATA nach Mailand gerufen
355 6. 11. JULIAN APOSTATA wird zum Caesar erhoben
360 Dezember JULIAN APOSTATA wird von den Truppen in Gallien zum Augustus erhoben
361 3. 11. † CONSTANTIUS
Dezember JULIAN APOSTATA hält Einzug in Konstantinopel
JULIAN APOSTATA wird von CONSTANTIUS zum Nachfolger ernannt
363 † JULIAN APOSTATA
370 * ALARICH
395 ALARICH wird König der Westgoten

Rechts: *Augustinus (354–430), einer der vier großen abendländischen Kirchenlehrer, erklärte in seinem* Gottesstaat (De civitate Dei), *der Untergang des Römischen Reiches gehe einher mit dem Aufstieg der Kirche, in der sich das Reich Gottes auf Erden manifestiere. Die Illustration einer mittelalterlichen Handschrift zeigt die Türme der Civitas Dei und Theologen, die deren Wahrheit verkünden.*

364 BASILEIOS wird Priester
370 BASILEIOS D. GR. wird zum Bischof v. Kaisareia gewählt
371 AUGUSTINUS heiratet eine Konkubine
372 AUGUSTINUS wendet sich der Philosophie und dem Manichäismus zu
373 AUGUSTINUS wird Rhetor in Thagaste und Karthago
374 7. 12. AMBROSIUS wird zum Bischof v. Mailand gewählt
379 1. 1. † BASILEIOS DER GROSSE
383 AMBROSIUS wird von Kaiser VALENTINIAN II. in diplomatischer Mission zu MAXIMUS nach Gallien geschickt
AUGUSTINUS wendet sich nach der Begegnung mit FAUSTUS V. MILEVE vom Manichäismus ab
384 AUGUSTINUS tritt in Mailand als Rhetor auf
386 AUGUSTINUS befaßt sich mit dem Neuplatonismus und den Episteln des Apostels PAULUS
387 AUGUSTINUS wird zusammen mit seinem Sohn von AMBROSIUS V. MAILAND getauft
391 AUGUSTINUS wird von Bischof VALERIUS v. Hippo Regius zum Priester geweiht
396 AUGUSTINUS wird Bischof v. Hippo Regius
397 4. 4. † AMBROSIUS V. MAILAND
398 AUGUSTINUS: *Confessiones*
AUGUSTINUS nimmt am 4. Konzil von Karthago teil

400–500

Politik und Wirtschaft

401 (um) ALARICH dringt mit seinen Westgoten nach Italien vor

408 ALARICH nimmt den Kampf gegen Westrom wieder auf

410 Eroberung Roms durch die Westgoten unter ALARICH
† ALARICH

418 LEO I. wird erstmals als römischer Akoluth erwähnt in einem Brief des AUGUSTINUS

432 LEO I. wird theologischer Berater des Bischof XYSTUS V. ROM

435 (um) LEO I. tritt als Gesandter des Kaisers VALENTINIAN III. in Gallien auf

440 LEO I. wird Nachfolger von Xystus als Bischof v. Rom

445 Juli LEO I. wird von VALENTINIAN III. in seine Stellung als Oberhirte vor den Provincialkirchen anerkannt
LEO I. erläßt ein Edikt zur Bekämpfung des Manichäismus

450 * THEODERICH

451 LEO I. setzt auf der Reichssynode v. Chalkedon die kirchlichen Vorstellungen Roms durch

452 LEO I. verhandelt mit ATTILA über den Abzug der Hunnen von Rom

455 LEO I. verhandelt mit GEISERICH, kann aber die Plünderung Roms durch die Vandalen nicht verhindern

Wissenschaft und Technik

Rechts: *Alarichs Einzug in Rom (410), wird zum Anlaß der Entstehung des Geschichtswerkes des Orosius und des Werks* De civitate Dei *des Augustinus. Holzstich nach einem Gemälde von W. Lindenschmitt.*

Kunst und Kultur

411 AUGUSTINUS beteiligt sich am Religionsgespräch v. Karthago gegen die donatistische Irrlehre

426 AUGUSTINUS: *De civitate Dei*

430 28. 8. † AURELIUS AUGUSTINUS

Rechts: *König Chlodwig (um 465–511) gründete durch Eroberung des Westgotischen Reichs das Fränkische Reich und trat 498 zum Christentum über.*

460 THEODERICH wird als Geisel an den Hof v. Byzanz gegeben
461 10.11. † LEO I.
465 (um) * CHLODWIG
470 THEODERICH kehrt zu den Ostgoten zurück
473 THEODERICH wird als Nachfolger seines Vaters zum König der Ostgoten gewählt
481 CHLODWIG tritt als fränkischer Teilkönig die Regierung an
484 THEODERICH wird Heermeister des Kaisers und Konsul
486 CHLODWIG besiegt SYAGRIUS und beseitigt damit die Reste der Römerherrschaft in Gallien
488 THEODERICH wird von ZENON nach Italien geschickt gegen ODOAKER
493 CHLODWIG heiratet die katholische Prinzessin CHRODECHILDE V. BURGUND
THEODERICH nimmt nach zweijähriger Belagerung Ravenna ein und ermordet ODOAKER. THEODERICH wird Stellvertreter des oströmischen Kaisers in Italien
498 CHLODWIG erweitert durch die Siege über die Alemannen sein Herrschaftsgebiet bis zu den Alpen
CHLODWIG tritt zum Christentum über, jedoch nicht zum Arianismus der ostgermanischen Stämme, sondern zum katholischen Glauben seiner Frau

490 (um) * CASSIODOR

Der Theoderichpalast in Ravenna. Mosaikbild aus San Apollinare Nuovo in Ravenna.

480 (um) * BENEDIKT VON NURSIA
(um) * BOETHIUS

Das Mausoleum Theoderichs bei Ravenna (6. Jh.). Die Kuppel ist ein Monolith von 11 m Durchmesser, das Grab selbst besteht aus Porphyr.

500–700

Politik und Wirtschaft

508 CHLODWIG besiegt die Westgoten und erweitert sein Herrschaftsgebiet bis zur Garonne
511 † CHLODWIG
518 JUSTINIAN I. wird maßgebender Berater von JUSTIN I.
521 JUSTINIAN I. wird Konsul
526 † THEODERICH
527 1.4. JUSTINIAN wird zum Mitkaiser ernannt
1.8. JUSTINIAN wird byzantinischer Kaiser
528 JUSTINIAN I. betraut eine Kommission mit der Sammlung der Kaisergesetze
529 7.4. Promulgation des Codex Justinianus
532 JUSTINIAN I. veranlaßt den Wiederaufbau der im gleichen Jahr in Flammen aufgegangenen Hagia Sophia
533 16.12. JUSTINIAN I. läßt die *Digesta* veröffentlichen
539 JUSTINIAN setzt in Ägypten eine Reorganisation der Verwaltung durch Zusammenlegung der militärischen und zivilen Gewalt durch
540 (um) * GREGOR DER GROSSE

Wissenschaft und Technik

506 CASSIODOR wird geheimer Kabinettssekretär THEODERICHs
523 CASSIODOR wird in der Nachfolge von BOETHIUS Magister officii (Kanzler) THEODERICHs
533 CASSIODOR wird Praetorianerpräfekt
538 CASSIODOR: *De anima*
540 CASSIODOR zieht sich in das von ihm selbst gegründete Kloster ›Vivarium‹ in Kalabrien zurück

Kunst und Kultur

500 (um) BENEDIKT V. NURSIA zieht sich in die Einsamkeit der Sabiner Berge zurück
505 BOETHIUS erhält den Ehrentitel ›patricius‹
510 BOETHIUS wird zum Konsul ernannt
522 BOETHIUS wird zum zweiten Mal zum Konsul ernannt, zugleich Kanzler am Hof von Ravenna
523 (um) BOETHIUS: *De consolatione philosophiae*
524 † BOETHIUS
529 BENEDIKT V. NURSIA gründet ein Mönchskloster auf dem Monte Cassino
547 (um) † BENEDIKT VON NURSIA

573 GREGOR D. GR. wird Stadtpräfekt von Rom
575 GREGOR D. GR. zieht sich in das Andreaskloster in Rom zurück
579 GREGOR D. GR. wird von Papst PELAGIUS II. als Gesandter nach Konstantinopel geschickt
580 (um) GREGOR D. GR. geht als päpstlicher Gesandter nach Konstantinopel
587 GREGOR D. GR. zieht sich erneut in ein Kloster zurück
590 GREGOR D. GR. wird zum Bischof v. Rom gewählt und am 3. 9. geweiht
591 GREGOR D. GR. gibt die *Regula pastoralis* heraus
596 GREGOR D. GR. sendet den Abt AUGUSTINUS des Andreasklosters in Rom nach Canterbury
GREGOR D. GR. vermittelt einen Waffenstillstand zwischen den Langobarden und Ostrom
604 12. 3. † GREGOR DER GROSSE

580 (um) † CASSIODOR

Papst Gregor der Große (um 540–604), einer der großen Kirchenlehrer. Nach der Legende diktierte ihm der Heilige Geist in Gestalt einer Taube den Inhalt seiner Bücher.

560 (um) * ISIDOR VON SEVILLA
576 ISIDORS V. SEVILLAS ältester Bruder LEANDER wird zum Bischof v. Sevilla gewählt
600 ISIDOR V. SEVILLA wird zum Bischof v. Sevilla gewählt
636 4. 4. † ISIDOR VON SEVILLA
658 * WILLIBRORD

700–850

Politik und Wirtschaft

714 * PIPPIN d. J.
742 7. 4. * KARL DER GROSSE
754 28. 7. PIPPIN wird von Papst STEPHAN II. in St. Denis bei Paris zum König der Franken gewählt
768 28. 9. † PIPPIN
KARL D. GR. übernimmt zusammen mit seinem Bruder KARLMANN die Regierung
771 Mit dem Tod KARLMANNS wird KARL D. GR. Alleinherrscher über das Frankenreich
772 KARL D. GR. zerstört die Irminsul, das heidnische Heiligtum der Sachsen
774 KARL D. GR. besiegt die Langobarden und krönt sich zu ihrem König
KARL D. GR. bestätigt die Herrschaft des Papstes über den Kirchenstaat
777 KARL D. GR. beginnt mit der Einteilung Sachsens in einzelne Missionssprengel
778 Sommer * LUDWIG DER FROMME
781 KARL D. GR. unternimmt seine dritte Romfahrt
Ostersonntag LUDWIG D. FROMME wird von Papst HADRIAN I. zum König gesalbt
782 KARL D. GR. besiegt die Sachsen in einer blutigen Schlacht bei Verden an der Aller
785 KARL D. GR. unterwirft den Sachsenführer WIDUKIND und erreicht seine Taufe
787 KARL D. GR. unterwirft den Bayerherzog TASSILO
788 Reichsversammlung in Ingelheim erklärt den Bayernherzog TASSILO zum Landesverräter und verurteilt ihn zu Klosterhaft
795 * LOTHAR I.

Wissenschaft und Technik

672 * BEDA VENERABILIS
679 BEDA VENERABILIS tritt in das Kloster Wearmoth ein
680 (um) BEDA VENERABILIS wechselt in das Kloster Jarrow bei Newcastle upon Tyne über, das von CEOLFRITH geleitet wird
731 BEDA VENERABILIS: *Historia ecclesiastica gentis Anglorum*, ein Werk, das ihm den Titel ›Vater der englischen Geschichtsschreibung‹ einbrachte
735 26. 5. † BEDA VENERABILIS
784 (um) * HRABANUS MAURUS

Kunst und Kultur

672 * BONIFATIUS
678 WILLIBRORD geht von Northumbrien zu EGBERT nach Irland
690 WILLIBRORD entschließt sich zur Bekehrung der Friesen
692 WILLIBRORD läßt sich von Papst SERGIUS I. in Rom seinen Missionsauftrag bestätigen
695 WILLIBRORD wird von Papst SERGIUS I. zum Bischof von Utrecht geweiht
698 WILLIBRORD gründet das Kloster Echternach
700 Das Kloster Echternach wird Zentrum der Mission WILLIBRORDS
715 BONIFATIUS beginnt seine Missionstätigkeit von Utrecht aus
716 BONIFATIUS beteiligt sich an der Friesenmissionierung WILLIBRORDS
719 BONIFATIUS erhält von Papst GREGOR II. den Auftrag, die Germanen zu christianisieren
721 BONIFATIUS geht zur Missionierung der Germanen nach Hessen und gründet die Klöster Fritzlar und Amöneburg
722 BONIFATIUS wird in Rom zum Bischof geweiht
723 BONIFATIUS erhält von KARL MARTELL einen Schutzbrief
724 BONIFATIUS fällt die Donar-Eiche bei Geismar, ein Symbol germanischer Religiosität
730 (um) * ALKUIN
732 BONIFATIUS wird Erzbischof und päpstlicher Vikar des ostfränkischen Reichsgebietes
739 † WILLIBRORD

800 25. 12. Karl d. Gr. wird von Papst Leo III. in Rom zum Kaiser gekrönt
805 * Ludwig der Deutsche
814 28. 1. † Karl der Grosse
816 Ludwig d. Fromme wird in Reims von Stephan IV. zum Kaiser gekrönt
817 Lothar I. wird bei der Erbteilung Mitkaiser
823 13. 6. Ludwig d. Fromme wird von seinen Söhnen zum zweiten Mal gefangen genommen
13. 7. * Karl der Kahle
Ostern Lothar I. wird von Papst Paschalis I. zum Kaiser gekrönt
830 Ludwig der Fromme wird von seinen Söhnen wegen Erbstreitigkeiten gefangen genommen
839 * Karl der Dicke
840 20. 6. † Ludwig der Fromme
842 14. 2. Ludwig d. Deutsche und Karl d. Kahle beeiden in Straßburg gegenseitige Treue
843 10. 8. Lothar I., Karl der Kahle und Ludwig d. Deutsche legen im Vertrag von Verdun die Teilung des Reiches fest
848 * Alfred der Grosse

---

804 Hrabanus Maurus übernimmt das Amt eines Klosterlehrers in Fulda
822 Hrabanus Maurus wird Abt des Klosters Fulda
842 Hrabanus Maurus legt sein Amt als Leiter des Klosters Fulda nieder
847 Hrabanus Maurus wird von Ludwig d. Deutschen zum Erzbischof v. Mainz berufen

Die Straßburger Eide *sind das älteste französisch-deutsche Sprachdenkmal. Es enthält das Bündnis zwischen Ludwig dem Deutschen und Karl dem Kahlen gegen Lothar I. (842)*

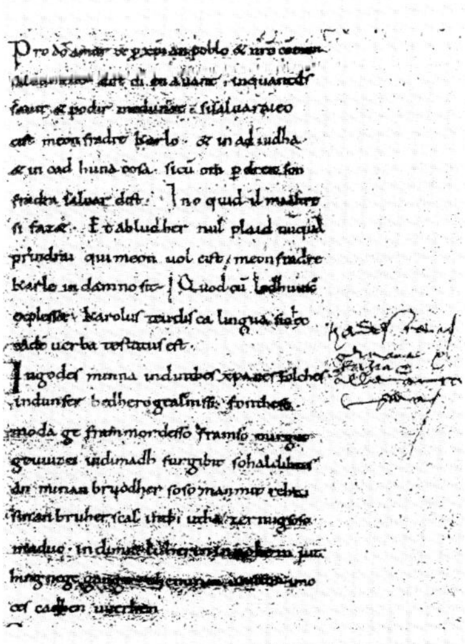

---

744 Bonifatius gründet das Kloster Fulda
747 Bonifatius übernimmt das Bistum Mainz
754 5. 6. † Bonifatius
767 Alkuin wird Lehrer an der Domschule v. York
778 Alkuin übernimmt die Leitung der Domschule v. York
781 Alkuin trifft auf der Rückreise von Rom Karl d. Gr. in Parma
782 Alkuin kommt an den Hof Karls d. Gr.
793 Alkuin entschließt sich, für immer im Frankenreich zu bleiben und begründet die ›Karolingische Renaissance‹
796 Alkuin erhält von Karl d. Gr. die Abtei St. Martin in Tours
804 19. 5. † Alkuin

850–950

Politik und Wirtschaft

850 6.4. LUDWIG II. wird von LEO IV. in Rom zum Kaiser gekrönt
853 ALFRED D. GR. wird nach Rom geschickt und trifft mit Papst LEO IV. zusammen
855 † LOTHAR I.
ALFRED D. GR. trifft erneut in Rom mit Papst LEO IV. zusammen
865 ALFRED D. GR. teilt sich zusammen mit seinem Bruder die politische Macht in England
871 ALFRED D. GR. wird König von England
875 (um) * HEINRICH I.
Weihnachten KARL D. KAHLE wird von Papst JOHANNES VIII. in Rom zum Kaiser gekrönt
876 28.8. † LUDWIG DER DEUTSCHE
877 8.10. † KARL DER KAHLE
881 Februar KARL D. DICKE wird Kaiser
885 Juni KARL D. DICKE vereint noch einmal das ganze fränkische Reich
886 ALFRED D. GR. erobert London zurück
887 11.11. KARL D. DICKE dankt als fränkischer Kaiser ab
ARNULF V. KÄRNTEN wird sein Nachfolger
ALFRED D. GR. erteilt den Auftrag zur Übersetzung lateinischer Schriften ins Englische
888 13.1. † KARL DER DICKE
894 1.2. ARNULF V. KÄRNTEN läßt sich in Pavia als König v. Italien huldigen
896 22.2. ARNULF V. KÄRNTEN wird von Papst FORMOSUS I. zum Kaiser gekrönt
899 26.10. † ALFRED DER GROSSE
8.12. † ARNULF VON KÄRNTEN

Wissenschaft und Technik

856 † HRABANUS MAURUS

Rechts: *Büstenreliquiar Karls des Großen. Um 1349 ließ König Karl IV. die Büste anfertigen, die die Hirnschale des von ihm so verehrten Kaisers aufnehmen sollte (Sockel und Kronenbügel wurden später ergänzt). Sie ist das Hauptwerk der Aachener Goldschmiedekunst der hohen Gotik.*

Kunst und Kultur

Rechts: *Am Weihnachtstag des Jahres 800 krönte Papst Leo III. Karl den Großen in der Peterskirche in Rom zum Kaiser. Der Akt gilt als die Geburtsstunde des Heiligen Römischen Reiches. Nach Karls eigenem Verständnis war es eine »renovatio imperii«, eine Wiedergeburt des Römischen Reiches. Die Motive und Hintergründe dieses Ereignisses wurden nie restlos geklärt. Fresko in der Stanza dell' Incendio im Vatikan.*

900 4.2. LUDWIG D. KIND wird in Forchheim zum König gekrönt
907 * WENZEL DER HEILIGE
910 LUDWIG D. KIND verliert die Schlacht gegen die Ungarn auf dem Lechfeld bei Augsburg
911 24.9. † LUDWIG DAS KIND
November KONRAD I. wird auf der Reichsversammlung in Forchheim zum König gewählt
912 23.11. * OTTO I.
915 WENZEL D. H. wird zum Nachfolger seines Vaters als König von Böhmen bestimmt
918 23.12. † KONRAD I.
919 Mai HEINRICH I. wird in Fritzlar zum König gewählt
928 HEINRICH I. zieht nach Böhmen
WENZEL D. H. tritt die Regierung in Böhmen an
935 † WENZEL DER HEILIGE
936 7.8. OTTO I. wird in Aachen zum König gewählt
2.7. † HEINRICH I.
940 OTTO I. beginnt die Reorganisation des Reiches

945 * GERBERT V. AURILLAC (SILVESTER II.)

Krone des Heiligen Römischen Reiches, wahrscheinlich 962 für die Kaiserkrönung Ottos I. in einer deutschen Goldschmiedewerkstatt hergestellt, später mehrmals überarbeitet (Schatzkammer Wien).

Thron Karls des Großen auf der Empore der Pfalzkapelle im Dom zu Aachen. In der Substanz geht er auf das späte 8. Jh. zurück. Bis in das 16. Jh. galt er als das Sinnbild des Kaisertums.

950–1000

Politik und Wirtschaft

951 OTTO I. zieht zum ersten Mal nach Italien
Weihnachten, OTTO I. heiratet ADELHEID, die Witwe König LOTHARS von Italien

954 * VLADIMIR DER HEILIGE

955 10. 8. OTTO I. siegt über die Ungarn auf dem Lechfeld bei Augsburg
* OTTO II.

961 26. 5. OTTO II. wird in Aachen zum König gekrönt

962 2. 2. OTTO I. wird von Papst JOHANNES XII. in Rom zum Kaiser gekrönt

967 Weihnachten OTTO I. läßt seinen Sohn OTTO II. von Papst Johannes XIII. in Rom zum Mitkaiser krönen

970 VLADIMIR D. H. geht nach Nowgorod

972 Ostern OTTO II heiratet die byzantinische Prinzessin THEOPHANO

973 6. 5. * HEINRICH II.
7. 5. † OTTO I.

Wissenschaft und Technik

967 GERBERT V. AURILLAC studiert Mathematik in Vich-Ausona

972 GERBERT V. AURILLAC studiert und lehrt in Reims

Kunst und Kultur

Bamberger Reiter. *Unbekannter reitender König im Bamberger Dom (vor 1237). Einer der Gipfelpunkte der Skulptur des 13. Jh.s mit Einflüssen der Schule von Reims. Eine sichere Benennung des Reiters ist nicht möglich.*

980 Juli * OTTO III.
OTTO II. führt die Disputation von Ravenna, an der auch GERBERT V. AURILLAC teilnimmt, der vom Kaiser das Kloster Bobbio erhält

980 VLADIMIR D. H. wird Großfürst des Kiewer Reiches

983 7.12. † OTTO II.
Weihnachten OTTO III. wird in Aachen zum König gekrönt

988 VLADIMIR D. H. heiratet die byzantinische Prinzessin ANNA

990 (um)* KONRAD II.

991 OTTO III. ernennt GERBER V. AURILLAC zum Erzbischof v. Reims

996 21.5. OTTO III. wird von Papst GREGOR V. in Rom zum Kaiser gekrönt

999 18.2. † GREGOR V.
GERBERT V. AURILLAC wird Papst SILVESTER II.

Rechts: *Thronender Herrscher (Otto III.?) umgeben von den Vertretern der geistlichen und weltlichen Stände. Aus dem Evangeliar Ottos III. Otto III. ließ sich als Kaiser auf Dauer in Rom nieder und umgab sich mit einem Hofstaat byzantinischer Prägung.*

990 (um) * GUIDO VON AREZZO

1000–1080

Politik und Wirtschaft

1002 24.1. † OTTO III.
7.6. HEINRICH II. wird in Mainz zum König gekrönt
1004 14.5. HEINRICH II. läßt sich in Pavia die Langobardenkrone aufsetzen
1014 14.2. HEINRICH II. wird von Papst BENEDIKT VIII. in Rom zum Kaiser gekrönt
1015 † VLADIMIR DER HEILIGE
1017 28.10. * HEINRICH III.
1020 BENEDIKT VIII. reist zu HEINRICH II. nach Bamberg, um ihn für den Krieg gegen Ostrom zu gewinnen
1024 13.7. † HEINRICH II.
4.9. KONRAD II. wird auf der Reichsversammlung in Kamba zum König gewählt
8.9. KONRAD II. wird in Mainz zum König gekrönt
1025 * HILDEBRAND (GREGOR VII.)
1027 26.3. KONRAD II. wird in Rom zum Kaiser gekrönt
* WILHELM DER EROBERER
1035 WILHELM D. E. übernimmt die Herrschaft in der Normandie
1039 4.6. † KONRAD II.
HEINRICH III. wird sein Nachfolger als König
1046 20.12. HEINRICH III. setzt auf der Synode von Sutri Papst GREGOR VI. ab
Weihnachten HEINRICH III. wird von Papst CLEMENS II. in Rom zum Kaiser gekrönt

Wissenschaft und Technik

1003 12.5. † SILVESTER II. (GERBERT V. AURILLAC)
1033 * ANSELM VON CANTERBURY

Kunst und Kultur

1015 (um) GUIDO V. AREZZO tritt in das Kloster von Pomposa ein
1029 GUIDO V. AREZZO tritt in das Kloster Avellana ein, nachdem er sich längere Zeit in Arezzo aufgehalten hatte
GUIDO V. AREZZO verfaßt seinen *Micrologus* und die *Regulae rhythmicae*

Oben: *Detail aus dem Teppich von Bayeux (um 1080?). Rechts thront Wilhelm der Eroberer, neben ihm sein Halbbruder Bischof Odo von Bayeux, der den Teppich in Auftrag gab.*

1050 11.11. * HEINRICH IV.
1053 HEINRICH IV. wird deutscher König unter der Vormundschaft seiner Mutter
1056 5.10. † HEINRICH III.
1062 Mai HEINRICH IV. wird unter Führung des Erzbischofs ANNO V. KÖLN entführt
1065 29.3. HEINRICH IV. wird für mündig erklärt
1066 14.10. WILHELM D. E. siegt über die Angelsachsen bei Hastings und wird König über die Normannen und Engländer

1073 April HILDEBRAND wird Papst GREGOR VII.
1075 * LOTHAR VON SUPPLINBURG
1076 22.2. GREGOR VII. bannt HEINRICH IV.
1077 28.1. HEINRICH IV. erscheint im Bußgewand vor Papst GREGOR VII. bei Canossa
15.3. RUDOLF V. SCHWABEN wird zum Gegenkönig von den deutschen Fürsten gewählt

1061 ANSELM V. CANTERBURY tritt in das Kloster Bec (Normandie) ein

1077 ANSELM V. CANTERBURY: *Monologion*
1078 ANSELM V. CANTERBURY: *Proslogion*
1079 * PETRUS ABAELARD

1050 † GUIDO VON AREZZO

Rechts: *Kaiser Heinrich IV. unterwarf sich 1077 Papst Gregor VII. in der Burg von Canossa, die der Markgräfin Mathilde von Tuszien gehörte. Hierher hatte sich der Papst aus Furcht vor dem Kaiser geflüchtet. Drei Jahre später wurde Heinrich jedoch wieder gebannt. Die Zeichnung stammt von Federico Zuccari (um 1540–1609).*

1080–1150

Politik und Wirtschaft

1080 Januar RUDOLF V. SCHWABEN wird v. GREGOR VII. als rechtmäßiger König anerkannt
Juni HEINRICH IV. erklärt GREGOR VII. für abgesetzt und erhebt den Erzbischof WIBERT V. RAVENNA als CLEMENS III. zum Gegenpapst
10.10. † RUDOLF V. SCHWABEN

1084 31.3. HEINRICH IV. wird von CLEMENS III. in Rom zum Kaiser gekrönt

1085 25.5. † GREGOR VII. (HILDEBRAND)

1086 11.8. * HEINRICH V.

1087 WILHELM D. E. greift Nantes an
9.9. † WILHELM DER EROBERER

1088 März Papst URBAN II. stiftet die Ehe zwischen der dreiundvierzigjährigen MATHILDE V. TUSZIEN und dem fünfzehnjährigen Sohn des Bayernherzogs WELF IV.

1093 * KONRAD III.

1095 URBAN II. ruft zum ersten Kreuzzug gegen die Mohammedaner auf

1102 Papst PASCHALIS II. erneuert den Bann gegen HEINRICH IV.

1106 6.1. HEINRICH V. wird nach erzwungener Abdankung seines Vaters HEINRICH IV. in Mainz zum König gewählt
7.8. † HEINRICH IV.

1111 12.2. HEINRICH V. nimmt Papst PASCHALIS II. gefangen und erzwingt Investitur und Kaiserkrönung
13.4. HEINRICH V. wird von Papst PASCHALIS II. in Rom zum Kaiser gekrönt

1112 September HEINRICH V. wird auf der Synode in Vienne mit dem Bann belegt

Wissenschaft und Technik

1093 ANSELM V. CANTERBURY wird zum Erzbischof v. Canterbury ernannt

1097 ANSELM V. CANTERBURY muß England verlassen

1100 * HUGO VON ST. VIKTOR

1102 P. ABAELARD leitet in Melun eine eigene Schule

1103 ANSELM V. CANTERBURY muß erneut England verlassen

1107 ANSELM V. CANTERBURY versöhnt sich mit dem englischen König und kehrt nach England zurück

1109 21.4. † ANSELM V. CANTERBURY

Links: *Petrus Abaelard (1079–1142), der französische frühscholastische Philosoph und Theologe.*

Kunst und Kultur

1090 * BERNHARD V. CLAIRVAUX

1112 BERNHARD V. CLAIRVAUX tritt in das Kloster Citeaux ein

Links: *Bernhard von Clairvaux (1090–1153), Prediger, Schriftsteller und Heiliger, gründete 1115 von Citeaux aus die Abtei Clairvaux und wurde deren erster Abt.*

1118 21.12. * THOMAS BECKET
1122 23.9. HEINRICH V. regelt auf der Synode in Worms den Investiturstreit
* FRIEDRICH I. BARBAROSSA
1125 23.5. † HEINRICH V.
30.8. LOTHAR V. SUPPLINBURG wird in Mainz zum König gewählt
1127 18.12. KONRAD III. läßt sich als Gegenkönig ausrufen
1133 4.6. LOTHAR V. SUPPLINBURG wird von Papst INNOZENZ II. im Lateranpalast zum Kaiser gekrönt
1135 KONRAD III. unterwirft sich LOTHAR V. SUPPLINBURG
1137 4.12. † LOTHAR VON SUPPLINBURG
1138 7.3. KONRAD III. wird auf Empfehlung des Papstes INNOZENZ II. in Koblenz zum König gewählt
TH. BECKET kehrt von seinem Studienaufenthalt in Frankreich nach England zurück
1146 27.12. KONRAD III. nimmt nach einer Predigt des BERNHARD V. CLAIRVAUX das Kreuz
1147 FRIEDRICH I. wird Herzog v. Schwaben und heiratet ADELHEIT V. WOHBURG
1149 Frühjahr KONRAD III. kehrt vom Kreuzzug nach Deutschland zurück

---

1114 ABAELARD doziert an der Domschule in Paris
1115 ABAELARD wird Kanonikus von Notre Dame
* JOHANNES VON SALISBURY
1118 ABAELARD lernt HÉLOISE kennen
1121 P.ABAELARDs Schrift *De unitate et triniate divina* wird auf der Synode von Soissons verurteilt
1128 ABAELARD flieht in die Bretagne und wird von Abt von St. Gildas aufgenommen
1130 * JOACHIM VON FIORE
1136 P. ABAELARD wird erneut Lehrer in Paris
JOHANNES V. SALISBURY studiert in Paris bei ABAELARD
1141 11.2. † HUGO V. ST. VIKTOR
P. ABAELARD wird aufgrund seiner Trinitätslehre verurteilt und verbannt
1142 21.4. † PETRUS ABAELARD

1115 BERNHARD V. CLAIRVAUX wird Abt des Klosters Citeaux und gründet das Kloster Clairvaux

1140 * PETRUS WALDUS
1146 BERNHARD V. CLAIRVAUX predigt in ganz Europa für den zweiten Kreuzzug
1148 JOHANNES V. SALISBURY lernt BERNHARD V. CLAIRVAUX kennen
1149 (um) * CHRÉTIEN DE TROYES

Links: *Papst Urban II. rief auf der Synode von Clermont (1095) zum 1. Kreuzzug auf.*

1150–1200

Politik und Wirtschaft

1152 15.2. † KONRAD III.
März FRIEDRICH I. wird zum deutschen König gewählt
1154 TH. BECKET wird Archidiakon von Canterbury
1155 18.6. FRIEDRICH I. wird von Papst HADRIAN IV. in Rom zum Kaiser gekrönt
TH. BECKET wird Kanzler von HEINRICH II. v. England
1160 * LOTHAR VON SEGNI (INNOZENZ III.)
1162 3.6. TH. BECKET wird Erzbischof v. Canterbury
1164 TH. BECKET flieht von England nach Frankreich
1165 * HEINRICH VI.
1170 TH. BECKET versöhnt sich mit HEINRICH II. v. England
29.12. † THOMAS BECKET
1184 Pfingsten FRIEDRICH I. veranstaltet zur Feier der Großjährigkeit HEINRICHs VI. ein Turnierfest in Mainz
1186 27.1. HEINRICH VI. heiratet KONSTANZE V. SIZILIEN

Wissenschaft und Technik

1159 JOHANNES V. SALISBURY: *Policraticus*

1176 JOHANNES V. SALISBURY wird Bischof v. Chartres
1180 25.10. † JOHANNES VON SALISBURY

Franziskus von Assisi (1181–1226) hieß mit weltlichem Namen Giovanni Bernardone. Er lebte in radikaler Armut und gründete den Franziskaner-Orden. Fresko im Sacro Speco in Subiaco (13. Jh.).

Kunst und Kultur

1153 20.8. † BERNHARD VON CLAIRVAUX
1165 CHRÉTIEN DE TROYES: *Erec et Enide* und *Cligès*
* GOTTFRIED VON STRASSBURG
1170 * WALTHER VON DER VOGELWEIDE
* WOLFRAM VON ESCHENBACH
1177 PETRUS WALDUS gründet eine Predigergemeinschaft
1180 (um) CHRÉTIEN DE TROYES: *Perceval* und *Lancelot*
1181 * FRANZISKUS VON ASSISI
1182 PETRUS WALDUS wird mit seinen Anhängern exkommuniziert

1187 LOTHAR V. SEGNI wird zum Subdiakon von GREGOR VIII. geweiht
1189 Beginn des 3. Kreuzzuges
1190 10. 6. † FRIEDRICH I. BARBAROSSA
1191 14. 4. HEINRICH VI. wird von COELESTIN III. in Rom zum Kaiser gekrönt
1192 Dezember RICHARD LÖWENHERZ wird auf der Rückreise vom dritten Kreuzzug gefangengenommen und HEINRICH VI. ausgeliefert
1194 Weihnachten HEINRICH VI. läßt sich in Palermo zum König v. Sizilien krönen
26. 12. * FRIEDRICH II.

1195 31. 3. HEINRICH VI. nimmt in Bari das Kreuz
1196 Dezember FRIEDRICH II. wird zum deutschen Köng gewählt
1197 28. 9. † HEINRICH VI.
Papst INNOZENZ III. wird zum Vormund von FRIEDRICH II.
1198 8. 1. LOTHAR V. SEGNI wird Papst INNOZENZ III.
6. 3. PHILIPP V. SCHWABEN wird in Ichtershausen zum König gewählt
17. 5. FRIEDRICH II. wird in Palermo zum König v. Sizilien gekrönt
8. 9. PHILIPP V. SCHWABEN wird in Mainz zum König gekrönt

1190 JOACHIM V. FIORE gründet das Kloster S. Giovanni de Fiore
(um) * VILLARD DE HONNECOURT

1195 JOACHIM V. FIORE entwickelt die Drei-Zeiten-Lehre

Rechts: *Heidelberger Liederhandschrift (Codex Manesse, 1310–1340): Gottfried von Strassburg (1165–1215) in der Gruppe disputierender Männer.*

1190 (um) † CHRÉTIEN DE TROYES
WALTHER V. D. VOGELWEIDE hält sich am Hof der Babenberger in Wien auf

1198 WALTHER V. D. VOGELWEIDE setzt sich für die staufische Partei ein

Rechts: *Walther von der Vogelweide (1170–1233), Ministeriale und Minnesänger, mittelhochdeutscher Dichter. Miniatur der Weingartner Liederhandschrift (um 1300).*

Gegenüberliegende Seite:

Oben links: *Kaiser Friedrich I. Barbarossa mit seinen Söhnen König Heinrich VI. (links) und Herzog Friedrich von Schwaben (rechts). Miniatur aus der* Welfenchronik *(Ende 12. Jh.).*

Oben Mitte: *Heinrich der Löwe (1129–1195), Herzog von Sachsen und Bayern (bis zu seiner Ächtung 1180). Grabmal im Dom von Braunschweig.*

Oben rechts: *Rudolf von Habsburg (1218–1291), seit 1273 Römischer König. Grabmal im Dom von Speyer.*

Mitte links: *Thomas von Aquin (1225–1274), der bedeutendste Kirchenlehrer des Mittelalters und der hervorragendste Vertreter der Scholastik.*

Mitte rechts: *Papst Innozenz III. (Lothar Graf von Segni, 1160–1216) war ein vollendeter Jurist und Theologe und einer der großen Päpste des Mittelalters. Fresko im Sacro Speco in Subiaco (13. Jh.)*

Unten links: *Roger Bacon (um 1215–1293), der englische Franziskaner und Philosoph, beschäftigte sich vornehmlich mit profan wissenschaftlichen Forschungen. Miniatur aus dem 15. Jh.*

Unten rechts: *Dante Alighieri (1265–1321), einer der größten italienischen Dichter und Schöpfer der italienischen Literatursprache. Sein Hauptwerk* Die Göttliche Komödie (Divina Comedia) *ist das größte christliche Weltgedicht. Detail aus einem Fresko von Domenico Michelino im Dom von Florenz, 1465 (links der Läuterungsberg, rechts der Dom von Florenz).*

Oben: *Das Falkenbuch Kaiser Friedrich II.* (De arte venandi cum avibus – Über die Kunst mit Vögeln zu jagen) *ist nur in einer von König Manfred, des Kaisers Sohn, veranlaßten Abschrift erhalten. Am Beginn der Einleitung erscheint der thronende Kaiser.*

Mitte: *Darstellung der Karawane Marco Polos nach China aus einem europäischen Atlas des 14. Jh.s*

Unten: *Die Kathedrale Notre Dame de Chartres gilt als das bedeutendste Werk der Gotik des frühen 13. Jh.s*

1200–1250

Politik und Wirtschaft

1205 6.1. PHILIPP V. SCHWABEN wird erneut zum König gekrönt
1206 27.7. PHILIPP V. SCHWABEN besiegt den Gegenkönig OTTO IV. bei Wassenberg
1208 21.8. † PHILIPP VON SCHWABEN
1209 4.10. OTTO IV. wird von Papst INNOZENZ III. in Rom zum Kaiser gekrönt
1210 INNOZENZ III. genehmigt die ersten Franziskanerregeln
1211 September FRIEDRICH II. wird in Nürnberg zum König gewählt
1212 Dezember FRIEDRICH II. läßt sich erneut in Frankfurt a.M. zum König wählen und in Mainz krönen
1215 25.7. FRIEDRICH II. läßt sich in Aachen die deutsche Königswürde erneuern
INNOZENZ III. beruft das 4. Laterankonzil ein
* PETRUS HISPANUS (Johannes XXI.)
1216 16.7. † INNOZENZ III. (Lothar von Segni)
1218 1.5. * RUDOLF VON HABSBURG
Frühjahr † OTTO IV.

Wissenschaft und Technik

1200 (um) * ALBERTUS MAGNUS
1202 † JOACHIM VON FIORE
1215 (um) * ROGER BACON

Albertus Magnus (um 1200–1280). Graf Albrecht von Bollstädt war Dominikaner, Theologe, Philosoph und Naturforscher und einer der einflußreichsten Gelehrten des Mittelalters. Fresko von Tommaso da Modena im Dominikanerkloster von Treviso (1352).

Kunst und Kultur

1203 WALTHER V. D. VOGELWEIDE führt eine Auseinandersetzung mit REIMAR V. HAGENAU
1206 † PETRUS WALDUS
1209 FRANZISKUS VON ASSISI entscheidet sich zur radikalen Armut
1212 WALTHER V. D. VOGELWEIDE ergreift offiziell Partei für FRIEDRICH II.
1215 † GOTTFRIED VON STRASSBURG
1217 * BONAVENTURA
1219 FRANZISKUS begibt sich mit auf den 5. Kreuzzug und predigt vor Sultan EL-KAMIL

1220 22.11. FRIEDRICH II. wird vom Papst HONORIUS III. in Rom zum Kaiser gekrönt
* ALEXANDER NEVSKIJ

1227 FRIEDRICH II. wird wegen Nichteinhaltung des Kreuzzugversprechens vom Papst GREGOR IX. gebannt

1229 FRIEDRICH II. unternimmt einen Kreuzzug und erreicht durch Unterhandlung mit Sultan AL-KAMIL am 18.3. die Krönung zum König v. Jerusalem

1230 August Der Ordenshochmeister HERMANN V. SALZA vermittelt zwischen FRIEDRICH II. und Papst GREGOR IX.

1239 20.3. FRIEDRICH II. wird erneut vom Papst GREGOR IX. gebannt

1240 5.7. A. NEVSKIJ siegt über die Schweden an der Newa

1245 17.6. FRIEDRICH II. wird auf dem Konzil v. Lyon für abgesetzt erklärt

1247 PETRUS HISPANUS wird nach Siena berufen

1223 ALBERTUS MAGNUS tritt in den Dominikanerorden ein

1225 * THOMAS VON AQUIN

1230 V. DE HONNECOURT leitet Arbeiten beim Bau der Kathedrale von Chartres
V. DE HONNECOURT verfaßt sein Bauhüttenbuch

1236 R. BACON reist nach Paris
V. DE HONNECOURT leitet Arbeiten beim Bau der Kathedrale in Reims

1242 ALBERTUS MAGNUS lehrt in Paris

1244 THOMAS V. AQUIN tritt in den Dominikanerorden ein

1247 R. BACON kehrt von Paris nach England zurück

1248 ALBERTUS MAGNUS leitet die Ordenshochschule der Dominikaner in Köln
THOMAS V. AQUIN wird Schuler von ALBERTUS MAGNUS in Köln

1220 † WOLFRAM VON ESCHENBACH

1223 FRANZISKUS erreicht vom Papst den Erlaß der ›Regula bullata‹ für den Franziskanerorden

1224 FRANZISKUS zieht sich auf den Berg Alverna zurück
14.9. FRANZISKUS empfängt die Stigmatisation

1226 3.10. † FRANZISKUS VON ASSISI

1227 WALTHER V. D. VOGELWEIDE schreibt sein letztes Gedicht

1230 † WALTHER VON DER VOGELWEIDE

1243 BONAVENTURA tritt in den Franziskanerorden ein

Die Marienburg in Westpreußen, 1309–1457 Sitz des Hochmeisters des Deutschen Ordens.

1250–1340

Politik und Wirtschaft

1250 13.12. † FRIEDRICH II.
1252 A. NEVSKIJ wird Großfürst v. Vladimir
1260 PETRUS HISPANUS wird Leibarzt des späteren Papst HADRIAN V.
1263 14.11. † ALEXANDER NEVSKIJ
1273 1.10. RUDOLF V. HABSBURG wird in Frankfurt a. M. zum König gewählt
24.10. RUDOLF V. HABSBURG wird in Aachen zum König gekrönt
PETRUS HISPANUS wird Erzbischof v. Braga
1276 8.9. PETRUS HISPANUS wird Papst JOHANNES XXI.
1277 20.5. † JOHANNES XXI. (Petrus Hispanus)
1282 27.12. RUDOLF V. HABSBURG belehnt seine Söhne ALBRECHT und RUDOLF mit Österreich und Steiermark
1287 * LUDWIG DER BAYER
1291 15.7. † RUDOLF VON HABSBURG

Wissenschaft und Technik

1250 (um) R. BACON tritt in den Franziskanerorden ein
1252 THOMAS V. AQUIN kehrt von Köln nach Paris zurück
1254 * MARCO POLO
1257 R. BACON kehrt nach Paris zurück
1260 ALBERTUS MAGNUS wird Bischof v. Regensburg
1262 ALBERTUS MAGNUS zieht als Kreuzzugsprediger durch Deutschland
1266 R. BACON verfaßt auf Veranlassung von Papst CLEMENS IV. sein *Opus maius*
* JOHANNES DUNS SCOTUS
1267 THOMAS V. AQUIN beginnt mit der Abfassung seiner *Summa Theologica*
1270 ALBERTUS MAGNUS kehrt nach Köln zurück
R. BACON: *Compendium philosophiae*
1271 MARCO POLO begleitet seinen Vater nach Asien
1272 THOMAS V. AQUIN kehrt nach Neapel zurück
1274 7.3. † THOMAS VON AQUIN
ALBERTUS MAGNUS tritt als Berater auf dem Konzil v. Lyon auf
1275 (um) * MARSILIUS VON PADUA
1277 R. BACON wird aufgrund seiner Lehre von dem Bischof v. Paris verurteilt
1280 16.11. † ALBERTUS MAGNUS
1285 * WILHELM VON OCKHAM
1291 17.3. J. DUNS SCOTUS wird zum Priester geweiht
1292 M. POLO darf mit seinem Vater China wieder verlassen
1293 † ROGER BACON

Kunst und Kultur

1257 2.2. BONAVENTURA wird Ordensgeneral der Franziskaner
1260 * MEISTER ECKHART
1265 Mai * DANTE ALIGHIERI
1266 * GIOTTO DI BONDONE
1273 BONAVENTURA wird Kardinalbischof v. Albano
1274 14.7. † BONAVENTURA
1285 DANTE ALIGHIERI verliebt sich in ein unbekanntes Florentiner Mädchen ›Beatrice‹
1289 DANTE ALIGHIERI nimmt am Feldzug der Florentiner gegen die Aretiner teil
1293 MEISTER ECKHART wird Lektor in Paris
1295 DANTE ALIGHIERI schreibt sich in die Zunft der Florentiner Ärzte und Apotheker ein
1296 DANTE ALIGHIERI heiratet GEMMA DE' DONATI, mit der er seit seinem 12. Lebensjahr verlobt war

1298 27.7. ALBRECHT V. HABSBURG wird in Frankfurt a. M. zum König gewählt
24.8. ALBRECHT V. HABSBURG wird in Aachen gekrönt

1314 19. und 20.10. LUDWIG D. BAYER wird in Sachsenhausen und Frankfurt a. M. zum König gewählt

1316 14.5. * KARL IV.

1323 8.10. Papst JOHANNES XXII. läßt in Avignon eine Anklageschrift gegen LUDWIG D. BAYERN veröffentlichen

1324 23.3. Papst JOHANNES XXII. bannt LUDWIG D. BAYERN
24.5. LUDWIG D. BAYER klagt selbst JOHANNES XXII. der Ketzerei an

1328 17.1. LUDWIG D. BAYER erhält von SCIARRA COLONNA die Kaiserkrone in Rom
Himmelfahrt Das römische Volk wählt den Franziskaner PETRUS V. CORVARO zum Papst NIKOLAUS V.

1295 M. POLO kehrt mit seinem Vater nach Venedig zurück

1298 September M. POLO fällt den Genuesern in die Hände und wird bis Juli 1299 gefangengehalten

1302 J. DUNS SCOTUS hält sich in Paris auf

1306 26.2. W. V. OCKHAM wird Subdiakon

1307 J. DUNS SCOTUS wird Lektor des Franziskanerordens in Köln

1308 8.11. † JOHANNES DUNS SCOTUS

1309 W. V. OCKHAM hält sich in Oxford auf

1312 MARSILIUS V. PADUA wird Rektor der Artistenfakultät in Paris

1313 10.11. * BARTHOLUS DE SAXOFERRATO

1319 MARSILIUS V. PADUA führt diplomatische Verhandlungen im Auftrag der Ghibellinen in Frankreich

1324 1.1. M. POLO verfaßt sein Testament
† MARCO POLO
MARSILIUS V. PADUA: *Defensor Pacis*
W. V. OCKHAM wird zur Verteidigung seiner Lehre nach Avignon gerufen

1327 B. DE SAXOFERRATO beginnt ein Rechtsstudium in Perugia

1328 26.5. W. V. OCKHAM flieht von Avignon nach Pisa

1297 MEISTER ECKHART wird Prior von Erfurt

1299 GIOTTO erhält den Auftrag zur Ausgestaltung der Lateranbasilika

1301 DANTE ALIGHIERI reist mit einer Florentiner Gesandtschaft zu Papst BONIFAZIUS VIII. nach Rom

1303 GIOTTO hält sich in Padua auf
MEISTER ECKHART wird Ordensprovinzial von Sachsen

1304 20.7. * FRANCESCO PETRARCA

1311 MEISTER ECKHART hält sich in Paris auf

1313 * GIOVANNI BOCCACCIO

1314 MEISTER ECKHART reist nach Straßburg

1315 DANTE ALIGHIERI wird in Florenz für vogelfrei erklärt

1317 F. PETRARCA kehrt nach Avignon zurück

1321 14.9. † DANTE ALIGHIERI

1322 MEISTER ECKHART übernimmt die Leitung der Ordensschule in Köln

1328 30.4. † MEISTER ECKHART
GIOTTO wird nach Neapel gerufen

1340–1370

Politik und Wirtschaft

1346 11.7. KARL IV. wird auf dem Kurverein von Rhens zum Gegenkönig gewählt

1347 11.10. * LUDWIG D. BAYER

1348 KARL IV. gründet in Prag die erste deutsche Universität

1355 5.4. KARL IV. wird von einem Kardinallegaten in Rom zum Kaiser gekrönt

1356 10.1. KARL IV. erläßt in Nürnberg die ›Goldene Bulle‹, das Reichsgrundgesetz zur Kaiserwahl

Gegenüberliegende Seite oben links:

Die erste deutsche Universität wurde 1348 von Kaiser Karl IV. in Prag gegründet. Gedenkblatt von Carl Heideloff um 1860.

Gegenüberliegende Seite oben rechts:

Goldene Bulle *Kaiser Karls IV. aus dem Jahr 1356, jene Urkunde, die vor allem die Stellung der Kurfürsten festlegte und wichtigstes Grundgesetz bis zur Reichsverfassung von 1806 war.*

Wissenschaft und Technik

1330 W. V. OCKHAM hält sich am Hofe LUDWIGS D. BAYERN in München auf

1339 B. DE SAXOFERRATO wird Lehrer an der Universität von Pisa

1342 B. DE SAXOFERRATO wird Rechtslehrer in Perugia
(um) † MARSILIUS VON PADUA

1348 9.4. † WILHELM V. OCKHAM

1355 B. DE SAXOFERRATO verhandelt mit Kaiser KARL IV. in Pisa

1357 10.7. † BARTHOLUS DE SAXOFERRATO

Gegenüberliegende Seite Mitte links:

Il Decamerone. *Novellensammlung des Giovanni Boccaccio. Seite aus einer vom Verfasser um 1370 selbst angefertigten Reinschrift.*

Gegenüberliegende Seite Mitte rechts:

Die Canzoniere *des Francesco Petrarca beeinflußten die europäische Lyrik bis zum 17. Jh. Anfang des 264. Gesangs aus einer 1414 entstandenen Handschrift.*

Kunst und Kultur

1333 G. BOCCACCIO schreibt seine ersten Romane und Gedichte in Neapel

1334 GIOTTO wird Dombaumeister in Florenz

1337 8.1. † GIOTTO DI BONDONE
F. PETRARCA beginnt mit der Niederschrift seiner Werke in Avignon

1340 G. BOCCACCIO kehrt nach Florenz zurück

1341 F. PETRARCA wird in Rom zum Dichter gekrönt

1342 F. PETRARCA lernt in Rom COLA DI RIENZI kennen

1347 * CATERINA V. SIENA

1348 G. BOCCACCIO beginnt mit der Abfassung von *Il Decamerone*

1351 G. BOCCACCIO wird Stadtkämmerer von Florenz

1353 G. BOCCACCIO beendet die Arbeiten an *Il Decamerone*
F. PETRARCA tritt in die Dienste der Visconti

1356 F. PETRARCA erscheint als Gesandter am Hof KARLs IV. in Prag

1362 F. PETRARCA läßt sich in Venedig nieder

1365 G. BOCCACCIO trifft mit Papst URBAN V. in Avignon zusammen
CATERINA V. SIENA tritt in den Orden der Bußschwestern vom heiligen Dominikus ein

1367 G. BOCCACCIO trifft erneut mit URBAN V. zusammen, diesmal in Rom

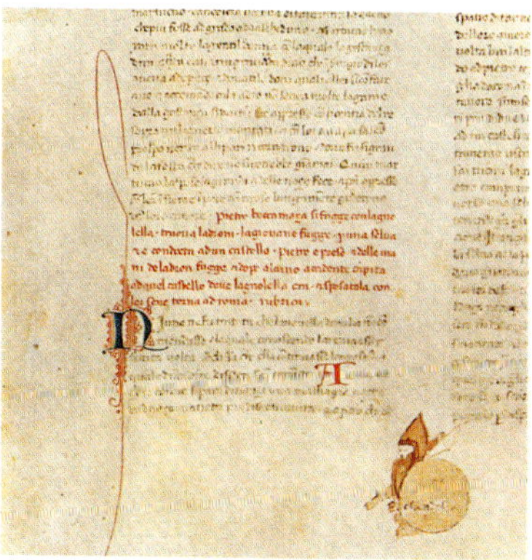

Rechts: *Giottos* Noli me tangere. *Fresko in der Arenakapelle (Cappella degli Scrovegni) in Padua (entstanden 1304–1306). Giottos Malerei leitet eine neue kunsthistorische Epoche ein, die als Vorläufer der Renaissance-Kunst gilt.*

1370–1450

Politik und Wirtschaft

1378 29.11. † KARL IV.
1394 4.3. * HEINRICH DER SEEFAHRER

1412 6.1. (?) * JEANNE D'ARC
1415 HEINRICH D. SEEFAHRER erobert Ceuta
1423 3.7. * LUDWIG XI. von Frankreich
1425 JEANNE D'ARC vernimmt zum erstenmal Stimmen
1427 JEANNE D'ARC wird durch Stimmen die Rettung Frankreichs befohlen
1429 JEANNE D'ARC trifft mit KARL VII. v. Frankreich zusammen und erobert Orléans

Jeanne d'Arc (Jungfrau von Orleans, um 1412–1431), französische Nationalheldin. Miniatur aus der 2. Hälfte des 15. Jh.s

Wissenschaft und Technik

1397 * JOHANNES GUTENBERG

1401 * NIKOLAUS VON KUES
1404 14.2. * LEON BATTISTA ALBERTI
1417 NIKOLAUS V. KUES studiert in Padua Kirchenrecht
1427 NIKOLAUS V. KUES wird Stiftsdekan in Koblenz
1428 L.B. ALBERTI beendet seine Studien in Bologna und unternimmt ausgedehnte Reisen
1432 L.B. ALBERTI wird Berater bei der römischen Kurie
NIKOLAUS V. KUES studiert und lehrt in Köln

Johannes Gutenberg (1397–1468, hieß eigentlich Gensfleisch), Erfinder des Buchdrucks mit beweglichen Lettern. Kupferstich von 1584.

Kunst und Kultur

1370 (um) * JAN HUS
(um) * HUBERT VAN EYCK
1373 G. BOCCACCIO hält öffentliche Vorträge in Florenz
1374 19.7. † FRANCESCO PETRARCA
CATERINA V. SIENA muß sich wegen ihrer religiösen Lebensführung in Florenz verantworten
1375 21.12. † GIOVANNI BOCCACCIO
1377 17.1. CATERINA V. SIENA bewegt Papst GREGOR XI. nach Rom zurückzukehren
* FILIPPO BRUNELLESCHI
1378 CATERINA V. SIENA begibt sich nach Rom
1380 29.4. † CATERINA V. SIENA
1386 J. HUS taucht erstmals in Prag auf
1390 (um) * JAN VAN EYCK
1399 F. BRUNELLESCHI: *Die Propheten* für den Dom von Pistoia
1405 J. HUS wird Synoldalprediger in Böhmen
1409 F. BRUNELLESCHI: *Kruzifix* für die Capella Gondi
1410 F. BRUNELLESCHI: perspektivische Darstellung der *Piazza S. Giovanni* und der *Piazza della Signoria* in Florenz
J. HUS verfaßt 6 Vorträge zur Verteidigung der Lehre von J. WICLIF
1412 J. HUS wird mit dem Kirchenbann belegt
1414 11.10. J. HUS reist unter Garantie eines Freien Geleites zum Konzil nach Konstanz, wo er am 3.11. eintrifft
1415 6.7. † JAN HUS
1417 F. BRUNELLESCHI schlägt eine selbsttragende Einwölbung der Kuppel des Domes von Florenz vor
1418 F. BRUNELLESCHI beginnt mit GHIBERTI den Bau der Kuppel des Domes v. Florenz

1430 23.5. JEANNE D'ARC wird gefangen genommen und den Engländern ausgeliefert
1431 21.2. JEANNE D'ARC muß sich vor einem Inquisitionsgericht verantworten
30.5.† JEANNE D'ARC
1436 LUDWIG XI. V. FRANKREICH heiratet MARGARETE V. SCHOTTLAND
1437 HEINRICH D. SEEFAHRER muß die Eroberung von Tanger aufgeben
1440 22.1. * IVAN III.
1446 22.1. IVAN III. wird mit seinem Vater aus Moskau verbannt
1447 IVAN III. kehrt aus der Verbannung nach Moskau zurück
1449 1.1. * LORENZO DE' MEDICI

1432 NIKOLAUS V. KUES nimmt am Konzil v. Basel teil
1434 J. GUTENBERG unternimmt erste Druckversuche
1435 L. B. ALBERTI: *Della pittura*
1437 NIKOLAUS V. KUES schließt sich Papst EUGEN IV. an
1438 NIKOLAUS V. KUES wird als päpstlicher Gesandter nach Konstantinopel geschickt
1442 J. GUTENBERG nimmt einen größeren Kredit auf, um seine Druckversuche fortsetzen zu können
1447 L. B. ALBERTI wird von Papst NIKOLAUS V. als Berater für die Neugestaltung Roms herangezogen
1448 J. GUTENBERG kehrt nach Mainz zurück
NIKOLAUS V. KUES wird Kardinal

1425 H. VAN EYCK: *Genter Altar*
J. VAN EYCK tritt in die Dienste von PHILIPP D. GUTEN VON BURGUND in Lille
1426 18.9. † HUBERT VAN EYCK
1428 F. BRUNELLESCHI reist nach Pisa, Volterra und Lucca
1429 J. VAN EYCK kehrt nach Brügge zurück
1431 * FRANÇOIS VILLON
1432 F. BRUNELLESCHI projektiert die Laterne der Kuppel des Doms von Florenz
J. V. EYCK vollendet den von seinem Bruder begonnenen *Genter Altar*
1440 F. BRUNELLESCHI konzipiert den Plan für den *Palazzo Pitti* in Florenz
1441 8.7. † JAN VAN EYCK
1445 * SANDRO BOTTICELLI
1446 15.4. † FILIPPO BRUNELLESCHI

1450–1492

Politik und Wirtschaft

1450 IVAN III. wird Großfürst und Mitregent von Moskau
1451 22. 4. * ISABELLA DIE KATHOLISCHE
LUDWIG XI. V. FRANKREICH heiratet CHARLOTTE V. SAVOYEN
1454 ISABELLA D. K. wird zusammen mit ihrer Mutter und ihrem Bruder verbannt
1456 LUDWIG XI. v. Frankreich zieht sich nach Burgund zurück
1459 6. 3. * JAKOB FUGGER D. J.
22. 3. * MAXIMILIAN I.
* FRANZ VON TAXIS
1460 13. 11. † HEINRICH DER SEEFAHRER
1462 IVAN III. wird Alleinherrscher in Moskau
1465 ISABELLA D. K., ihr Bruder und ihre Mutter kehren aus der Verbannung zurück
1468 ISABELLA D. K. wird nach dem Tod ihres Bruders Thronfolgerin
1469 ISABELLA D. K. heiratet FERNANDO V. ARAGON
1472 IVAN III. heiratet die Nichte des letzten byzantinischen Kaisers
1474 * BARTOLOMÉ DE LAS CASAS
1477 19. 8. MAXIMILIAN I. heiratet MARIA V. BURGUND
1478 IVAN III. gliedert Nowgorod in das Moskauer Reich ein
Pazziverschwörung gegen die MEDICI in Florenz
SIXTUS IV. genehmigt die Inquisition in Spanien durch Torquemada

Wissenschaft und Technik

1450 J. GUTENBERG schließt einen Vertrag mit dem Mainzer Kaufmann J. FUST
NIKOLAUS V. KUES wird Bischof von Brixen
1451 * CHRISTOPH COLUMBUS
1452 15. 4. * LEONARDO DA VINCI
L. B. ALBERTI: *De re aedificatoria libri decem*
J. GUTENBERG beginnt mit dem Druck einer 42zeiligen Bibel
1455 J. GUTENBERG beendet den Druck der ersten Bibel
1458 NIKOLAUS V. KUES wird nach Rom berufen
1462 J. GUTENBERG wird wegen seiner Schulden aus Mainz verbannt
1463 J. GUTENBERG kehrt nach Mainz zurück
1464 11. 8. † NIKOLAUS VON KUES
1465 CH. COLUMBUS wird Schiffsjunge auf portugiesischen Schiffen
1466 28. 10. * ERASMUS VON ROTTERDAM
1467 LEONARDO DA VINCI kommt in die Werkstatt des Florentiners VERROCCHIO
1468 3. 2. † JOHANNES GUTENBERG
1472 April † LEON BATTISTA ALBERTI
1473 19. 2. * NIKOLAUS KOPERNIKUS
1478 6. 2. * THOMAS MORUS
1479 CH. COLUMBUS läßt sich endgültig in Portugal nieder

Kunst und Kultur

1450 * HIERONYMUS BOSCH
1452 21. 9. * GIROLAMO SAVONAROLA
1455 F. VILLON muß wegen Mordes an einem Kleriker Paris verlassen
1456 F. VILLON beteiligt sich am Einbruch in das Collège de Navarre
1461 F. VILLON wird in Meung-sur-Loire eingekerkert
1463 F. VILLON wird zum Tode verurteilt, aber zu lebenslanger Verbannung begnadigt
1465 S. BOTTICELLI eröffnet eine eigene Werkstatt in Florenz
1469 3. 5. * NICCOLÒ MACHIAVELLI
1471 21. 5. * ALBRECHT DÜRER
1474 8. 9. * LUDOVICO ARIOSTO
1475 6. 3. * MICHELANGELO BUONARROTI
SAVONAROLA tritt in den Dominikanerorden ein
1476 S. BOTTICELLI: *Primavera* und *Geburt der Venus*

1480 Ivan III. drängt endgültig die Tataren aus dem Moskauer Reich
Lorenzo de'Medici schließt Frieden mit Neapel
1483 31. 8. † Ludwig XI. von Frankreich
1484 1. 1. * Huldrych Zwingli
1486 16. 2. Maximilian I. wird in Aachen zum König gekrönt

1490 Maximilian I. übernimmt Tirol und die österreichischen Vorlande
* Thomas Müntzer
1491 28. 6. * Heinrich VIII.
Maximilian I. nimmt erstmals eine Großanleihe bei den Fuggern auf
1492 31. 3. Isabella d. K. und Fernando unterzeichnen das Edikt zur Ausweisung aller Juden aus Spanien
2. 1. Isabella d. K. und Fernando erhalten feierlich das maurische Granada
7. 4. † Lorenzo de'Medici

1480 (um) * Fernão de Magellan
1482 Leonardo da Vinci bewirbt sich als Ingenieur und Architekt bei Lodovico Sforza in Mailand
1484 24. 4. * Julius Caesar Scaliger
1486 Erasmus v. Rotterdam tritt in das Augustinerkloster Steyn ein

1490 Th. Morus wird Page beim englischen Kanzler Morton v. Canterbury
1492 30. 4. Ch. Columbus erhält von Isabella d. Katholischen die Vollmacht, neu entdeckte Länder für Spanien in Besitz zu nehmen
12. 10. Ch. Columbus sichtet erstmals Land auf seiner Fahrt nach Westen
Erasmus v. Rotterdam wird Sekretär des Bischofs v. Cambrai

1481 S. Botticelli wird von Papst Sixtus IV. nach Rom eingeladen
1483 18. 3. * Raffael
10. 11. * Martin Luther
1486 H. Bosch tritt der Liebfrauenbruderschaft zu Herzogenbusch bei
A. Dürer beginnt bei M. Wohlgemut eine Malerlehre
1488 H. Bosch wird Freimeister der Liebfrauenbruderschaft
1489 S. Botticelli verbrennt eigene Bilder aufgrund der Bußpredigten von Savonarola in Florenz
Michelangelo wird in die Kunstschule der Medici in Florenz aufgenommen
Savonarola wird von Lorenzo de'Medici nach Florenz berufen
* Tizian

1490 A. Dürer geht nach Abschluß seiner Lehre auf Wanderschaft
Michelangelo wird Familiare im Stadtpalast von Florenz
1491 * Ignatius von Loyola
Savonarola wird Prior des Klosters S. Marco in Florenz
1492 20. 4. * Pietro Aretino
Michelangelo kehrt in sein Elternhaus zurück

1493–1500

Politik und Wirtschaft

1493 19. 8. MAXIMILIAN I. übernimmt die Regierung in Deutschland
MAXIMILIAN I. erwirbt die Freigrafschaft Burgund

1494 MAXIMILIAN I. interveniert zu Gunsten der Fugger in Ungarn

1496 F. V. TAXIS eröffnet seine ersten Poststationen in Deutschland

1499 MAXIMILIAN I. muß den Abfall der Eidgenossenschaft hinnehmen

Kaiser Maximilian I. (1459–1519). Durch seine Ehe mit Maria von Burgund und die seines Sohnes Philipp mit Johanna von Spanien schuf er die Grundlagen des habsburgischen Weltreiches. Er gilt als der erste Kaiser der Neuzeit. Gemälde von Albrecht Dürer, entstanden 1519.

Wissenschaft und Technik

1493 15. 3. CH. COLUMBUS kehrt von seiner ersten Entdeckungsfahrt nach Amerika zurück
LEONARDO DA VINCI vollendet das Tonmodell des Reiterstandbildes von F. SFORZA
* PARACELSUS

1495 LEONARDO DA VINCI beginnt mit den Arbeiten an *Das letzte Abendmahl*

1496 TH. MORUS besucht die Rechtsschule Lincoln's Inn

1497 16. 2. * PHILIPP MELANCHTHON

1498 CH. COLUMBUS unternimmt seine dritte Amerikafahrt

1499 N. KOPERNIKUS wird Magister Artium in Bologna
LEONARDO DA VINCI kehrt nach Florenz zurück

Kunst und Kultur

1493 SAVONAROLA erhält vom Papst Predigtverbot

1494 7. 7. A. DÜRER heiratet AGNES FREY
A. DÜRER bricht zu seiner ersten Italienreise auf
* CORREGGIO
* FRANÇOIS RABELAIS
RAFFAEL kommt als Lehrling nach Perugia

1497 18. 6. SAVONAROLA wird exkommuniziert
* HANS HOLBEIN D. J.

1498 23. 5. † GIROLAMO SAVONAROLA
H. ZWINGLI studiert in Wien
H. BOSCH richtet das traditionelle ›Schwanenessen‹ für die vereidigten Mitglieder der Liebfrauenbrüderschaft aus
S. BOTTICELLI verfällt in mystische Religiosität nach der Verbrennung von SAVONAROLA
N. MACHIAVELLI wird Sekretär in Florenz

Oben: *Das Augsburger Handelshaus der Fugger finanzierte nicht nur den enormen Geldbedarf der Habsburger, sondern auch anderer Fürsten. Ebenso beherrschten sie den gesamten Ablaßhandel. Das Gemälde zeigt Karl V. im Hause Jakob Fuggers, der die Schuldverschreibung des Kaisers vernichtet.*

Rechts: *Christoph Columbus landet in Amerika und erhält von Eingeborenen goldene Geschenke. Kupferstich nach Theodore de Bry (Ende 16. Jh.).*

Rechts: *Girolamo Savonarola, der wortgewaltige Dominikaner, wurde wegen seiner heftigen Kritik an Gesellschaft und Kirche exkommuniziert, als Ketzer verurteilt und am 23. Mai 1498 vor dem Palazzo Vecchio in Florenz gehenkt und verbrannt.*

Rechts: *Die* Anbetung der Könige *von Albrecht Dürer (1504) ist eines der bedeutendsten und »modernsten« Gemälde der deutschen Kunst. Es zeigt deutliche italienische Einflüsse.*

Mitte: Die französischen Gesandten am englischen Hof, *Gemälde von Hans Holbein d. J. (1533). Das Bild zeigt die zu dieser Zeit gebräuchlichen Instrumente.*

Unten: Das Narrenschiff *von Hieronymus Bosch (um 1500).*

Gegenüberliegende Seite:

Oben links: *Die* Geburt der Venus *von Sandro Botticelli (um 1485) zeigt ein neues Menschenbild. Botticelli schildert den antiken Mythos von der schaumgeborenen Venus.*

Oben rechts: Die Heilige Caterina von Alexandrien, *gemalt von Raffael (um 1507). Hier wird der Einfluß Michelangelos spürbar.*

Mitte links: Verkündigung an Maria *von Leonardo da Vinci (um 1473–1475).*

Mitte rechts: Kaiser Karl V. *von Tizian (1548). Ein Porträt mit privatem Charakter. Er hat den Kaiser mehrfach porträtiert und wurde von ihm auch geadelt.*

Unten links: Ursünde und Vertreibung *von Michelangelo Buonarroti. Die Ausmalung der Sixtinischen Kapelle durch Michelangelo gehört zu den beeindruckendsten Kunstwerken am Übergang von der Renaissance zum Barock.*

Unten rechts: David *von Donatello (um 1430). Es ist der erste plastische Akt seit der Antike.*

1500–1516

Politik und Wirtschaft

1500 24. 2. * KARL V.
F. V. TAXIS eröffnet die erste durchgehende Postlinie

1502 ISABELLA D. K. betreibt vertragswidrig die Vertreibung der Mauren aus Spanien

1504 26. 11. † ISABELLA DIE KATHOLISCHE

1505 27. 10. † IVAN III.
MAXIMILIAN I. schließt mit Frankreich Frieden

1506 MAXIMILIAN I. sichert mit einem Feldzug gegen die Ungarn die habsburgische Erbfolge

1508 4. 2. MAXIMILIAN I. läßt sich als Kaiser ausrufen

1509 22. 4. HEINRICH VIII. wird König v. England

Wissenschaft und Technik

1500 CH. COLUMBUS wird unter falscher Anschuldigung verhaftet

1501 TH. MORUS läßt sich als Anwalt in London nieder

1502 CH. COLUMBUS unternimmt seine vierte Amerikafahrt
LEONARDO DA VINCI wird Generalingenieur von CESARE BORGIA

1503 N. KOPERNIKUS wird Direktor für Kirchenrecht in Padua
LEONARDO DA VINCI vollendet seine *Mona Lisa*
TH. MORUS wird Mitglied des englischen Parlaments

1506 7. 4. * FRANZ XAVER
21. 5. † CHRISTOPH COLUMBUS

1509 PARACELSUS geht nach Wien
PH. MELANCHTHON studiert in Heidelberg
TH. MORUS wird Undersheriff von London

Kunst und Kultur

1500 N. MACHIAVELLI kommt an den französischen Hof

1501 LUTHER studiert in Erfurt
MICHELANGELO kehrt nach Florenz zurück

1502 LAS CASAS begibt sich in die neue Welt
MACHIAVELLI kommt nach Mailand
H. ZWINGLI studiert in Basel
MICHELANGELO: Entstehung des *David*

1503 L. ARIOSTO versucht erste Dichtungen in italienischer Sprache

1504 H. BOSCH erhält einen Malauftrag von PHILIPP DEM SCHÖNEN
RAFFAEL kommt nach Florenz

1505 A. DÜRER unternimmt seine zweite Italienreise
MICHELANGELO wird von Papst JULIUS II. nach Rom gerufen
M. LUTHER tritt in das Erfurter Augustinereremitenkloser ein

1506 H. ZWINGLI tritt die Stelle eines Leutpriesters in Glarus an

1507 MACHIAVELLI kommt zu MAXIMILIAN I. nach Konstanz

1508 30. 11. * ANDREA PALLADIO
RAFFAEL geht nach Rom, wo er von Papst JULIUS II. neue Aufträge erhält

1509 10. 7. * JEAN CALVIN
A. DÜRER wird Mitglied des Großen Rates der Stadt Nürnberg
MACHIAVELLI beteiligt sich an der Belagerung von Pisa

1510 J. FUGGER D. J. übernimmt die Faktorei in Augsburg
1512 MAXIMILIAN I. tritt der Heiligen Liga bei
1513 MAXIMILIAN I. verbündet sich mit HEINRICH VIII.
1514 HEINRICH VIII. verbündet sich mit LUDWIG XII. gegen MAXIMILIAN I.
J. FUGGER D. J. wird in den Grafenstand erhoben und errichtet in Augsburg die ›Fuggerei‹
1515 Die FUGGER beherrschen den gesamten Ablaßhandel
KARL V. übernimmt die Herrschaft in Burgund
LAS CASAS kehrt nach Spanien zurück
1516 23. 1. KARL V. wird König v. Spanien
HEINRICH VIII. nimmt eine Großanleihe bei den FUGGERN auf
MAXIMILIAN I. wird König von Ungarn
F. V. TAXIS erhält von MAXIMILIAN I. einen Monopolvertrag für den Postverkehr

1510 * AMBROISE PARÉ
N. KOPERNIKUS wird Domherr zu Frauenburg
1511 TH. MORUS wird Reader in Lincoln's Inn
1512 5. 3. * GERHARD MERCATOR
1513 LEONARDO DA VINCI wird von Papst LEO X. nach Rom berufen
TH. MORUS verfaßt die Geschichte RICHARDs III.
1515 1. 1. * ANDRÉ VÉSALE
TH. MORUS geht als Gesandter nach den Niederlanden
1516 26. 3. * CONRAD GESSNER
ERASMUS V. ROTTERDAM: Ausgabe des *Neuen Testamentes*
LEONARDO DA VINCI tritt in den Dienst von FRANZ I. v. Frankreich und läßt sich auf Schloß Cloux bei Amboise nieder
TH. MORUS: *Utopia*, 1. Buch

1510 17. 5. † SANDRO BOTTICELLI
H. BOSCH richtet das Totenmal für seinen Mitbruder JAN BACKX aus
M. LUTHER reist im Auftrag seines Ordens nach Rom
1511 30. 7. * GIORGIO VASARI
F. RABELAIS tritt in den Franziskanerorden ein
LAS CASAS wird zum Priester geweiht
1512 P. ARETINO veröffentlicht seine ersten Gedichte in Venedig
A. DÜRER erhält Aufträge von Kaiser MAXIMILIAN I.
MACHIAVELLI wird aus Florenz verbannt
1513 N. MACHIAVELLI wird verhaftet und verfaßt *Il principe*
1514 RAFFAEL übernimmt die Bauleitung des Petersdoms
1515 28. 3. * TERESA VON AVILA
H. HOLBEIN D. J. geht nach Basel in die Werkstatt des Malers H. HERBSTER
RAFFAEL wird päpstlicher Präfekt für die Altertümer Roms
1516 9. 8. † HIERONYMUS BOSCH
TIZIAN wird Staatsmaler der Serenissima von Venedig

1517–1527

Politik und Wirtschaft

1517 † FRANZ VON TAXIS

1518 Die FUGGER sichern die Thronfolge KARLS V.

1519 12. 1. † MAXIMILIAN I.
17. 2. * FRANÇOIS DE LORRAINE (HERZOG V. GUISE)
13. 4. * KATHARINA VON MEDICI
28. 6. KARL V. wird zum Kaiser gewählt
* THOMAS GRESHAM

1521 Krieg KARLS V. gegen FRANZ I.

Wissenschaft und Technik

1517 F. DE MAGELLAN bietet Kaiser KARL V. seine Dienste an

1518 PH. MELANCHTHON wird nach Wittenberg berufen

1519 2. 5. † LEONARDO DA VINCI

1520 10. 1. F. DE MAGELLAN erreicht die Mündung des Rio de la Plata

1521 27. 4. † FERNAO DE MAGELLAN
ERASMUS V. ROTTERDAM sucht Zuflucht in Basel
IGNATIUS V. LOYOLA wird in der Schlacht bei Pamplona verletzt
TH. MORUS wird vom englischen König zum Ritter geschlagen

1522 IGNATIUS V. LOYOLA entwickelt seine Exerzitien

Kunst und Kultur

1517 31. 10. M. LUTHER schlägt seine 95 Thesen an die Schloßkirche von Wittenberg
L. ARIOSTO: Entstehung des Heldenepos *Orlando furioso*

1518 N. MACHIAVELLI kehrt in die Politik zurück
H. ZWINGLI wird Leutpriester in Zürich

1519 H. HOLBEIN wird in die Zunft der Maler in Basel aufgenommen

1520 6. 4. † RAFFAEL
15. 6. M. LUTHER wird vom Papst mit dem Bann bedroht
LEO X. erläßt eine Bannbulle gegen M. LUTHER
TH. MÜNZER wird auf Empfehlung Luthers Prediger in Zwickau
P. ARETINO wird Günstling von Papst LEO X. und dem Kardinal G. DE'MEDICI

1521 16. 4. M. LUTHER erscheint auf dem Wormser Reichstag vor KARL V. Er beginnt im Dezember auf der Wartburg mit der Bibelübersetzung
TH. MÜNTZER gerät in Auseinandersetzung mit dem Franziskanerorden
A. DÜRER läßt sich von Kaiser KARL V. seinen Jahressold bestätigen
MICHELANGELO beginnt mit den Arbeiten an der Grabkapelle der Medici in Florenz

1522 M. LUTHER kehrt nach Wittenberg zurück
H. ZWINGLI heiratet ANNA REINHART heimlich
P. ARETINO muß aus Rom fliehen
L. ARIOSTO wird zum Gouverneur von Garfagnona ernannt

1524 17.2. * CHARLES DE LORRAINE (KARDINAL V. GUISE)
Augsburger Unruhen gegen die FUGGER
1525 30.12. † JAKOB FUGGER D. J.
1527 * PHILIPP II.

Martin Luther (1483–1546) erscheint auf dieser Flugschrift mit einem Schwert vor Worms, um seine Thesen vor Karl V. auf dem Reichstag von 1521 zu rechtfertigen. Dort wurde er dann geächtet.

1523 IGNATIUS V. LOYOLA fährt nach Jerusalem
TH. MORUS wird Sprecher im englischen Unterhaus
1524 ERASMUS V. ROTTERDAM bricht mit M. LUTHER

1525 J.C. SCALIGER läßt sich im Gefolge des Bischofs MARCO ANTONIO ROVERE in Südfrankreich als Arzt nieder
1527 PARACELSUS läßt sich in Basel nieder

Die Victoria. *das einzige Schiff, das die Expedition des Fernão de Magellan (Magalhaes) überlebte, auf der Magellan die Magellanstraße fand, den Pazifischen Ozean so benannte, die Marianen und Philippinen entdeckte und 1521 auf Matan (Philippinen) im Kampf gegen die Eingeborenen fiel. Zeitgenössischer Stich.*

1523 LAS CASAS tritt in den Dominikanerorden in Santo Domingo ein
P. ARETINO kann nach Rom wieder zurückkehren
J. CALVIN studiert in Paris Theologie
H. HOLBEIN D. J. malt drei Portaits von ERASMUS VON ROTTERDAM. Dieser empfiehlt ihn TH. MORUS in London
1524 TH. MÜNTZER fährt über Nürnberg nach Süddeutschland
L. ARIOSTO wird Leiter des Hoftheaters von Ferrara
H. HOLBEIN reist nach Frankreich
F. RABELAIS wechselt zu den Benediktinern über
VASARI wird von Kardinal PASSERINI V. CORTONA nach Florenz mitgenommen

1525 P. ARETINO verläßt endgültig Rom und geht schließlich nach Venedig
* GIOVANNI PIERLUIGI DA PALESTRINA
27.5. † THOMAS MÜNTZER
13.6. M. LUTHER heiratet KATHARINA V. BORA
H. ZWINGLI schließt in Zürich die Reformation ab
1526 H. HOLBEIN D. J. reist nach England
1527 22.6. † NICCOLÒ MACHIAVELLI
MICHELANGELO wird Kriegsbaumeister von Florenz

1528–1536

Politik und Wirtschaft

1529 Belagerung Wiens durch die Türken
Die FUGGER unterstützen die Verteidigung Wiens gegen die Türken

1530 Kaiserkrönung KARLS V. in Bologna

1531 Bund der protestantischen Reichsstände (Schmalkaldischer Bund)
Die FUGGER erhalten Konzessionen für Chile und Peru

Sacco di Roma, *Plünderung Roms durch deutsche und spanische Landsknechte (6.5.1527–17.2.1528) während des Krieges Karls V. gegen Franz I. von Frankreich. Kupferstich von M. Merian d. Ä. aus Gottfrieds Historischer Chronik 1619.*

Wissenschaft und Technik

1528 IGNATIUS V. LOYOLA studiert Theologie in Paris
PARACELSUS flieht nach Colmar
TH. MORUS verfaßt eine Schrift gegen M. LUTHER und TYNDALE

1529 13.10. TH. MORUS wird Lord High Chancellor
ERAMUS V. ROTTERDAM verläßt mit der Einführung der Reformation in Basel die Stadt

1530 29.8. MERCATOR beginnt an der Universität Löwen das Studium der Philosophie, Mathematik, Astronomie, Kosmographie
N. KOPERNIKUS schließt sein Hauptwerk über die Bewegung der Sterne ab
PARACELSUS erreicht St. Gallen
PARÉ beginnt eine Lehre als Barbier-Chirurg in Paris

Kunst und Kultur

1528 H. ZWINGLI beginnt die Reformation in Bern
6.4. † ALBRECHT DÜRER
J. CALVIN studiert in Orléans und Bourges die Rechte
H. HOLBEIN D. J. kehrt nach Basel zurück
F. RABELAIS kommt als Weltgeistlicher nach Paris

1529 M. LUTHER führt mit H. ZWINGLI ein Religionsgespräch in Marburg
L. ARIOSTO: Komödie *La Lena*

1530 CORREGGIO: *Heilige Nacht*
MICHELANGELO setzt die Arbeiten an der Grabkapelle der Medici in Florenz fort
TERESA V. AVILA wird von den Augustinerinnen aufgenommen und klösterlich erzogen
VASARI reist auf Einladung des Kardinals IPPOLITO DE'MEDICI nach Rom

1531 J. CALVIN studiert in Paris nach dem Tod des Vaters Philosophie und Theologie
11.10. † HULDRYCH ZWINGLI

1533 7.9. * ELISABETH I.
HEINRICH VIII. läßt sich von KATHARINA V. ARAGONIEN scheiden
KATHARINA V. MEDICI heiratet HEINRICH II. v. Frankreich

1535 Kirchenbann gegen HEINRICH VIII.
1536 GUSTAV WASA von Schweden schließt sich der Reformation an
HEINRICH VIII. läßt ANNE BOLEYN enthaupten

1532 TH. MORUS tritt als Kanzler zurück
1533 VÉSALE studiert in Paris Medizin bei SYLVIUS

1534 IGNATIUS V. LOYOLA legt das Gelübde der Armut und Ehelosigkeit ab
MERCATOR setzt nach seiner Promotion das Studium der Geographie und Kosmographie bei RAINER GEMMA FRISIUS fort, der ihn auch in den Globenbau einführt
PARACELSUS taucht in Innsbruck auf
TH. MORUS wird verhaftet
1535 6.7. † THOMAS MORUS
PARÉ beendet seine Ausbildung als Barbier-Chirurg ohne Prüfung am Hôtel-Dieu in Paris
1536 12.7. † ERASMUS VON ROTTERDAM
VÉSALE führt seine erste öffentliche Sektion durch
VÉSALE setzt sein Medizinstudium in Löwen fort

1532 H. HOLBEIN D. J. reist erneut nach England
* ORLANDO DI LASSO
F. RABELAIS wird Arzt in Lyon. Korrespondenz mit ERASMUS VON ROTTERDAM
TERESA V. AVILA wird von den Augustinerinnen wegen ihrer schwachen Gesundheit nicht aufgenommen
VASARI kehrt mit einem Empfehlungsschreiben an ALESSANDRO DE'MEDICI nach Florenz zurück
1533 28.2. * MICHEL DE MONTAIGNE
6.7. † LUDOVICO ARIOSTO
TIZIAN erhält von Kaiser KARL V. den Titel eines Pfalzgrafen
(um) J. CALVIN beginnt, sich mit der Lehre LUTHERS zu befassen

1534 5.3. † CORREGGIO
J. CALVIN verzichtet auf die ihm durch seinen Vater überkommenen Pfründe
MICHELANGELO geht endgültig nach Rom
1535 2.11. TERESA V. AVILA tritt in das Karmeliterinnenkloster de la Encarnación in Avila ein
MICHELANGELO wird erster Architekt, Maler und Bildhauer des Vatikans
1536 J. CALVIN trifft in Straßburg mit GUILLAUME FAREL zusammen, der ihn zum Bleiben in Genf auffordert
J. CALVIN: *Christianae religionis institutio*

1537–1552

Politik und Wirtschaft

1537 R. GRESHAM beantragt die Errichtung einer Börse in London
1539 CHRISTIAN III. v. Dänemark schließt sich dem Schmalkaldischen Bund an

1540 HEINRICH VIII. läßt sich von ANNA V. CLEVE scheiden

König Heinrich VIII. von Hans Holbein d. J. (um 1540). Der Augsburger Meister war seit 1537 Hofmaler des englischen Königs.

Wissenschaft und Technik

1537 GESSNER wird Professor für Griechisch in Lausanne
F. XAVER wird zusammen mit IGNATIUS V. LOYOLA in Venedig zum Priester geweiht
1538 IGNATIUS V. LOYOLA erbittet vom Papst den Auftrag zur apostolischen Arbeit
VÉSALE geht nach Venedig
VÉSALE übernimmt den Lehrstuhl für Anatomie und Chirurgie an der Universität Padua

1540 5. 8. * JOSEPH JUSTUS SCALIGER
27. 9. Paul III. erkennt die von IGNATIUS V. LOYOLA gegründete Gemeinschaft an
* FRANÇOIS VIETE
PARACELSUS folgt dem Ruf des Bischofs ERNST V. BAYERN nach Salzburg
1541 24. 9. † PARACELSUS
GESSNER läßt sich als Arzt in seiner Heimatstadt Zürich nieder
MERCATOR fertigt seinen ersten Erdglobus
PARÉ wird als Meister der Barbier-Chirurgie bestellt und heiratet JEANNE MAZELIN

Kunst und Kultur

1537 M. LUTHER erscheint auf der Tagung in Schmalkalden
H. HOLBEIN D. J. wird von HEINRICH VIII. zum Hofmaler ernannt
F. RABELAIS läßt sich als Arzt in Montpellier nieder
1538 P. ARETINO muß zeitweise Venedig wieder verlassen
J. CALVIN und FAREL werden vom Rat der Stadt Genf ausgewiesen
1539 LAS CASAS wird des Hochverrates angeklagt, der Prozeß kommt aber nicht zustande
H. HOLBEIN D. J. porträtiert die Töchter des Herzogs von Cleve

1540 CALVIN heiratet die Witwe eines von ihm bekehrten Täufers
F. RABELAIS tritt in den Dienst GUILLAUME DU BELLAYS
1541 CALVIN kehrt nach Genf zurück
* EL GRECO
A. PALLADIO und TRISSINO reisen gemeinsam nach Rom

1542 7.12. * Maria Stuart
Las Casas initiiert eine eigene Indianergesetzgebung
1543 Heinrich VIII. läßt Catherine Howard hinrichten
1545 20.11. Karl V. hebt die Indianergesetzgebung von Las Casas wieder auf
1547 28.1. † Heinrich VIII.
24.2. * Don Juan d'Austria
Las Casas wird erneut des Hochverrates angeklagt, aber auch diesmal kommt es nicht zu einem Prozeß. Las Casas bleibt in Spanien
Sieg Karls V. über den Schmalkaldischen Bund

1548 Gresham übernimmt nach dem Tod seines Vaters das seinerzeit größte englische Handelshaus
1550 La Casas führt mit dem Humanisten Sepúlveda eine Disputation über die Indianerpolitik
1551 Gresham wird von der Regierung zum Finanzagenten gewählt und vermittelt Anleihen für die englische Krone in Antwerpen
1552 Fürstenaufstand gegen Karl V.
* Walter Raleigh

1542 Paré steht in den Diensten des Vicomte de Rohan und nimmt an dem Krieg zwischen Franz I. und Karl V. teil
1543 N. Kopernikus: *De revolutionibus orbium coelestium*
24.5. † Nikolaus Kopernikus
Vésale: *De humani corporis fabrica*, ein Werk, das die Anatomie der Neuzeit begründet
1544 Vésale verläßt Padua und tritt in die Dienste Kaiser Karls V.
1545 Paré: *La methode de Traicter les Playes faictes par hacquebutes, et aultres bastons à feu*
F. Xaver reist nach Malakka
1546 14.12. * Thycho Brahe
1547 30.8. Paré wird Leibchirurg Heinrichs II.

1548 * Giordano Bruno
1549 F. Xaver reist als erster Europäer nach Japan
1550 * John Napier
1551 Mercator fertigt seinen ersten Himmelsglobus
1552 28.2. * Jost Bürgi
3.12. † Franz Xaver
Mercator läßt sich in Duisburg nieder

1543 28.11. (?) † Hans Holbein d. J.
1544 11.3. * Torquato Tasso
Orlando di Lasso kommt im Gefolge Ferdinands I. Gonzaga nach Italien
1545 Tizian reist nach Rom
1546 18.2. † Martin Luther
1547 Michelangelo wird Baumeister des Petersdoms
29.9. * Miguel de Cervantes Saavedra

1548 Tizian wird Hofmaler Karls V. auf dem Reichstag zu Augsburg
1549 A. Palladio erhält seinen ersten Auftrag in Vicenza
1550 Tizian erscheint als Hofmaler Karls V. auf dem Reichstag zu Augsburg
Vasari: *Vite*, Lebensbeschreibungen italienischer Künstler
Vasari tritt in den Dienst von Cosimo I. in Florenz
1551 Palestrina wird Leiter des Knabenchors der Capella Giulia an der Peterskirche in Rom
F. Rabelais wird Kanonikus in Meudon
1552 6.10. * Matteo Ricci

1553–1559

Politik und Wirtschaft

1553 13.12. * HEINRICH IV. v. FRANKREICH
1555 Augsburger Religionsfrieden unter FERDINAND I.
1556 16.1. KARL V. dankt ab und zieht sich aus der Politik zurück
1558 21.9. † KARL V.
17.11. ELISABETH I. besteigt den englischen Thron
1559 CHARLES u. FRANÇOIS DE LORRAINE bestimmen die streng katholische Linie unter FRANZ II. v. Frankreich
ELISABETH I. stellt mit der Supremats- und Uniformitätsakte die anglikanische Staatskirche wieder her
GRESHAM wird geadelt
KATHARINA V. MEDICI tritt als Regentin für ihren zweiten Sohn KARL IX. politisch in Frankreich hervor

Wissenschaft und Technik

1554 GESSNER wird Oberstadtarzt von Zürich
MERCATOR fertigt seine Europakarte
PARÉ wird Bakkalaureus der Chirurgie und in die Gesellschaft der Chirurgen in Paris aufgenommen
1555 J. J. SCALIGER wird Sekretär seines Vaters
F. VIÈTE studiert an der Universität v. Poitiers die Rechte
1556 31.7. † IGNATIUS VON LOYOLA
Nach der Abdankung KARLS V. wird VÉSALE Leibarzt von PHILIPP II. am Hof v. Madrid
1558 21.10. † JULIUS CAESAR SCALIGER
GESSNER: *Historia animalium*
J. J. SCALIGER studiert Griechisch, Hebräisch und Arabisch in Paris
1559 THYCHO BRAHE studiert an der Universität Kopenhagen Rhetorik und Philosophie

Kunst und Kultur

1553 9.4. † FRANÇOIS RABELAIS
P. ARETINO besucht ein letztes Mal Rom
TERESA V. AVILA hat ihre erste Vision, die sie zu einer kritischen Beurteilung ihres Ordens führt
TIZIAN malt PHILIPP II. VON SPANIEN
1554 T. TASSO geht mit seinem Vater in die Verbannung nach Rom
TERESA V. AVILA trifft mit FRANCISCO DE BORGIA zusammen, der sie in ihrem Reformvorhaben bestärkt
1555 PALESTRINA wird Kapellmeister von San Giovanni in Laterano, nachdem er vorher von Papst JULIUS III. in das Collegium der päpstlichen Kapellsänger der Sixtina berufen worden war, unter PAUL IV. aber das Collegium wieder verlassen hatte
1556 21.10. † PIETRO ARETINO
1556 ORLANDO DI LASSO tritt in die Dienste des bayerischen Herzogs ALBRECHT V.
1557 MONTAIGNE wird Parlamentsrat in Bordeaux
1558 TERESA V. AVILA trifft mit PEDRO DE ALCÁNTARA zusammen, der sie unterstützt
1559 CALVIN gründet in Genf eine Akademie

Oben links: *König Philipp II. von Spanien (1527–1598) von Alfonso Sánchez Coello (1582). Unter ihm erreichte die spanische Weltmacht ihren Höhepunkt. 1588 ging die Vorherrschaft zur See durch den Untergang der Armada verloren.*

Oben rechts: *Katharina von Medici (1519–1589), Gemahlin Heinrichs II. von Frankreich und Regentin für ihren zweiten Sohn Karl IX. Sie zettelte 1572 das Blutbad der Bartholomäusnacht an. Zeichnung von François Clouet.*

Rechts: *Thycho Brahe in seiner Sternwarte auf der Insel Hven 1587. Der dänische Astronom (1546–1601), Zeitgenosse Keplers und Gegner des Kopernikus, glaubte, daß Sonne und Mond die Erde umkreisten. 1599 wurde er Hofastronom Kaiser Rudolf II. in Prag.*

Rechts: *El Escorial, im Auftrag von Philipp II. 1563–1584 erbaut, vereinigt in sich Kloster (San Lorenzo) und königlichen Palast. Er enthält auch die Gruft der spanischen Könige. Gemälde von Michel Ange Houasse vom Anfang des 18. Jh.s*

1560–1578

Politik und Wirtschaft

1560 Die FUGGER gewähren FERDINAND I., PHILIPP II. und MAXIMILIAN II. Kredite
FRANZ II. und MARIA STUART verzichten auf England und Irland

1561 22. 1. * FRANCIS BACON
HEINRICH IV. hält sich am Hofe KATHARINAS V. MEDICI in Frankreich auf

1562 1. 3. FRANÇOIS DE LORRAINE veranlaßt das Blutbad v. Vassy und damit den Ausbruch des Bürgerkrieges in Frankreich

1566 31. 7. † BARTOLOMÉ DE LAS CASAS
HEINRICH IV. verläßt den Hof KATHARINAS V. MEDICI und lernt die Aufgaben des zukünftigen Königs v. Navarra kennen

1567 13. 11. * MORITZ VON ORANIEN

1568 HEINRICH IV. beteiligt sich an den Hugenottenkriegen auf der Seite der Protestanten

Wissenschaft und Technik

1560 19. 4. † PHILIPP MELANCHTHON
PARÉ behandelt zusammen mit VÉSALE den beim Turnier schwer verletzten HEINRICH II. vergeblich
THYCHO BRAHE beobachtet eine Sonnenfinsternis

1562 T. BRAHE studiert an der Universität Leipzig die Rechte, gleichzeitig hört er Vorlesungen über Astronomie
G. BRUNO tritt in ein Dominikanerkloster in Neapel ein

1563 J. J. SCALIGER reist nach Italien

1564 15. 2. * GALILEO GALILEI
VÉSALE beginnt eine Pilgerfahrt nach Jerusalem
15. 10. † ANDRÉ VÉSALE
F. VIÈTE wird Rechtsberater und Erzieher bei den Soubise

1565 13. 12. † CONRAD GESSNER

Kunst und Kultur

1560 EL GRECO kommt erstmals nach Venedig und wird Schüler von TIZIAN
A. PALLADIO wird Baumeister in Venedig
T. TASSO studiert Rechtswissenschaft in Padua

1562 25. 11. * LOPE FÉLIX DE VEGA CARPIO
Einweihung des von TERESA V. AVILA reformierten Klosters San José
T. TASSO studiert Rechtswissenschaft in Bologna

1563 ORLANDO DI LASSO leitet die Kapelle am Hofe des Herzogs ALBRECHT V. von Bayern

1564 18. 2. † MICHELANGELO
17. 5. † JEAN CALVIN
* CHRISTOPHER MARLOWE
* WILLIAM SHAKESPEARE

1565 PALESTRINA wird zum Komponisten der päpstlichen Kapelle ernannt

1566 PALESTRINA lehrt am Seminario Romano
A. PALLADIO entwirft S. Giorgio Maggiore in Venedig

1567 15. 5. * CLAUDIO MONTEVERDI
PALESTRINA tritt in die Dienste des Kardinals IPPOLITO D'ESTE in Rom und Tivoli
TERESA V. AVILA erhält die Erlaubnis, weitere Klöster zu gründen, um die alte strenge Ordensregel der Karmeliter wieder einzuführen

1568 5. 9. * TOMMASO CAMPANELLA

1570 Eröffnung der von GRESHAM initiierten Börse von London
1571 DON JUAN D'AUSTRIA erhält den Oberbefehl über die Flotte der ›Heiligen Liga‹ gegen die Türken und siegt in der Seeschlacht bei Lepanto
1572 23.8. Die Hochzeit HEINRICHs IV. mit MARGARETHE V. VALOIS wird zur ›Bluthochzeit‹ der Bartholomäusnacht in Paris
HEINRICH IV. tritt zum Katholizismus über und rettet damit sein Leben
1573 26.4. * MARIA DE'MEDICI
DON JUAN D'AUSTRIA erobert vorübergehend Tunis
1576 DON JUAN D'AUSTRIA erhält von PHILIPP II. v. Spanien die Stadthalterschaft über die Niederlande
Gründung der ›Liga‹ durch HENRI I. DE LORRAINE, dem ältesten Sohn v. F. DE LORRAINE
HEINRICH IV. widerruft seinen Übertritt zum Katholizismus und wird militärischer und politischer Führer der Hugenotten in Frankreich
1578 1.10. † DON JUAN D'AUSTRIA
RALEIGH unternimmt seine erste Nordamerikaexpedition

1569 MERCATOR fertigt eine Weltkarte mit der nach ihm benannten ›Mercatorprojektion‹ für die Seefahrt
1571 27.12. * JOHANNES KEPLER
J. NAPIER kehrt nach seinem Studium in Paris nach Schottland zurück
1572 11.11. T. BRAHE beobachtet die Nova in der Kassiopeia, die ihn endgültig dazu veranlaßt, sich ausschließlich der Astronomie zu widmen
G. BRUNO wird zum Priester geweiht
PARÉ flieht in der Bartholomäusnacht in den Louvre
J. J. SCALIGER begibt sich nach den Morden der Bartholomäusnacht in Paris nach Genf und lehrt dort als Professor für Philosophie
1574 Januar PARÉ heiratet nach dem Tod seiner ersten Frau JACQUELIN ROUSSELET
Mai PARÉ seziert die Leiche von KARL IX. und balsamiert sie ein
J. J. SCALIGER kehrt nach Frankreich zurück und wird als Gast der Familie Rochepozay aufgenommen
F. VIÈTE wird Rat im Parlament von Rennes
1576 T. BRAHE erhält die Sundinsel Hven vom dänischen König zum Lehen, auf der er sein Observatorium Urniborg einrichtet
G. BRUNO wird der Ketzerei angeklagt und muß aus Neapel fliehen
1578 1.4. * WILLIAM HARVEY
MERCATOR gibt die *Geographia* des PTOLEMÄUS heraus

1569 M. DE CERVANTES wird Kammerjunker des Kardinals ACQUAVIVA
MONTAIGNE zieht sich von seinen Ämtern zurück
VASARI wird von Papst PIUS V. nach Rom berufen
1570 A. PALLADIO: *Quattro libri dell'architettura*
1571 M. DE CERVANTES beteiligt sich an der Seeschlacht von Lepanto
PALESTRINA wird von Papst PIUS V. zum Kapellmeister der Capella Giulia ernannt
M. RICCI tritt in die Gesellschaft Jesu ein
1572 T. TASSO tritt in die Dienste von ALFONSO II. D'ESTE
VASARI beginnt mit der Ausschmückung der Kuppel des Florentiner Doms
1573 28.9. * CARAVAGGIO
1574 27.6. † GIORGIO VASARI
1575 M. DE CERVANTES gerät in die Gefangenschaft algerischer Korsaren
* JAKOB BÖHME
1576 27.8. † TIZIAN
1577 EL GRECO läßt sich in Toledo als Maler nieder
28.6. * PETER PAUL RUBENS
M. RICCI geht nach Portugal und studiert an der Universität Coimbra Theologie
T. TASSO klagt sich selbst bei der Inquisition an
1578 M. RICCI reist von Portugal aus nach Goa in Indien

1579–1593

Politik und Wirtschaft

1579 21.11. † THOMAS GRESHAM
1580 RALEIGH unterdrückt den irischen Aufstand

1582 F. BACON wird Advokat in London
RALEIGH wird Statthalter der irischen Grafschaft Cork
1583 26.6. * AXEL GUSTAFSSON GRAF OXENSTIERNA
1584 F. BACON wird Mitglied des englischen Unterhauses
MORITZ V. ORANIEN wird als Nachfolger seines ermordeten Vaters von den niederländischen Provinzen zum Statthalter und Oberbefehlshaber der Streitkräfte im Krieg gegen Spanien gewählt
RALEIGH gründet auf seiner zweiten Nordamerikaexpedition Virginia
† WILHELM V. ORANIEN
1585 9.9. * ARMAND JEAN DU PLESSIS DE RICHELIEU

Wissenschaft und Technik

1579 J. BÜRGI wird Uhrmacher des Landgrafen WILHELM IV. v. Hessen in Kassel
F. VIÈTE: *Canon mathematicus*
1580 PARÉ wird von GOURMELIN wegen seiner Methoden öffentlich angegriffen
F. VIÈTE erlangt als ›Maître de Requêtes‹ eine Vertrauensstellung bei HEINRICH III. v. Frankreich
1583 10.4. * HUGO GROTIUS
G. BRUNO begibt sich nach London
J. J. SCALIGER: *De emendatione temporum*
1585 PARÉ veröffentlicht zusammen mit der 4. Auflage seiner *La methode*… eine Rechtfertigungsschrift auf die Angriffe GOURMELINS

Oben: *Sir Walter Raleigh (1552–1618) gründete 1584 in Virginia die erste englische Kolonie in Nordamerika, wurde 1603 wegen Verschwörung gegen Jakob I. zum Tode verurteilt.*

Kunst und Kultur

1579 T. TASSO wird in eine Irrenanstalt eingeliefert
1580 22.6. Papst GREGOR XIII. erkennt die Reformen der TERESA V. AVILA durch das Breve *Pia Consideratione* an
19.8. † ANDREA PALLADIO
M. DE CERVANTES wird aus der Gefangenschaft algerischer Korsaren freigekauft und begibt sich nach Madrid
EL GRECO erhält von PHILIPP II. den Auftrag für das *Martyrium des hl. Mauritius und der Thebaischen Legion*
LOPE DE VEGA studiert in Salamanca
MONTAIGNE reist nach Italien
MONTAIGNE: *Essais*, die ersten beiden Bände
M. RICCI wird in Goa zum Priester geweiht
1581 CHR. MARLOWE studiert am Corpus Christi College in Cambridge
1582 4.10. † TERESA VON AVILA
30.11./1.12. W. SHAKESPEARE heiratet ANNE HATHAWAY
MONTAIGNE wird zum Bürgermeister von Bordeaux gewählt
M. RICCI reist v. Goa nach Macao
1583 T. CAMPANELLA tritt in den Dominikanerorden ein
M. RICCI erhält die Erlaubnis, sich in Chaoch'ing, oberhalb Kantons niederzulassen
1585 14.10. * HEINRICH SCHÜTZ
M. DE CERVANTES: *Galatea*

1587 Gegen den Willen von ELISABETH I. wird MARIA STUART auf Gerichtsbeschluß des Parlamentes hingerichtet
1588 Mai Gefangennahme HEINRICHS III. v. Frankreich durch HEINRICH I. DE LORRAINE während des Barrikadenaufstandes in Paris
RALEIGH nimmt an der Vernichtung der spanischen Armada teil
1589 5.1. † KATHARINA VON MEDICI
3.8. HEINRICH IV. wird König v. Frankreich

1593 25.7. HEINRICH IV. wird wieder katholisch; Krönung in Chartres

Rechts: *Königin Elisabeth I. von England (1533–1603) war die Tochter Heinrichs VIII. und der Anna Boleyn. Sie prägte ein halbes Jahrhundert englischer Geschichte.*

1588 5.4. * THOMAS HOBBES
1589 G. GALILEI wird Professor für Mathematik in Pisa
J. KEPLER studiert als Angehöriger des ›Stifts‹ protestantische Theologie in Tübingen
F. VIÈTE wird als Dechiffrierer für HEINRICH IV. v. Frankreich tätig

1590 PARÉ bittet den Erzbischof v. Lyon um die Aufhebung der Belagerung v. Paris
20.12. † AMBROISE PARÉ
1591 F. VIÈTE publiziert das erste Teilstück seiner neuen Algebra
1592 28.3. * COMENIUS
22.4. * WILHELM SCHICKARD
G. BRUNO wird in Venedig von der Inquisition verhaftet
G. GALILEI wird Professor für Mathematik in Padua
1593 W. HARVEY studiert am Gonville-and-Caius-College in Cambridge
J. NAPIER: *A Plaine Discovery of the Whole Revelation of St. John*
J. J. SCALIGER erhält einen Ruf an die Universität Leiden

1586 EL GRECO: *Begräbnis des Grafen Orgaz*
MONTAIGNE zieht sich von seinen politischen Aufgaben zurück
T. TASSO kommt an den Hof von Mantua
1587 CHR. MARLOWE läßt sich als Dramatiker in London nieder
1588 CHR. MARLOWE: *The Tragicall History of Doctor Faustus*
MONTAIGNE: *Essais*, zu der Neuauflage der ersten beiden Bände kommt noch ein dritter Band hinzu
1589 T. CAMPANELLA verläßt das Kloster Altomonte
M. RICCI kommt nach Shao-chou, wo er sich intensiv mit der chinesischen Sprache und Literatur befaßt

1590 C. MONTEVERDI tritt als Sänger und Violaspieler in die Hofkapelle der Herzöge v. Gonzaga in Mantua ein
P.P. RUBENS tritt in Antwerpen in den Pagendienst
1591 oder 1592 CARAVAGGIO reist nach Rom
1592 13.9. † MICHEL DE MONTAIGNE
W. SHAKESPEARE wird erstmals in London als Dramatiker und Schauspieler erwähnt
1593 CHR. MARLOWE wird vom Privy Council des Atheismus und der Blasphemie angeklagt
30.5. † CHRISTOPHER MARLOWE
W. SHAKESPEARE: *Richard III.*
T. TASSO läßt in Rom sein Hauptwerk *Gerusalemme conquistata* drucken

1594–1599

Politik und Wirtschaft

1594 HEINRICH IV. zieht in Paris ein
1597 HEINRICH IV. beendet den Bürgerkrieg in Frankreich
1598 30.4. HEINRICH IV. erläßt das Edikt v. Nantes, das den religiösen Ausgleich zwischen Katholiken u. Hugenotten begründet
1599 25.4. * OLIVER CROMWELL

Wissenschaft und Technik

1594 2.12. † GERHARD MERCATOR
J. KEPLER wird Lehrer für Mathematik an der Stiftsschule der protestantischen Stände der Steiermark in Graz
F. VIÈTE wird Geheimer Rat des französischen Königs
1596 31.3. * RENÉ DESCARTES
1597 T. BRAHE verläßt aufgrund mangelnder Unterstützung durch den neuen dänischen König CHRISTIAN IV. Dänemark und läßt sich zunächst in Rostock nieder
1599 T. BRAHE wird Hofastronom bei Kaiser RUDOLF II. in Prag
H. GROTIUS läßt sich als Rechtsanwalt in Den Haag nieder

Kunst und Kultur

1594 2.2. † GIOVANNI PIERLUIGI PALESTRINA
14.6. † ORLANDO DI LASSO
W. SHAKESPEARE: *A Midsummer Night's Dream*
1595 25.4. † TORQUATO TASSO
C. MONTEVERDI reist mit dem Herzog VINCENZO I. nach Ungarn
M. RICCI besucht erstmals Nanking
W. SHAKESPEARE ist Mitglied der Theatergruppe der ›Lord Chamberlain's Men‹
1597 CARAVAGGIO beginnt mit der Ausmalung der Kapelle des Kardinals MATTEO CONTARELLI in der Kirche S. Luigi dei Francesi
W. SHAKESPEARE: *The Merchant of Venice*
1598 T. CAMPANELLA darf nach peinlichen Verhören durch die Inquisition nach Neapel zurückkehren, wo er sich an einer Verschwörung gegen die spanische Herrschaft beteiligt
1599 6.6. * DIEGO VELAZQUEZ
6.9. T. CAMPANELLA wird von den Spaniern gefangengenommen und eingekerkert
J. BÖHME läßt sich als Schuhmacher in Görlitz nieder
C. MONTEVERDI reist mit dem Herzog VINCENZO I. nach Brüssel und Spa
W. SHAKESPEARE ist Teilhaber des Globe-Theaters

Oben links: *König Heinrich IV. von Frankreich (1553–1610) war König von Navarra und der erste Bourbone auf dem französischen Thron.*

Unten links: *Das Globe-Theater in London zur Zeit William Shakespeares.*

Oben rechts: *Erste Seite des Edikts von Nantes (1598), mit dem König Heinrich IV. den Hugenotten Religionsfreiheit gewährte. Es wurde 1685 von Ludwig XIV. wieder aufgehoben.*

Unten rechts: *William Shakespeare (1564–1616). Einziges zeitgenössisches Bildnis von Douglas Hilliard (1588).*

Links: *Johannes Kepler (1571–1630), seit 1601 kaiserlicher Mathematiker und Hofastronom, veröffentlichte die drei Keplerschen Gesetze über die Planetenbahnen um die Sonne. Kolorierter Holzschnitt nach einer Zeichnung von Scherenberg.*

Unten: *Erdkarte von Philipp Eckebrecht aus Nürnberg nach einem Entwurf von Johannes Kepler (1630). Sie zeigt erstmals Teile Australiens.*

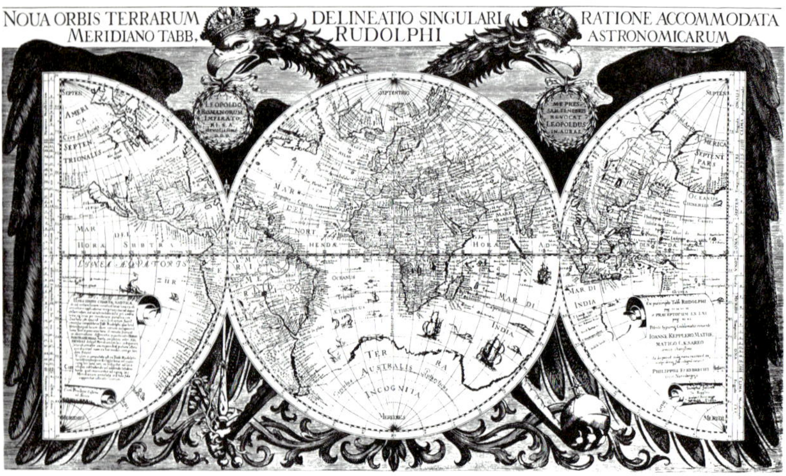

Rechts: *Galileo Galilei (1564–1642), Begründer der neuzeitlichen experimentalen Naturforschung, mußte vor der Inquisition das heliozentrische Weltsystem leugnen. Zeichnung von Guido Reni.*

Unten links: *Das »Canocchiale« (Fernrohr) Galileis, mit dem er u. a. die Mondgebirge, vier Jupitermonde, die Venusphasen und die Saturnringe entdeckte.*

Unten rechts: *Das Astrolabium Galileis.*

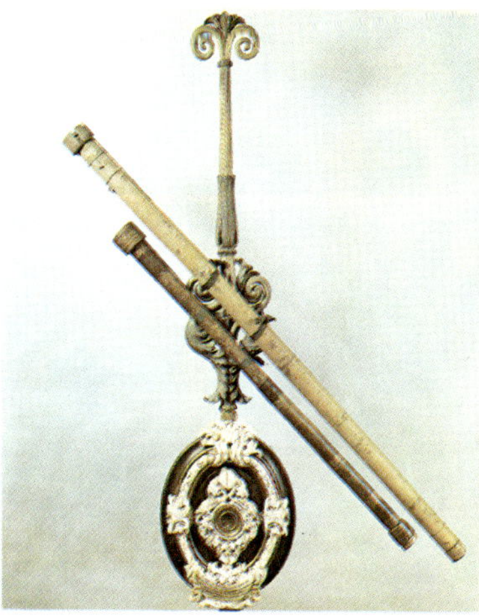

1600–1615

Politik und Wirtschaft

1600 MARIA DE'MEDICI heiratet HEINRICH IV. v. Frankreich
MORITZ V. ORANIEN besiegt die Spanier bei Nieuwpoort
1602 14.7. * JULES MAZARIN
RICHELIEU wird Geistlicher
1603 24.3. † ELISABETH I.
RALEIGH wird unter JAKOB I. wegen Hochverrat verurteilt und in den Tower gebracht
1607 RICHELIEU wird Bischof v. Luçon

Kardinal Richelieu (1585–1642). Seit 1624 Erster Minister unter König Ludwig XIII. Sein Ziel war die Stärkung des Absolutismus und des Zentralismus in Frankreich.

Wissenschaft und Technik

1600 17.2. † GIORDANO BRUNO
7.8. Durch die Rekatholisierung der Steiermark muß KEPLER Graz verlassen und geht zu T. BRAHE nach Prag
1601 20.8. * PIERRE DE FERMAT
24.10. † THYCHO BRAHE
24.10. J. KEPLER wird Nachfolger T. BRAHES als Hofmathematiker RUDOLF II.
1602 30.11. * OTTO VON GUERICKE
24.12. F. VIÈTE wird von seinen Amtspflichten am französischen Hof entbunden
W. HARVEY läßt sich in London als Arzt nieder
TH. HOBBES beginnt sein Studium in Oxford
1603 13.2. † FRANÇOIS VIÈTE
1604 R. DESCARTES besucht das Jesuitenkolleg Royal in La Flèche
1605 J. BÜRGI tritt als Kammeruhrmacher in die Dienste Kaiser RUDOLFs II.
H. GROTIUS verfaßt im Auftrag der Ostindischen Kompanie sein erstes völkerrechtliches Werk
1606 J. KEPLER flieht mit seiner Familie vor der Pest aus Prag
J. J. SCALIGER: *Thesaurus Temporum*
1607 W. HARVEY wird Mitglied des Royal College of Physicians
1608 15.10. * EVANGELISTA TORRICELLI

Kunst und Kultur

1600 17.1. * PEDRO CALDERÓN DE LA BARCA
J. BÖHME hat sein erstes und entscheidendes mystisches Erlebnis beim Anblick eines Zinnkruges
P. P. RUBENS reist nach Italien
1602 T. CAMPANELLA: *Civitas solis*
1603 M. DE CERVANTES zieht zu seiner Schwester nach Valladolid
P. P. RUBENS wird vom Herzog v. Mantua mit Geschenken an den spanischen Hof geschickt
W. SHAKESPEARE tritt erstmals mit seiner Truppe bei Hofe auf
1604 W. SHAKESPEARE: *Othello*
1605 M. DE CERVANTES veröffentlicht den ersten Teil seines *Don Quijote*
1606 29.5. CARAVAGGIO muß Rom wegen eines Duells verlassen und begibt sich nach Malta
6.6. * PIERRE CORNEILLE
15.7. * REMBRANDT HARMENSZ VAN RIJN
M. DE CERVANTES läßt sich wieder in Madrid nieder
M. RICCI besucht Peking und erlangt hohes Ansehen am chinesischen Kaiserhof
1607 C. MONTEVERDI: *Orfeo*
1608 P. P. RUBENS kehrt aus Italien nach Antwerpen zurück
W. SHAKESPEARE beteiligt sich am Kauf des Privattheaters ›Blackfriars‹

1610 14.5. † HEINRICH IV. v. FRANKREICH
MARIA DE'MEDICI reißt nach der Ermordung HEINRICHS IV. v. Frankreich die politische Macht an sich

1613 OXENSTIERNA wird schwedischer Reichskanzler unter GUSTAV II. ADOLF

1614 RICHELIEU nimmt an der Versammlung der Generalstände teil, wobei MARIA DE' MEDICI auf ihn aufmerksam wird

---

1609 21.1. † JOSEPH JUSTUS SCALIGER
H. GROTIUS: *Mare librum*
W. HARVEY wird Arzt am St.-Bartholomaeus-Spital in London
J. KEPLER: *Astronomia Nova seu Physica Coelestis*

1610 G. GALILEI entdeckt mit seinem selbstgefertigten Fernrohr vier Jupitermonde
G. GALILEI wird zum Hofmathematiker des toskanischen Großherzogs ernannt und übersiedelt nach Florenz
J. KEPLER: *Dissertatio cum nuncio sidereo Galilaei*

1611 J. KEPLER: *Dioptrice*

1612 J. KEPLER geht als Landschaftsmathematiker der Stände Österreichs nach Linz

1613 30.10. J. KEPLER heiratet seine zweite Frau SUSANNE REUTTINGER und geht nach Regensburg
H. GROTIUS wird Mitglied der Stände v. Holland und der Generalstaaten

1614 COMENIUS bricht sein Studium in Heidelberg ab
J. NAPIER: *Canonis Mirifici Logarithmorum Descriptio*
W. SCHICKARD wird Diakon in Nürnberg

1615 G. GALILEI tritt erstmals für die Richtigkeit des Kopernikanischen Weltbildes ein
W. HARVEY erhält die Lumleian-Vorlesungen übertragen, in denen er über seine medizinischen Forschungsergebnisse und Theorien berichten kann
KEPLERS Mutter wird als Hexe angeklagt

1609 P.P. RUBENS wird Hofmaler des spanischen Statthalters in den Niederlanden
3.10. P.P. RUBENS heiratet ISABELLA BRANT
H. SCHÜTZ wird Schüler von G. GABRIELI in Venedig

1610 11.5. † MATTEO RICCI
18.7. † CARAVAGGIO

1611 W. SHAKESPEARE zieht sich nach Stratford zurück
D. VELAZQUEZ geht bei dem Maler FR. PACHECO in die Lehre

1612 J. BÖHME: *Aurora*
H. SCHÜTZ wird Hoforganist in Kassel

1613 J. BÖHME erhält durch den Oberpfarrer G. RICHTER offizielles Schreibverbot und sein Manuskript wird vom Magistrat der Stadt Görlitz beschlagnahmt
C. MONTEVERDI wird zum Maestro di Cappella dei San Marco in Venedig ernannt
W. SHAKESPEARE: *Heinrich VIII.*

1614 8.4. † EL GRECO
LOPE DE VEGA wird zum Priester geweiht

1615 P. CORNEILLE besucht das Jesuitenkolleg in Rouen
M. DE CERVANTES veröffentlicht den zweiten Teil seines *Don Quijote*

1616–1628

Politik und Wirtschaft

1616 RALEIGH unternimmt nach seiner Freilassung eine erneute Expedition nach Amerika
RICHELIEU wird Staatssekretär unter MARIA DE'MEDICI
1617 F. BACON wird Großsiegelbewahrer
MARIA DE'MEDICI wird von LUDWIG XIII. nach Blois verwiesen
1618 29.10. † SIR WALTER RALEIGH
F. BACON wird Lordkanzler JAKOBS I.
Prager Fenstersturz
1619 29.8. * JEAN BAPTISTE COLBERT
1620 F. BACON wird der Bestechung angeklagt und von allen Staatsämtern ausgeschlossen
F. BACON: *Novum Organon*
1621 MARIA DE'MEDICI kehrt nach Paris zurück und versucht gegen RICHELIEU Einfluß zu gewinnen
1622 J. MAZARIN tritt in den päpstlichen Militärdienst
RICHELIEU erhält die Kardinalswürde

Wissenschaft und Technik

1616 COMENIUS wird Prediger in Prerau
G. GALILEI wird die Verbreitung der kopernikanischen Lehre verboten
H. GROTIUS wird in die Regierung der Vereinigten Niederlande berufen
1617 4.4. † JOHN NAPIER
J. KEPLER reist zu seiner Mutter, um ihr im Hexenprozeß beizustehen
1618 COMENIUS wird Gemeindeprediger in Fulnek
R. DESCARTES lernt als Soldat im Heer MORITZ V. NASSAU den Physiker I. BECKMAN kennen
H. GROTIUS wird in Auseinandersetzung mit MORITZ V. ORANIEN vor den Utrechter Ständen verhaftet und zu lebenslangem Kerker verurteilt. Seine Frau verhilft ihm zur Flucht nach Frankreich
1618 W. HARVEY wird zum zweiten Hofarzt JAKOB I. ernannt
1619 R. DESCARTES erfährt als Soldat im Heer MAXIMILIANS V. BAYERN seine Berufung zum Wissenschaftler
J. KEPLER: *Harmonice Mundi Libri V*
W. SCHICKARD wird Professor für Hebräisch und Mathematik in Tübingen
1620 J. BÜRGI: *Aritmetische und Geometrische Progreßtabulen*
P. DE FERMAT studiert in Toulouse und Bordeaux die Rechte
1621 TH. HOBBES ist für kurze Zeit Privatsekretär v. F. BACON
1623 19.6. * BLAISE PASCAL

Kunst und Kultur

1616 23.4. † MIGUEL DE CERVANTES SAAVEDRA
23.4. † WILLIAM SHAKESPEARE
T. CAMPANELLA: *Apologia pro Galileo*
1617 H. SCHÜTZ wird Hofkapellmeister in Dresden
1618 J. BÖHME setzt die Aufzeichnungen seiner Visionen fort
D. VELAZQUEZ heiratet die Tochter Pachecos, Juana
1620 REMBRANDT schreibt sich an der Universität v. Leiden ein
1621 8.6. * JEAN DE LA FONTAINE
REMBRANDT beginnt eine Malerlehre bei J. VAN SWANEBURGH
1622 Januar * MOLIÈRE
P. CORNEILLE beginnt das Studium der Rechtswissenschaft in Rouen
P. P. RUBENS reist erstmals nach Paris und erhält einen Auftrag für die Medici-Galerie
D. VELAZQUEZ geht zum ersten Mal nach Madrid
1623 D. VELAZQUEZ malt PHILIPP IV. v. Spanien und wird dessen Hofmaler

1624 RICHELIEU wird von LUDWIG XIII. zum leitenden Minister ernannt
1625 † MORITZ VON ORANIEN
1626 9. 4. † FRANCIS BACON
18. 12. * CHRISTINE VON SCHWEDEN
1628 O. CROMWELL bekennt sich als Mitglied des englischen Unterhauses zum strengen Puritanismus
RICHELIEU vernichtet politisch und militärisch die Hugenotten mit der Eroberung von La Rochelle

---

1624 W. SCHICKARD beginnt mit dem Bau einer Rechenmaschine
1625 H. GROTIUS: *De iure belli ac pacis libri tres*
1626 O. V. GUERICKE tritt in die Dienste seiner Vaterstadt Magdeburg als Leiter des Bauwesens
1627 25. 1. * ROBERT BOYLE
J. KEPLER: *Tabulae Rudolphinae*
1628 10. 3. * MARCELLO MALPIGHI
COMENIUS übernimmt die Leitung des Brüdergymnasiums in Leszno
W. HARVEY: *Exercitatio anatomica de motu cordis et sanguinis in animalibus*
J. KEPLER wird Astronom des Fürsten WALLENSTEIN in Sagan

1624 J. BÖHME: *Der Weg zu Christo*, das einzige zu seinen Lebzeiten veröffentlichte Werk
17. 11. † JAKOB BÖHME
P. CORNEILLE wird Advokat am Parlament von Rouen
REMBRANDT führt zusammen mit JAN LIEVENS ein eigenes Atelier in Amsterdam
1626 T. CAMPANELLA wird gegen Bürgschaft aus der Haft entlassen, auf Befehl des Papstes URBAN VIII. aber nach Rom gebracht
1627 27. 9. * JACQUES-BÉNIGNE BOSSUET
LOPE DE VEGA wird in den Johanniterorden aufgenommen
H. SCHÜTZ: *Daphne*, die erste deutsche Oper
D. VELAZQUES lebt und arbeitet am königlichen Hof in Madrid
1628 T. CAMPANELLA wohnt im Palast des Heiligen Offiziums ›loco carceris‹
P. P. RUBENS wird von der Statthalterin der Niederlande in politischer Mission an den spanischen Hof geschickt. PHILIPP IV. ernennt ihn zum Sekretär des geheimen Rates der Niederlande
H. SCHÜTZ setzt sein Musikstudium noch einmal in Italien fort
D. VELAZQUEZ lernt in Madrid P. P. RUBENS kennen

1629–1639

Politik und Wirtschaft

1629 O. CROMWELL löst das englische Parlament auf

1631 RICHELIEU wird zum Herzog und Pair v. Frankreich ernannt

1632 OXENSTIERNA führt die Vormundschaftsregierung für die noch unmündige Thronfolgerin CHRISTINE V. SCHWEDEN

Wissenschaft und Technik

1629 14. 4. * CHRISTIAAN HUYGENS

R. DESCARTES siedelt zum Zwecke seiner Studien in die Niederlande

1630 8. 10. J. KEPLER reist wegen Gehaltsforderungen an den Kaiser von Sagan nach Regensburg

15. 11. † JOHANNES KEPLER

1631 J. BÜRGI läßt sich in Kassel nieder

O. V. GUERICKE muß nach dem Brand Magdeburgs und der Eroberung durch TILLY die Stadt verlassen

1632 31. 1. † J. BÜRGI

29. 8. * JOHN LOCKE

24. 10. * ANTONIE VAN LEEUWENHOEK

24. 11. * BARUCH DE SPINOZA

G. GALILEI: *Dialogo*

W. HARVEY wird Leibarzt KARLS I. v. England

Kunst und Kultur

1629 6. 4. T. CAMPANELLA wird von der Kurie begnadigt

P. CORNEILLE läßt seine erste Komödie *Mélite* in Paris aufführen

P. P. RUBENS begibt sich in politischer Mission nach England. Die Universität Cambridge verleiht ihm den Titel eines Magister artium

H. SCHÜTZ kehrt an den Hof in Dresden als Kapellmeister zurück

D. VELAZQUEZ unternimmt seine erste Reise nach Italien

1630 6. 12. P. P. RUBENS heiratet nach seiner Rückkehr aus England die sechzehnjährige HELENE FOURMENT

P. CALDERÓN DE LA BARCA findet mit seinen Dichtungen erste Anerkennung durch LOPE DE VEGA

1630 P. P. RUBENS wird von KARL I. v. England zum Ritter geschlagen

1631 D. VELAZQUEZ kehrt aus Italien nach Madrid zurück

1632 Januar REMBRANDT: *Die Anatomie des Dr. Tulp*

C. MONTEVERDI läßt sich zum Priester weihen

1633 OXENSTIERNA schließt mit den oberdeutschen protestantischen Fürsten den Heilbronner Vertrag ab

1635 RICHELIEU gründet die Académie Française

RICHELIEU greift auf der Seite Schwedens in den Dreißigjährigen Krieg ein

1638 5.9. * LUDWIG XIV.

1639 J. MAZARIN lernt als päpstlicher Internuntius RICHELIEU kennen und setzt sich für dessen Politik ein

J. MAZARIN tritt in die Dienste LUDWIGS XIII.

1633 12.4. G. GALILEI muß sich vor der Inquisition wegen seiner Lehre verantworten

G. GALILEI wird von der Inquisition verurteilt, jedoch wird das Urteil von der Kirche sofort gemildert und GALILEI kehrt in sein Landhaus nach Florenz zurück

1634 W. SCHICKARD setzt sich für den Bau einer Sternwarte in Tübingen ein

TH. HOBBES lernt auf seiner Reise durch den europäischen Kontinent GALILEI, MERSENNE, DESCARTES und GASSENDI kennen

1635 13.1. * PHILIPP JAKOB SPENER

18.7. * ROBERT HOOKE

23.10. † WILHELM SCHICKARD

R. BOYLE kommt zusammen mit seinem älteren Bruder Francis nach Eton

1635 H. GROTIUS tritt als Botschafter in die Dienste Schwedens

1637 R. DESCARTES veröffentlicht ausgewählte Ergebnisse seiner mathematischen und wissenschaftlichen Forschungsergebnisse in der Form von Essays, denen er seinen *Discours de la méthode* voranstellt

1638 R. BOYLE kehrt von Eton nach Irland zurück und erhält weiteren Unterricht durch den Hauskaplan

H. GROTIUS trifft mit G. GALILEI und J. MILTON zusammen

O. V. GUERICKE kehrt nach Magdeburg zurück und wird erneut Bauherr der Stadt

1639 R. BOYLE tritt zusammen mit seinem Bruder Francis eine Reise durch Europa an

---

1634 T. CAMPANELLA flieht von Neapel mit französischer Hilfe nach Paris

REMBRANDT heiratet als anerkannter Porträtist SASKIA VAN UYLENBURGH

1635 12.3. P.P. RUBENS erwirbt Schloß Steen bei Mecheln

27.8. † LOPE FÉLIX DE VEGA CARPIO

P. CORNEILLE stellt zusammen mit BOISROBERT, COLLETET, L'ESTOILLE und ROTROU die von ihnen geschaffene *Comédie des Tuileries* dem König vor

D. VELAZQUEZ: *Übergabe von Breda*

1636 P. CORNEILLE: *Le Cid*

1639 Dezember * JEAN RACINE

21.5. † TOMMASO CAMPANELLA

Rembrandt Harmensz van Rijn (1606–1669). Selbstbildnis um 1666.

1640–1658

Politik und Wirtschaft

1640 O. Cromwell schließt sich als Mitglied des ›Langen Parlaments‹ den Gegnern des englischen Königs an
Friedrich Wilhelm wird Kurfürst von Brandenburg
1641 J. Mazarin wird durch Richelieu Kardinal
1642 3.7. † Maria de'Medici
4.12. † Armand Jean du Plessis de Richelieu
J. Mazarin wird als Nachfolger von Richelieu leitender Minister in Frankreich
1643 Ludwig XIV. wird König v. Frankreich
1644 Christine v. Schweden besteigt den Thron
Sieg O. Cromwells über das royalistische Heer bei Marston Moor

Wissenschaft und Technik

1640 B. Pascal baut die erste Rechenmaschine
Th. Hobbes: *Elements of Law. Natural and Politic*
1641 R. Descartes: *Meditationes de prima philosophia*
Th. Hobbes flieht vor einer eventuellen Ergreifung durch das Parlament nach Paris
E. Torricelli lernt G. Galilei noch kurz vor dessen Tod kennen und wird sein Nachfolger als Hofmathematiker des Großherzogs von Toskana
1642 8.1. † Galileo Galilei
25.12. * Isaac Newton
Comenius geht für 6 Jahre nach Elbing
1643 P. de Fermat setzt sich in einer Korrespondenz mit Pascal über die Glücksspielrechnung auseinander
1644 R. Boyle wird durch den Tod des Vaters zur Rückkehr nach Irland gezwungen
R. Descartes: *Principia philosophiae*
E. Torricelli: *Opera geometrica*
1645 28.8. † Hugo Grotius
1646 1.7. * Gottfried Wilhelm Leibniz
B. Pascal entdeckt das Gesetz der kommunizierenden Röhren
O. v. Guericke wird zum Bürgermeister von Magdeburg gewählt
1647 25.10. † Evangelista Torricelli
September B. Pascal lernt R. Descartes persönlich kennen
22.8. * Denis Papin
R. Descartes beginnt einen Briefwechsel mit Christine v. Schweden

Kunst und Kultur

1640 27.5.† Peter Paul Rubens
1641 J. de La Fontaine tritt in das Seminar der Oratorianer von Saint-Magloire ein
1642 P. Calderón de la Barca wird durch eine schwere Verwundung zum Abschied aus dem spanischen Heer gezwungen
C. Monteverdi: *L'incoronazione di Poppea*
Rembrandt: *Die Nachtwache*
1643 30.6. Molière gründet zusammen mit der Schauspielerfamilie Béjart die Schauspieltruppe ›L'illustre théâtre‹
November Molière macht in Rouen Bekanntschaft mit den Brüdern Corneille
29.11. † Claudio Monteverdi
1644 2.7. * Abraham a Sancta Clara
1645 4.8. Die Schauspieltruppe ›L'illustre Théâtre‹ löst sich wegen Geldmangels wieder auf, Molière wird vorübergehend in Schuldhaft genommen
1646 D. Velazquez reist erneut nach Italien
1647 P. Corneille wird in die Académie Française aufgenommen

1648 O. CROMWELL vertreibt die Presbyterianer aus dem englischen Unterhaus
OXENSTIERNA sichert im Westfälischen Frieden die Vormachtstellung Schwedens in Nordeuropa
1649 30.1. Hinrichtung des englischen Königs KARL I. nach dem Urteil des Rumpfparlaments in London
J.B. COLBERT tritt in das Bureaux de la Guerre ein
1651 J.B. COLBERT wird von Kardinal MAZARIN als Mitarbeiter gewonnen
1653 O. CROMWELL wird Lord Protector mit diktatorischen Vollmachten in England
J. MAZARIN gelingt die Niederwerfung der Fronde und damit die Verwirklichung des Absolutismus in Frankreich
1654 7.9. † AXEL GUSTAVSSON GRAF OXENSTIERNA
CHRISTINE V. SCHWEDEN dankt zu Gunsten ihres Vetters KARL GUSTAV V. PFALZ-ZWEIBRÜCKEN ab
1655 CHRISTINE V. SCHWEDEN tritt in Innsbruck zum Katholizismus über
J. B. COLBERT wird Intendant des persönlichen Haushaltes von Kardinal MAZARIN
1657 O. CROMWELL lehnt die ihm angebotene englische Königskrone ab
1658 3.9. † OLIVER CROMWELL

1648 PH. J. SPENER beginnt das Studium an der Universität Straßburg
1649 R. DESCARTES folgt einer Einladung CHRISTINES V. SCHWEDEN nach Stockholm
1650 11.2. † RENÉ DESCARTES
COMENIUS wird nach Siebenbürgen berufen
1651 W. HARVEY: *Exercitationes de generatione animalium*
TH. HOBBES: *Leviathan*
1652 Juni B. PASCAL schreibt an CHRISTINE V. SCHWEDEN
TH. HOBBES kehrt nach England zurück
1653 D. PAPIN besucht die protestantische Akademie in Saumur
1654 B. PASCAL gewinnt eine mystische Erleuchtung, wodurch sein naturwissenschaftliches Interesse zurücktritt
1655 6.1. * JAKOB BERNOULLI
CHR. HUYGENS entdeckt mit einem verbesserten Fernrohr einen Mond des Saturn und erkennt, daß der Planet von einem Ring umgeben ist
1656 COMENIUS verläßt endgültig Leszno, nachdem sein Haus gebrandschatzt worden ist
B. DE SPINOZA wird aus der jüdischen Gemeinde von Amsterdam ausgestoßen
1657 3.6. † WILLIAM HARVEY
1658 CHR. HUYGENS beschreibt den Bau der von ihm erfundenen Pendeluhr
COMENIUS: *Orbis pictus*

1650 REMBRANDT nimmt HENDRICKJE STOFFELS als seine Lebensgefährtin in sein Haus auf
1651 P. CALDERÓN DE LA BARCA empfängt als Terziar des heiligen Franziskus die Priesterweihe
D. VELAZQUEZ kehrt von seiner zweiten Italienfahrt nach Madrid zurück
1652 J.-B. BOSSUET wird Priester in Metz
D. VELAZQUEZ wird zum Haushofmeister des spanischen Königs ernannt
1653 P. CALDERÓN DE LA BARCA widmet sich nur noch der Dichtung und dem Theater
J. RACINE tritt in das Collège v. Beauvais ein
1654 J. DE LA FONTAINE erwirbt sich das Amt des ›Matre Particulier des Eaux et des Forêts‹
1656 A. A SANCTA CLARA tritt in das Jesuitengymnasium in Ingolstadt ein
REMBRANDT muß Konkurs anmelden, seine Kunstsammlung wird versteigert
D. VELAZQUEZ: *Las Meninas*
1658 J. DE LA FONTAINE zieht nach Paris und führt das Leben eines Literaten
MOLIÈRE kehrt, nachdem er als Schauspieler durch die Provinz gezogen war, wieder nach Paris zurück
24.10. MOLIÈRE spielt mit seiner Truppe im Louvre vor LUDWIG XIV.
J. RACINE verläßt Port-Royal nach intensiven Griechisch-Studien

OPTIMA
LEGES
ET
PAX
SVNT

Fig. II
B
A

Gegenüberliegende Seite:

Oben: *Die Hinrichtung König Karls I. von England am 30.1.1649. Radierung von Luyken.*

Mitte links: *Otto von Guericke (1602–1686) machte sich mit physikalischen Experimenten einen Namen. Kupferstich von C. Galle nach A. van Hulle.*

Mitte rechts: *Guerickes* Magdeburger Halbkugeln *zur Luftdruckmessung.*

Unten links: *Jean Baptiste Poquelin gen. Molière (1622–1673), der große französische Lustspieldichter.*

Unten Mitte: *Jean de La Fontaine (1621–1695). Berühmt durch seine* Fabeln.

Unten rechts: *Thomas Hobbes (1588–1679), englischer Philosoph (Empirismus) und Staatslehrer. Stich von W. Hollar.*

Oben: *Delegierte der am Dreißigjährigen Krieg beteiligten Länder bei Verhandlungen in Münster. Der Friede von Münster und Osnabrück, der »Westfälische Friede« von 1648 beendete den Dreißigjährigen Krieg.*

Mitte links: *Christian Huygens (1629–1695). Mathematiker, Physiker und Astronom. Erfinder der Pendeluhr.*

Mitte rechts: *Darstellung der von Huygens erfundenen Pendeluhr (rechts) und des von Galilei 1641 konstruierten Pendels in Verbindung mit der Uhr (links).*

1659–1675

Politik und Wirtschaft

1660 Ludwig XIV. heiratet Maria-Theresia v. Spanien

1661 9. 3. † Jules Mazarin

J. B. Colbert wird Mitglied des französischen Kabinetts als Contrôleur Général des Finances

Ludwig XIV. übernimmt die Regierung in Frankreich

1663 18. 10. * Prinz Eugen

1664 J. B. Colbert wird »Surintendant des Bâtiments«, der königlichen Bauten, Künste und Manufakturen

1665 J. B. Colbert wird Staatssekretär des französischen königlichen Hauses

Wissenschaft und Technik

1659 22. 10. * Georg Ernst Stahl

1660 B. de Spinoza wird aus Amsterdam vertrieben

M. Malpighi entdeckt mit dem Mikroskop die Kapillaren, die in der Lunge eines Frosches die Venen mit den Arterien verbanden

1661 B. de Spinoza nimmt über H. Oldenburg Beziehung mit R. Boyle auf

G. W. Leibniz studiert in Leipzig Philosophie u. Recht

I. Newton besucht das Trinity College in Cambridge

1662 19. 8. † Blaise Pascal

R. Boyle erscheint als Gründungsmitglied der Royal Society

J. Locke wird Dozent für Rhetorik u. Moralphilosophie am Christ Church College in Oxford

1663 Chr. Huygens wird Mitglied der Royal Society in London

Ph. J. Spener übernimmt die Freipredigerstelle am Straßburger Münster

1664 I. Newton befaßt sich mit den mathematischen Werken v. Descartes u. Wallis

1665 12. 1. † Pierre de Fermat

B. de Spinoza lernt Ch. Huygens kennen

R. Hooke: *Micrographia*

I. Newton unternimmt auf dem elterlichen Hof optische Experimente

Kunst und Kultur

1659 A. a Sancta Clara tritt in das Benediktinergymnasium in Salzburg ein

J.-B. Bossuet wird von seinem Kapitel nach Paris gesandt, wo er sich als Kanzelredner einen Namen macht

Molière gelingt der Durchbruch als Komödienautor mit *Les précieuses ridicules*

D. Velazquez wird in den Orden der Santiago-Ritter aufgenommen

1660 7. 8. † Diego Velazquez

Oktober Molière erhält vom König für seine Truppe den Theatersaal im Palais Royal

1662 A. a Sancta Clara wird Novize bei den Augustineremeriten in Maria Brunn bei Wien

P. Corneille verläßt Rouen und zieht nach Paris

Molière: *École des femmes*

20. 2. Molière heiratet Armande Béjart

1663 P. Corneille erhält von Ludwig XIV. eine jährliche Pension

1664 20. 6. Molière inszeniert *La Thébaide* von Racine

1669 J. B. COLBERT wird von LUDWIG XIV. zum Staatssekretär der Marine ernannt

1670 J. B. COLBERT wird Oberintendant der französischen Bergwerke

1672 9. 6. * PETER DER GROSSE

1675 Sieg des Großen Kurfürsten FRIEDRICH WILHELM bei Fehrbellin über die Schweden

---

1666 CHR. HUYGENS folgt einer Berufung an die Akademie v. Paris

PH. J. SPENER erhält einen Ruf nach Frankfurt a. M.

1667 26. 5. * ABRAHAM DE MOIVRE

6. 8. * JOHANN BERNOULLI

1668 23. 6. * GIAMBATTISTA VICO

31. 12. * HERMAN BOERHAAVE

G. W. LEIBNIZ geht an den Hof des Kurfürsten in Mainz

TH. HOBBES: *Behemoth*, eine Geschichte der englischen Bürgerkriege

1669 B. DE SPINOZA läßt sich in Haag nieder

D. PAPIN promoviert an der medizinischen Fakultät der Universität Angers

1670 15. 11. † COMENIUS

B. DE SPINOZA: *Tractatus Theologico-Politicus*

1671 D. PAPIN arbeitet in Paris zusammen mit CHR. HUYGENS an der Weiterentwicklung der Luftpumpe

1672 G. W. LEIBNIZ reist nach Paris

O. V. GUERICKE: *Experimenta Nova*

1673 B. DE SPINOZA wird nach Heidelberg berufen, lehnt aber ab

G. W. LEIBNIZ reist nach London u. wird Mitglied der Royal Society

1675 G. W. LEIBNIZ erfindet den Infinitesimalkalkül

J. LOCKE reist für vier Jahre nach Frankreich

M. MALPIGHI beginnt die Veröffentlichung seiner *Anatomia plantarum* in London

D. PAPIN reist nach London

1667 30. 11. * JONATHAN SWIFT

J. DE LA FONTAINE wird Kammerherr bei der Witwe Gastons d'Orléans

J. RACINE: *Andromaque*

1668 A. A SANCTA CLARA wird zum Priester geweiht und nach Taxa bei Augsburg berufen

J. DE LA FONTAINE beginnt mit der Veröffentlichung seiner ›Fables‹

1669 4. 10. † REMBRANDT HARMENSZ VAN RIJN

1670 J.-B. BOSSUET wird von LUDWIG XIV. zum Erzieher seines Sohnes ernannt

1672 6. 11. † HEINRICH SCHÜTZ

A. A SANCTA CLARA kehrt nach Wien zurück

MOLIÈRE wird von LULLY in der Gunst LUDWIGs XIV. verdrängt

1673 17. 2. † MOLIÈRE

J. DE LA FONTAINE lebt bei der Marquise de la Sablière

J. RACINE wird in die Académie Française aufgenommen

1676–1689

Politik und Wirtschaft

1679 Ludwig XIV. schließt in St. Germain Frieden mit Friedrich Wilhelm

1682 Ludwig XIV. zieht in das Schloß Versailles ein

Zwischen J. B. Colbert und Ludwig XIV. kommt es zum Bruch wegen der Staatsfinanzen

1683 6. 9. † Jean Baptiste Colbert

Prinz Eugen flieht von Paris an den kaiserlichen Hof

Zweite Belagerung Wiens durch die Türken

Wissenschaft und Technik

1676 G. W. Leibniz besucht B. de Spinoza in Den Haag

G. W. Leibniz wird als Rat u. Bibliothekar v. Herzog Johann Friedrich v. Braunschweig-Lüneburg nach Hannover berufen

1677 21. 2. † Baruch de Spinoza

1678 A. de Moivre besucht die protestantische Schule in Sedan

1679 4. 12. † Thomas Hobbes

D. Papin erfindet den Dampfkochtopf mit Sicherheitsventil

1681 Chr. Huygens kehrt nach Haag zurück

1682 D. Papin wird Kurator einer Akademie in Venedig

1683 Jakob Bernoulli hält Vorlesungen in Mathematik u. Astronomie in Basel

G. Vico beginnt das Studium der Philosophie bei den Jesuiten

1684 H. Boerhaave studiert in Leiden Philosophie u. Theologie

A. de Moivre nimmt Privatunterricht bei J. Ozanam in Paris in Logik u. Mathematik

J. Locke flieht aufgrund seiner Beteiligung an den Verschwörungen gegen Karl II. u. Jakob II. nach Holland

I. Newton beginnt mit der Abfassung der *Philosophiae Naturalis Principia Mathematica*

D. Papin kehrt nach London zurück

G. E. Stahl promoviert an der medizinischen Fakultät in Jena

Kunst und Kultur

1677 A. a Sancta Clara wird Hofprediger bei Kaiser Leopold I.

J. Racine: *Phèdre*

J. Racine wird v. Ludwig XIV. zum Hofhistoriographen ernannt

1680 A. a Sancta Clara wird Prior des Augustinerklosters in Wien

1681 25. 5. † Pedro Calderón de la Barca

J.-B. Bossuet wird zum Bischof von Meaux ernannt

1682 J. Swift studiert am Trinity College in Dublin

1683 A. a Sancta Clara wird Sonntagsprediger in Graz

1684 1. 10. † Pierre Corneille

J. de La Fontaine wird in die Academie Française aufgenommen

1685 LUDWIG XIV. hebt das Edikt v. Nantes auf

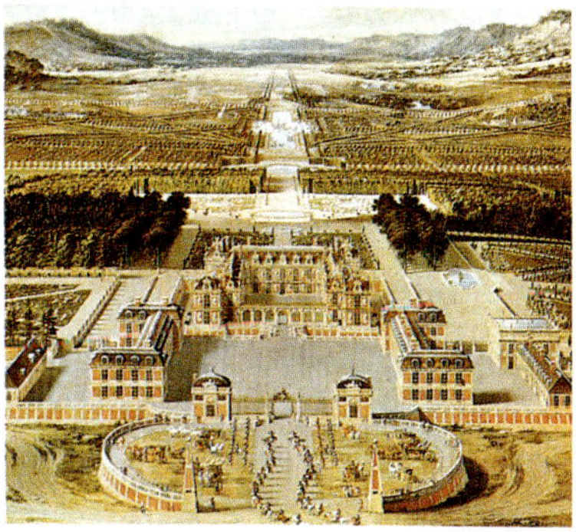

1689 19. 4. † CHRISTINE V. SCHWEDEN
PETER D. GR. erzwingt den Rücktritt seiner Halbschwester SOFIJA

Das Schloß von Versailles, Hauptwerk des französischen Barocks, 1682–1789 Residenz der französischen Könige, Symbol des Absolutismus. Gemälde von Lucien Patel.

1685 A. DE MOIVRE wird nach Aufhebung des Ediktes v. Nantes in Paris festgehalten
G. VICO studiert auf Wunsch des Vaters Jurisprudenz

1686 21. 5. † OTTO VON GUERICKE
PH. J. SPENER wird Oberhofprediger in Dresden

1687 D. PAPIN wird v. dem hessischen Landgrafen Karl nach Marburg berufen
G. E. STAHL wird Leibarzt am Hof v. Weimar

1688 A. DE MOIVRE wird freigelassen u. flieht nach England
G. W. LEIBNIZ reist für eineinhalb Jahre nach Wien

1689 18. 1. * CHARLES LOUIS DE SECONDAT BARON DE MONTESQUIEU
D. PAPIN entwickelt die Zentrifugalpumpe u. die erste Hochdruckdampfpumpe
PH. J. SPENER überwirft sich mit Kurfürst JOHANN GEORG III.

1685 23. 2. * GEORG FRIEDRICH HÄNDEL
21. 3. * JOHANN SEBASTIAN BACH

1689 A. A SANCTA CLARA wird Provinzial der deutsch-böhmischen Ordensprovinz
J. SWIFT wird Privatsekretär v. Sir William Temples in Surrey

Abraham a Sancta Clara (Johann Ulrich Megerle, 1644–1709). Seit 1677 Hofprediger in Wien, zeichnete er sich durch virtuose Sprachkunst mit derbem Humor und witziger Satire aus. Stich von L. Jacoby nach E. C. Heiß.

1690–1699

Politik und Wirtschaft

1697 FRIEDRICH AUGUST I. v. Sachsen wird als AUGUST II. König v. Polen
PETER D. GR. beginnt die ›Große Gesandtschaft‹ nach Holland, England u. Wien
PRINZ EUGEN erhält den Oberbefehl im Krieg gegen die Türken

1698 PETER D. GR. wird durch den Strelitzen-Aufstand nach Moskau zurückgerufen

Links: *Zar Peter I. der Große von Rußland (1672–1725), erzwang den Anschluß Rußlands an den Westen, gründete 1703 die Hafenstadt und neue Hauptstadt St. Petersburg und führte eine Reihe wichtiger Reformen durch.*

Wissenschaft und Technik

1690 JAKOB BERNOULLI befaßt sich mit Problemen der Reihenlehre u. Infinitesimalrechnung

1691 30.12. † ROBERT BOYLE
PH. J. SPENER erhält einen Ruf nach Berlin als Konsistorialrat, Inspektor u. Probst an der Nikolaikirche

1693 H. BOERHAAVE promoviert zum Dr. med. in Harderwijk u. läßt sich als praktischer Arzt in Leiden nieder
JOHANN BERNOULLI beginnt einen Briefwechsel mit LEIBNIZ

1694 4.6. * FRANÇOIS QUESNAY
30.11. † MARCELLO MALPIGHI
G. E. STAHL wird an die Universität Halle berufen
G. VICO kehrt nach Neapel zurück

1695 8.7. † CHRISTIAAN HUYGENS
A. DE MOIVRE veröffentlicht Arbeiten über die Infinitesimalmathematik
JOHANN BERNOULLI wird Professor für Mathematik in Groningen auf Empfehlung v. HUYGENS u. LEIBNIZ

1696 I. NEWTON wird an die Londoner Münze berufen

1697 A. DE MOIVRE wird Mitglied der Royal Society
G. W. LEIBNIZ trifft mit PETER D. GR. zusammen

1698 G. VICO erhält einen Ruf an den Lehrstuhl für Rhetorik in Neapel

Kunst und Kultur

1690 J. RACINE wird königlicher Kammerherr

1694 21.11. * VOLTAIRE

1695 13.4. † JEAN DE LA FONTAINE
A. A SANCTA CLARA wird Prokurator der deutsch-böhmischen Ordensprovinz
J. S. BACH zieht zu seinem Bruder nach Ohrdruf
J. RACINE: *Cantique spirituels*

1699 21.4. † JEAN RACINE
J. SWIFT wird Sekretär u. Hauskaplan des Grafen v. Berkeley in Dublin

Links: *Jean-Baptiste Racine (1639–1699), der Klassiker der französischen Tragödie, liest König Ludwig XIV. aus seinen Werken vor.*

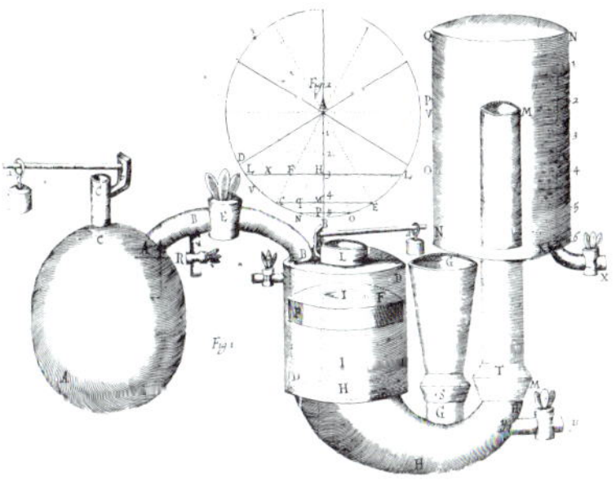

Oben: *Ansicht der Stadt St. Petersburg mit dem Blick auf das Neue Palais im 18. Jh. Kupferstich von Niquet nach Ch. d. Lespinas.*

Mitte links: *Die direkt wirkende Dampfpumpe von D. Papin. Stich aus dem Jahr 1706.*

Mitte rechts: *Denis Papin (1647–1712) baute eine der ersten Dampfmaschinen und erfand den Papinschen Topf (Dampfdrucktopf mit Ventil). Gemälde von 1689.*

Rechts: *Gottfried Wilhelm Leibniz (1646–1716), Philosoph, Naturforscher, Mathematiker, Historiker und Politiker. Der Holzstich aus dem Jahr 1855 zeigt ihn bei Königin Sophie Charlotte von Preußen.*

Rechts: *Sir Isaac Newton (1643–1727), Begründer der klassischen Mechanik (Newtonsche Axiome). Gemälde von Sir Godfrey Kneller (1702).*

Mitte: *Johann Sebastian Bach (1685–1750), Komponist, bedeutendster Angehöriger der Musikerfamilie Bach. Gemälde von Johann Jakob Ihle (1720).*

Unten: *Georg Friedrich Händel (1685–1759), seit 1714 Hofkomponist in London.*

Gegenüberliegende Seite:

Oben: Newton, *Farbmonotypie von William Blake (1795).*

Mitte: *Reinschrift der* Matthäuspassion *von Johann Sebastian Bach (1729)*

Unten: *Eigenhändige Partiturseite aus dem* Messias *von G. F. Händel (1742).*

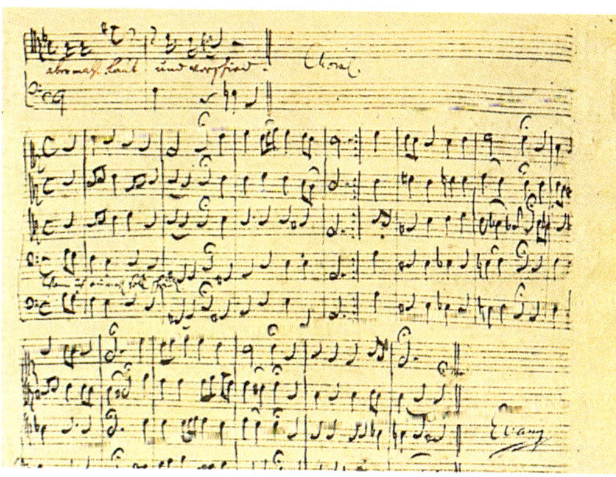
Choral

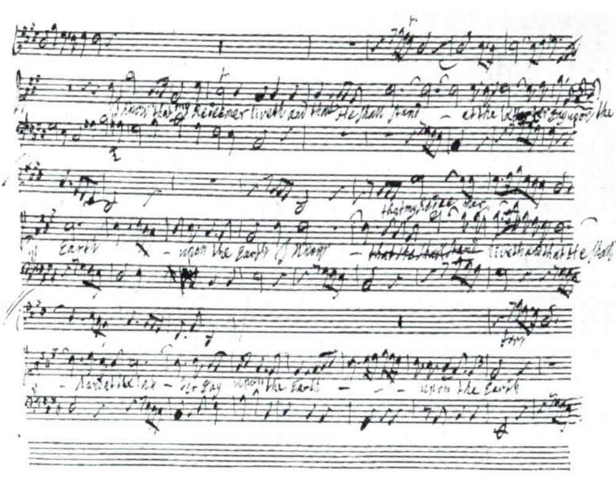
upon the Earth

1700–1719

Politik und Wirtschaft

1701 Ausbruch des Spanischen Erbfolgekrieges
FRIEDRICH III. v. Brandenburg wird König FRIEDRICH I. in Preußen

1703 PETER D. GR. gründet die neue Hauptstadt St. Petersburg
PRINZ EUGEN Präsident des Hofkriegsrates und der Geheimen Staatskonferenz

1704 PRINZ EUGEN und der Herzog von MARLBOROUGH siegen bei Höchstädt über die verbündeten Franzosen und Bayern

1707 PRINZ EUGEN wird zum Reichsfeldmarschall ernannt

1709 PETER D. GR. siegt bei Poltava über KARL XII. v. Schweden
Sieg PETER D. GR. über KARL XII. beendet den Nordischen Krieg

Wissenschaft und Technik

1700 8. 2. * DANIEL BERNOULLI

1701 H. BOERHAAVE wird Lektor der theoretischen Medizin an der Universität in Leiden

1703 3. 3. † ROBERT HOOKE
I. NEWTON wird Präsident der Royal Society

1704 28. 10. † JOHN LOCKE
I. NEWTON: *Opticks*, Darstellung der Korpuskulartheorie des Lichts

1705 5. 2. † PHILIPP JAKOB SPENER
16. 8. † JAKOB BERNOULLI
JOHANN BERNOULLI kehrt nach dem Tod seines Bruders nach Basel zurück

1707 15. 4. * LEONHARD EULER
23. 5. * CARL V. LINNÉ
D. PAPIN fährt mit einem handgetriebenen Schaufelradschiff die Fulda abwärts. In Münden wird sein Schiff zerstört. Er kehrt nach England zurück
G. E. STAHL: *Theoria medica vera*, in der er seinen »Animismus« begründet

1708 MONTESQUIEU studiert in Bordeaux Jura
G. VICO: *De nostri temporis studiorum ratione*

1709 H. BOERHAAVE wird Professor an der Universität in Leiden und veröffentlicht: *Aphorismi de cognoscendis et curandis morbis* u. *Institutiones medicae*

Kunst und Kultur

1700 J. S. BACH besucht die Michaelisschule in Lüneburg

1701 J. SWIFT geht nach London

1703 J. S. BACH wird Musiker am Hof v. HERZOG JOHANN ERNST in Weimar, im gleichen Jahr an der Neuen Kirche in Arnstatt

1704 12. 4. † JACQUES-BÉNIGNE BOSSUET

1705 J. S. BACH reist zu einem Studienaufenthalt nach Lübeck
VOLTAIRE besucht das Jesuiten-Collège Louis-le-Grand

1707 J. S. BACH wird Organist an der Stadtkirche in Mühlhausen
G. F. HÄNDEL reist nach Italien

1708 J. S. BACH wird Hoforganist u. Kammermusiker bei Herzog WILHELM ERNST in Weimar

1709 1. 12. † ABRAHAM A SANCTA CLARA
J.-B. BOSSUET rechtfertigt in seiner *Politique tirée des propres paroles de l'Écriture Sainte* die Vorrechte des französischen Königs

1712 24. 1. * FRIEDRICH II. V. PREUSSEN
1713 FRIEDRICH WILHELM I. wird König in Preußen
Verkündigung der Pragmatischen Sanktion, die auch die weibliche Erbfolge in Österreich zuläßt
1715 1. 9. † LUDWIG XIV.
1717 13. 5. * MARIA THERESIA
16. 8. PRINZ EUGEN entscheidet den Krieg gegen die Türken mit der Einnahme Belgrads

1711 7. 5. * DAVID HUME
19. 11. * MICHAIL LOMONOSSOV
1712 31. 1. † DENIS PAPIN
G. W. LEIBNIZ wird zum russischen Geheimen Justizrat ernannt
1713 5. 10. * DENIS DIDEROT
G. W. LEIBNIZ wird Reichsfreiherr u. Reichshofrat
1714 H. BOERHAAVE wird Rektor der Universität v. Leiden
MONTESQUIEU wird zum Parlamentsrat in Bordeaux ernannt
1716 14. 11. † GOTTFRIED WILHELM LEIBNIZ
MONTESQUIEU wird Gerichtspräsident in Bordeaux
G. E. STAHL wird Leibarzt am Hof FRIEDRICH WILHELM I. V. PREUSSEN
1717 9. 12. * JOHANN JOACHIM WINCKELMANN
1718 A. DE MOIVRE: *Doctrine of Chances*
F. QUESNAY läßt sich als ›approbierter chirurgien‹ in Nantes nieder

1710 4. 1. * GIOVANNI BATTISTA PERGOLESI
G. F. HÄNDEL wird Hofkapellmeister v. Kurfürst GEORG LUDWIG in Hannover
J. SWIFT wird Herausgeber des ›Examiner‹
1711 J. SWIFT wird politischer Ratgeber der Regierung in London
1712 28. 6. * JEAN-JACQUES ROUSSEAU
G. F. HÄNDEL reist als Hofkomponist GEORG LUDWIGS v. Hannover nach England
1714 J. SWIFT zieht sich auf das Dekanat der St.-Patricks-Kathedrale in Dublin zurück
1717 J. S. BACH wird Hofkapellmeister bei Fürst LEOPOLD V. ANHALT in Köthen
1719 G. F. HÄNDEL gründet das Opernunternehmen ›Royal Academy of Music‹

1720–1739

Politik und Wirtschaft

1724 PETER D. GR. führt die Kopfsteuer in Rußland ein
1725 18. 2. † PETER DER GROSSE
1727 10. 5. * ANNE ROBERT JACQUES TURGOT
1729 2. 5. * KATHARINA II.

Wissenschaft und Technik

1720 L. EULER beginnt in Basel das Studium der Philosophie u. Theologie
1721 D. BERNOULLI geht nach Abschluß seines Studiums nach Venedig
MONTESQUIEU: *Lettres persanes*
1723 5. 6. * ADAM SMITH
27. 8. † ANTONIE VAN LEEUWENHOEK
D. DIDEROT besucht die Jesuitenschule in Langres
1724 22. 4. * IMMANUEL KANT
D. BERNOULLI: *Exercitationes mathematicae*
1725 D. BERNOULLI wird an die Akademie der Wissenschaften nach Petersburg berufen
A. DE MOIVRE veröffentlicht eine Untersuchung über Sterblichkeits- u. Rentenprobleme
G. VICO: *Scienza nuova*
1726 MONTESQUIEU verkauft sein Amt als Gerichtspräsident u. widmet sich der Literatur u. dem Weinbau
1727 31. 3. † ISAAC NEWTON
D. BERNOULLI arbeitet in Petersburg mit Euler zusammen
L. EULER wird v. PETER D. GR. an die Akademie in Petersburg berufen
1728 27. 10. * JAMES COOK
D. DIDEROT kommt nach Paris, wo er Rechtswissenschaft studiert
D. HUME beginnt ein Rechtsstudium, das er aber nicht abschließt
MONTESQUIEU wird in die Académie française aufgenommen u. reist nach Deutschland, Italien u. England
1729 H. BOERHAAVE legt seine Professuren für Botanik u. Chemie nieder

Kunst und Kultur

1723 J. S. BACH wird Kantor an der Thomaskirche in Leipzig
1724 2. 7. * FRIEDRICH GOTTLIEB KLOPSTOCK
1726 VOLTAIRE geht nach einer kurzen Haftstrafe nach England
1727 J.-J. ROUSSEAU verläßt Genf u. lebt bei Frau v. Warens in Savoyen
1728 VOLTAIRE kehrt nach Frankreich zurück
1729 22. 1. * GOTTHOLD EPHRAIM LESSING

1730 FRIEDRICH II. unternimmt mit seinem Freund HANS HERMANN V. KATTE einen Fluchtversuch, der aber scheitert

1733 FRIEDRICH II. heiratet ELISABETH-CHRISTINE V. BRAUNSCHWEIG-LÜNEBURG-BEVERN

1736 21. 4. † PRINZ EUGEN
FRIEDRICH II. richtet sich auf Schloß Rheinsfeld eine eigene Hofhaltung ein
MARIA THERESIA heiratet FRANZ STEPHAN v. Lothringen

1737 29. 1. * THOMAS PAINE

1730 M. LOMONOSSOV studiert in Moskau Latein u. Theologie

1732 I. KANT besucht das Collegium Fridericianum in Königsberg
C. V. LINNÉ bereist Lappland

1733 D. BERNOULLI kehrt nach Basel zurück
L. EULER wird in Petersburg Professor für Mathematik

1734 14. 5. † GEORG ERNST STAHL
D. HUME geht nach Frankreich und beginnt mit den Arbeiten an *Treatise on Human Nature*
F. QUESNAY kommt als ›médicin-chirurgien‹ des Herzogs v. Villeroy nach Paris

1735 A. DE MOIVRE wird Mitglied der Berliner Akademie der Wissenschaften
C. V. LINNÉ: *Systema naturae*, eine Ordnung der Gegenstände der ›drei Reiche der Natur‹

1736 19. 1. * JAMES WATT
M. LOMONOSSOV studiert in Marburg

1737 A. SMITH studiert in Glasgow

1738 15. 3. * CESARE BECCARIA
23. 9. † HERMAN BOERHAAVE
15. 11. * WILLIAM HERSCHEL
D. BERNOULLI: *Hydrodynamica*
J. J. WINCKELMANN studiert in Halle

1739 M. LOMONOSSOV studiert in Freiberg
C. V. LINNÉ wird Präsident der Akademie der Wissenschaften

1733 G. B. PERGOLESI: *La serva padrona*

1736 17. 3. † GIOVANNI BATTISTA PERGOLESI
J. S. BACH wird Königlich-polnischer u. Kursächsischer Hofkompositeur
VOLTAIRE beginnt einen Briefwechsel mit FRIEDRICH II. v. Preußen

1738 G. F. HÄNDEL scheitert aus finanziellen Gründen mit allen seinen Opernunternehmungen

König Friedrich II. der Große und Voltaire unter den Kolonnaden von Sanssouci. Voltaire lebte drei Jahre am Hof Friedrichs II. (1750–1753). Kupferstich von P. Haas um 1800.

1740–1753

Politik und Wirtschaft

1740 FRIEDRICH II. übernimmt die Regierung in Preußen
MARIA THERESIA tritt gemäß der ›Pragmatischen Sanktion‹ die Regierung in Österreich an
1741 13.3. * JOSEPH II.
Ausbruch des österreichischen Erbfolgekrieges
1742 Ende des Ersten Schlesischen Krieges zwischen Preußen u. Österreich
1744 23.2. * MEYER AMSCHEL ROTHSCHILD
Ausbruch des Zweiten Schlesischen Krieges
1745 25.12. FRIEDRICH II. erkennt im Frieden von Dresden FRANZ I. als Kaiser an
KATHARINA II. heiratet PETER III.

Wissenschaft und Technik

1740 A. SMITH geht mit einer Shell-Fellowship nach Oxford
J. J. WINCKELMANN verläßt ohne Studienabschluß die Universität u. wird Hauslehrer
1741 L. EULER folgt einem Ruf FRIEDRICHs II. nach Berlin
M. LOMONOSSOV kehrt v. seinen Auslandsstudien nach Moskau zurück
C. V. LINNÉ wird Professor an der Universität v. Uppsala
1742 D. DIDEROT heiratet ANTOINETTE CHAMPION
1743 26.8. * ANTOINE LAURENT DE LAVOISIER
17.9. * A. CARITAT M. DE CONDORCET
1744 21.1. † GIAMBATTISTA VICO
25.8. * JOHANN GOTTFRIED HERDER
L. EULER wird Direktor der mathematischen Klasse der Preußischen Akademie der Wissenschaften
1745 18.2. * ALESSANDRO VOLTA
20.4. * PHILIPPE PINEL
M. LOMONOSSOV wird Mitglied der Akademie der Wissenschaften in Moskau als Professor für Chemie
1746 C. BECCARIA wird Schüler des Jesuitenkollegs ›Collegio dei Nobili‹ in Parma
D. DIDEROT befaßt sich mit der *Encyclopédie*
I. KANT wird Hauslehrer mehrerer Familien in der Umgebung v. Königsberg
A. SMITH kehrt nach Schottland zurück

Kunst und Kultur

1742 G. F. HÄNDEL: *Messiah*
1743 J.-J. ROUSSEAU geht nach Paris u. lernt DIDEROT kennen
1745 19.10. † JONATHAN SWIFT
1746 12.1. * HEINRICH PESTALOZZI
30.3. * FRANCISCO GOYA
G. E. LESSING studiert in Leipzig

1748 MARIA THERESIA bewahrt den Bestand Österreichs im Frieden v. Aachen

Preßburger Krönungsreichstag, September 1741: Maria Theresia erbat, den Thronfolger Joseph (den späteren Kaiser Joseph II.) am Arm, unter Tränen die Hilfe ihres ritterlichen Ungarnvolks. Die Stände versprachen, Blut und Leben für »ihren König« einzusetzen.

1747 D. HUME wird Sekretär v. General St. Clair u. begleitet ihn nach Wien und Turin
C. V. LINNÉ wird Leibarzt des schwedischen Königs

1748 1. 1. † JOHANN BERNOULLI
J. J. WINCKELMANN wird Bibliothekar auf Schloß Nöthnitz bei Dresden

1749 28. 3. * PIERRE SIMON LAPLACE
17. 5. * EDWARD JENNER
F. QUESNAY wird v. MME DE POMPADOUR zu ihrem Leibarzt berufen u. wird auch offizieller Betreuer des Königs v. Frankreich

1750 A. SMITH wird an die Universität Glasgow berufen

1751 A. SMITH beginnt über ›Jurisprudenz u. Politik‹ zu lesen

1752 D. HUME wird Gesandtschaftssekretär u. Geschäftsträger in Paris
F. QUESNAY wird v. französischen König geadelt

1753 W. HERSCHEL wird Oboist im Hannoverschen Garderegiment

1747 J. S. BACH wird v. FRIEDRICH D. GR. nach Potsdam eingeladen

1749 28. 8. * JOHANN WOLFGANG GOETHE

1750 28. 7. † JOHANN SEBASTIAN BACH
J.-J. ROUSSEAU: *Discours sur les Arts et les sciences*
VOLTAIRE folgt einer Einladung FRIEDRICHS II. v. Preußen

1751 G. F. HÄNDEL: *Jephta*

1753 VOLTAIRE bricht mit FRIEDRICH II. u. läßt sich in Genf nieder
1. 4. * JOSEPH-MARIE COMTE DE MAISTRE

1754–1763

Politik und Wirtschaft

1756 Ausbruch des Siebenjährigen Krieges
W. PITT D. Ä. übernimmt die Leitung der britischen Außenpolitik, die zu einer Unterstützung FRIEDRICH II. führt

König Friedrich II. in der siegreichen Schlacht bei Zorndorf am 25.8.1758 gegen Rußland.

Wissenschaft und Technik

1754 A. DE MOIVRE wird Mitglied der Pariser Akademie
27.11. † ABRAHAM DE MOIVRE
C. BECCARIA studiert Rechtswissenschaft in Pavia
CONDORCET wird Schüler der Jesuitenschule in Reims
J. J. WINCKELMANN konvertiert zum katholischen Glauben u. geht nach Dresden

1755 10.2. † CHARLES LOUIS DE SECONDAT BARON DE MONTESQUIEU
J. COOK tritt in die Royal Navy ein
Gründung der Universität von Moskau nach Vorschlägen v. M. LOMONOSSOV
I. KANT promoviert an der Universität Königsberg u. wird Privatdozent für Philosophie
M. LOMONOSSOV: *Russische Grammatik*, ein Beitrag zur Formung der russischen Literatursprache
J. J. WINCKELMANN reist aufgrund eines Stipendiums des Kurfürsten v. Sachsen n. Rom

1756 W. HERSCHEL geht mit seinem Regiment nach England

Kunst und Kultur

1756 27.1. * WOLFGANG AMADEUS MOZART

Links: Flötenkonzert Friedrichs des Großen. *Gemälde von Adolph von Menzel (1852).*

Gegenüberliegende Seite:

Wolfgang Amadeus Mozart (1756–1791). Schon als Kind, wie ihn die Abbildung zeigt, ein genialer Pianist und Komponist. Gemälde von Pietro Antonio Lorenzoni (1763).

1757 Beginn der Eroberung Ostindiens durch LORD CLIVE

1761 A. R. J. TURGOT wird Intendant von Limoges

1762 PETER III. von Rußland schließt Frieden mit FRIEDRICH II.
9.7. KATHARINA II. übernimmt nach der Ermordung PETERS III. die Herrschaft in Rußland

1763 Friede v. Hubertusburg führt zum Verzicht Österreichs auf Schlesien

---

1757 W. HERSCHEL verläßt unerlaubt sein Regiment nach der Niederlage bei Hastenbeck u. geht nach England zurück
M. LOMONOSSOV wird Leiter der akademischen Kanzlei in Petersburg
J. WATT wird Universitätsmechaniker an der Universität v. Glasgow
J. J. WINCKELMANN wird Bibliothekar des Kardinalstaatssekretärs Archinto

1758 C. BECCARIA wird Mitglied der ›Accademia dei Pugi‹, einem Privatzirkel in Mailand
CONDORCET besucht das Collège de Navarre in Paris

1758 F. QUESNAY: *Ökonomisches Tableau*, eine Darstellung der Landwirtschaft als Ursprung aller ökonomischen Modelle
J. J. WINCKELMANN wird Bibliothekar des Kardinals ALBANI

1760 J. G. HERDER wird Kopist beim Diakon Trescho
A. L. LAVOISIER studiert in Paris Jurisprudenz

1762 J. G. HERDER studiert Theologie, Philosophie u. Medizin in Königsberg
C. v. LINNÉ wird in den Adelsstand erhoben

1763 J. J. WINCKELMANN wird päpstlicher Antiquar u. Kommissar über alle Altertümer in u. um Rom

---

1759 14.4. † GEORG FRIEDRICH HÄNDEL
10.11. * FRIEDRICH SCHILLER

1760 17.10. * COMTE DE SAINT-SIMON
G. E. LESSING wird Sekretär des preußischen Generals v. TAUENTZIEN
W. A. MOZART erhält ersten Musikunterricht bei seinem Vater LEOPOLD MOZART
VOLTAIRE wählt Schloß Ferney als seinen Alterssitz

1762 J.-J. ROUSSEAU: *Émile*, ein Erziehungsroman, u. *Contrat social*, seine Staatsphilosophie
J.-J. ROUSSEAU muß aus Frankreich fliehen

1763 W. A. MOZART unternimmt zusammen mit seiner Mutter eine große Konzertreise nach Westeuropa, die ihn nach Paris und London führt

1764–1770

Politik und Wirtschaft

1764 3.4. JOSEPH II. wird in Franfurt a.M. zum Kaiser gekrönt
KATHARINA II. schließt mit FRIEDRICH II. einen Beistandsvertrag

1765 † KAISER FRANZ I.
JOSEPH II. wird römisch-deutscher Kaiser u. Mitregent v. MARIA THERESIA

1766 A.R.J. TURGOT: *Réflexions sur la formation et la distribution des richesses*

Wissenschaft und Technik

1764 C. BECCARIA: *Dei deletti e delle pene*
J.G. HERDER wird an die Domschule in Riga berufen
A.L. LAVOISIER läßt sich in die Anwaltliste des Parlamentes eintragen
M. LOMONOSSOV wird Ehrenmitglied der Akademie der Wissenschaften v. Bologna
A. SMITH reist als Hauslehrer der Söhne des Herzogs v. Buccleuch n. Frankreich u. lernt HOLBACH, QUESNAY, HELVÉTIUS, D'ALEMBERT, TURGOT u. VOLTAIRE kennen
J.J. WINCKELMANN: *Geschichte der Kunst des Alterthums*

1765 15.4. † MICHAIL LOMONOSSOV
CONDORCET: *Essai sur le calcul integral*
Der letzte Band der *Encyclopédie* erscheint

1766 C. BECCARIA reist auf Einladung der französischen Enzyklopädisten nach Paris
L. EULER folgt einem Ruf v. Kaiserin KATHARINA v. Rußland nach Petersburg. Im gleichen Jahr verliert L. EULER sein Augenlicht
A.L. LAVOISIER gehört zu den Preisträgern für die Erfindung einer Straßenbeleuchtung
A. SMITH kehrt nach England zurück

Kunst und Kultur

1766 G.E. LESSING: *Laokoon*
W.A. MOZART kehrt von seiner großen Konzertreise nach Salzburg zurück
J.-J. ROUSSEAU folgt einer Einladung v. D. HUME nach England

Heinrich Pestalozzi (1746–1827) erteilt gemeinsam mit seiner Frau Unterricht in der von ihm gegründeten Erziehungsanstalt Neuhof. Nach einer Zeichnung von C. Ermisch (1882).

1768 12. 2. * FRANZ II. (als FRANZ I. in Österr.)
1769 15. 8. * NAPOLEON BONAPARTE
M. A. ROTHSCHILD wird Hessisch-Hanauischer Hoffaktor

Meyer Amschel Rothschild (1744–1812) begründete den sagenhaften Aufstieg des Bankhauses Rothschild. Seine Söhne leiteten die Bankhäuser in Frankfurt, Wien, Prag, London, Paris und Neapel.

1767 J. COOK erhält v. der Royal Society den Auftrag, die Küste v. Labrador zu kartographieren
J. G. HERDER wird Prediger in Riga
D. HUME wird für ein Jahr Unterstaatssekretär für nord- u. mitteleuropäische Angelegenheiten
PH. PINEL studiert Mathematik u. Naturwissenschaften in Toulouse
J. WATT arbeitet als Landmesser u. Zivilingenieur beim Kanalbau
J. J. WINCKELMANN: *Anmerkungen über die Geschichte der Kunst des Alterthums*
1768 8. 6. † JOHANN JOACHIM WINCKELMANN
C. BECCARIA erhält einen eigenen Lehrstuhl in Mailand
J. COOK wird zum Leiter der Expedition in den Pazifik ernannt

1768 P. S. LAPLACE geht nach seinem Studium in Caen nach Paris
A. L. LAVOISIER wird in die Académie française aufgenommen, gleichzeitig wird er Zollpächter
1769 14. 9. * ALEXANDER V. HUMBOLDT
CONDORCET wird Mitglied der Pariser Akademie der Wissenschaften
J. G. HERDER unternimmt eine Seereise nach Frankreich
1770 27. 8. * GEORG WILHELM FRIEDRICH HEGEL
J. G. HERDER begegnet J. W. GOETHE in Straßburg
E. JENNER studiert am St. George's Hospital in London
I. KANT wird Professor für Metaphysik u. Logik in Königsberg

1767 G. E. LESSING wird Mitarbeiter des Hamburgischen Nationaltheaters

1769 H. PESTALOZZI heiratet ANNA SCHULTHESS u. gründet ein Mustergut bei Birr im Aargau
1770 20. 3. * FRIEDRICH HÖLDERLIN
30. 3. J. W. GOETHE reist nach Straßburg
Oktober J. W. GOETHE lernt in Straßburg G. HERDER kennen
16./17. 12. * LUDWIG VAN BEETHOVEN
F. GOYA reist nach Rom
G. E. LESSING wird Bibliothekar in Wolfenbüttel
J.-J. ROUSSEAU: *Confessions*

Rechts: *Gotthold Ephraim Lessing (stehend) und Johann Kaspar Lavater (links sitzend) in der Wohnung des bedeutenden und einflußreichen aufklärerischen Philosophen und Schriftstellers Moses Mendelssohn (1729–1786).*

Unten: *Eine Seite aus der kunsttheoretischen Schrift* Laokoon *von Gotthold Ephraim Lessing (Anfang des 6. Kapitels, geschrieben 1765). Das Werk war Lessings kunst- und dichtungstheoretische Hauptschrift.*

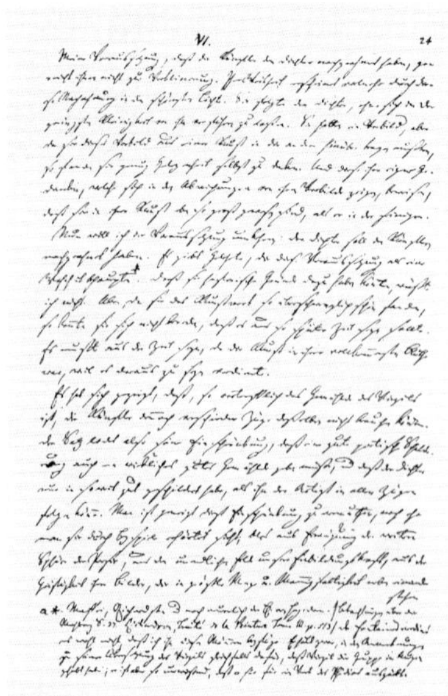

Gegenüberliegende Seite:

Oben links: *Jean Jacques Rousseau (1712–1778) forderte die Rückkehr zum einfachen Leben in Naturverbundenheit. Radierung des 18. Jh.s*

Oben rechts: *Titelseite des* Contract social *von J. J. Rousseau (1762). Hier geht er von der natürlichen Freiheit und Gleichheit aller Menschen aus.*

Mitte links: *Immanuel Kant (1724–1804) war einer der größten Philosophen der europäischen Geistesgeschichte. Lithographie vom Anfang des 19. Jh.s*

Mitte rechts: *Seite aus der* Kritik der Urteilskraft *von I. Kant (1789). Die Fußnote ist von Kant selbst geschrieben.*

Unten links: *Johann Gottfried Herder (1744–1803), Philosoph und Theologe. Gemälde von J. L. Strecker (2. H. 18. Jh.).*

Unten rechts: *Titelseite der Erstausgabe der* Ideen zur Philosophie der Geschichte der Menschheit *von J. G. Herder (1784), des geschichtsphilosophischen Hauptwerks dieses bedeutenden Denkers.*

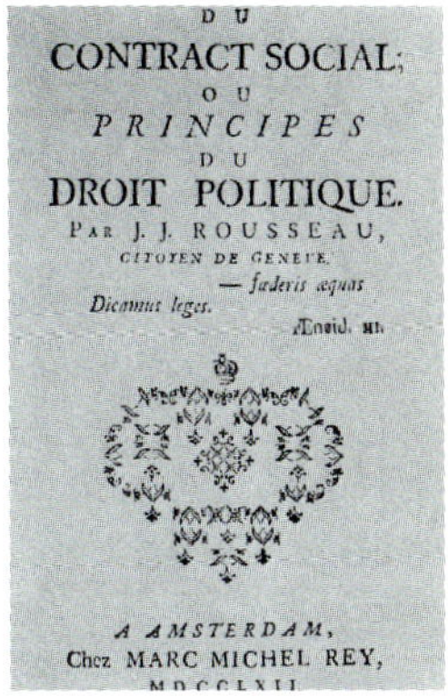

DU
CONTRACT SOCIAL;
OU
PRINCIPES
DU
DROIT POLITIQUE.
PAR J. J. ROUSSEAU,
CITOYEN DE GENEVE.
— *fœderis æquas*
Dicamus leges.
Æneid. XI.

A AMSTERDAM,
Chez MARC MICHEL REY,
MDCCLXII.

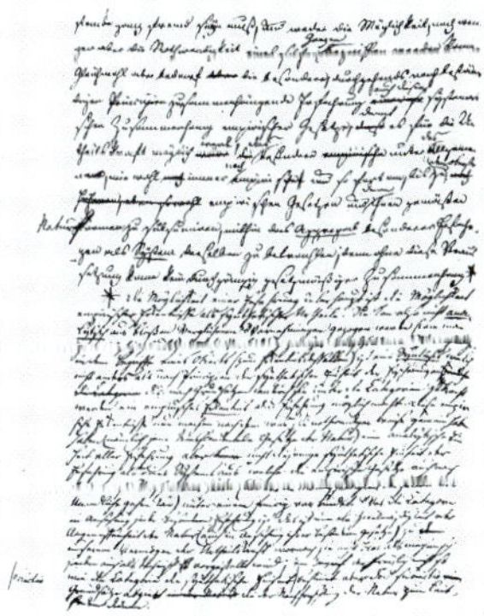

Ideen
zur
Philosophie der Geschichte
der Menschheit

von
Johann Gottfried Herder.

— Quem te Deus esse
Jussit et humana qua parte locatus es in re
Disce — *Pers.*

Erster Theil.

Riga und Leipzig,
bei Johann Friedrich Hartknoch.
1784.

1771–1785

Politik und Wirtschaft

1771 14.5. * Robert Owen
A. R. J. Turgot wird Intendant von Limoges
1772 19.4. * David Ricardo
1774 Th. Paine reist mit Unterstützung v. B. Franklin nach Philadelphia
A. R. J. Turgot wird von Ludwig XVI. zum Generalkontrolleur der Finanzen ernannt
1776 11.2. * Ioannes Antonios Kapodistrias
A. R. J. Turgot zieht sich in sein Privatleben zurück

Wissenschaft und Technik

1771 C. Beccaria wird Verwaltungsbeamter
J. G. Herder wird Konsistorialrat in Bückeburg
P. S. Laplace wird durch Protektion d'Alemberts Lehrer an der Militärschule in Paris
1772 24.8. * Georg von Reichenbach
J. Cook leitet eine zweite Expedition in den Pazifik, die der Erforschung Neuseelands dient
1773 D. Diderot reist an den Hof Katharinas II. nach Rußland
E. Jenner eröffnet eine Landarztpraxis in Berkeley
1774 F. Quesnay wird aus dem königlichen Schloß verbannt
16.12. † François Quesnay
Condorcet wird Generalinspekteur der staatlichen Münze in Paris
1774 J. Watt siedelt nach Soho über u. begründete mit M. Boulton eine Partnerschaft
1775 22.1. * André Marie Ampère
A. Volta erlangt Ansehen als Experimentalphysiker durch die Erfindung des ›*elettroforo perpetuo*‹
1776 25.8. † David Hume
Aufstellung der ersten direkt wirkenden Dampfmaschine von Watt & Boulton
J. Cook unternimmt eine dritte Expeditionsfahrt in den Pazifik, auf der Suche nach der Nordwestpassage
J. G. Herder wird Generalsuperintendent in Weimar
A. Smith: *An Inquiry into the Nature and Causes of the Wealth of Nations*

Kunst und Kultur

1772 G. E. Lessing: *Emilia Galotti*
W. A. Mozart wird Konzertmeister am Hofe in Salzburg
1774 J. W. Goethe: *Werther*
H. Pestalozzi wandelt sein Gut in eine Erziehungsanstalt für arme Kinder um
L. v. Beethoven erhält den ersten Musikunterricht von seinem Vater
1775 22.9. J. W. Goethe wird von Karl August von Sachsen-Weimar nach Weimar eingeladen
7.11. J. W. Goethe kommt in Weimar an
6.12. J. W. Goethe besucht in Groß-Kochberg Charlotte v. Stein
F. Goya heiratet die Schwester des spanischen Malers F. Bayeu
1776 24.1. * Ernst Theodor Amadeus Hoffmann
11.6. J. W. Goethe wird Geheimer Legationsrat in Weimar
F. Goya wird Angestellter bei der königlichen Gobelinmanufaktur in Madrid

1777 TH. PAINE wird Sekretär des Komitees für Auswärtige Angelegenheiten des amerikanischen Kongresses

1780 29. 11. † MARIA THERESIA

1781 20. 3. † ANNE ROBERT JACQUES TURGOT
28. 12. * PETER CHRISTIAN WILHELM BEUTH

1782 PIUS VI. besucht Wien

1785 FRIEDRICH II. tritt an die Spitze des Deutschen Fürstenbundes gegen Kaiser JOSEPH II.

1777 30. 4. * CARL FRIEDRICH GAUSS

1778 10. 1. † CARL V. LINNÉ
PH. PINEL geht als Privatlehrer nach Paris
A. SMITH läßt sich in Edinburgh nieder
A. VOLTA wird v. Graf Firmian an die Universität v. Pavia berufen

1779 14. 2. † JAMES COOK
21. 2. * FRIEDRICH CARL VON SAVIGNY
20. 8. * JÖNS JAKOB BERZELIUS

1781 9. 6. * GEORGE STEPHENSON
W. HERSCHEL entdeckt als Liebhaberastronom den Planeten Uranus
I. KANT: *Kritik der reinen Vernunft*

1782 17. 3. † DANIEL BERNOULLI
CONDORCET wird Mitglied der Académie française
W. HERSCHEL wird königlicher Astronom
J. WATT baut die erste doppelt wirkende Dampfmaschine mit Drehbewegung

1783 18. 9. † LEONHARD EULER
J. G. HERDER reist nach Halberstadt u. Hamburg, wo er GLEIM, KLOPSTOCK u. CLAUDIUS persönlich kennenlernt

1784 30. 7. † DENIS DIDEROT
A. L. LAVOISIER wird Direktor der Académie française

1785 P. S. LAPLACE wird Mitglied der Akademie der Wissenschaften in Paris
J. WATT wird Mitglied der Royal Society in London

1777 W. A. MOZART scheidet aus dem Hofdienst in Salzburg aus

1778 VOLTAIRE wird in Paris triumphal empfangen
30. 5. † VOLTAIRE
2. 7. † JEAN-JACQUES ROUSSEAU

1779 9. 9. J. W. GOETHE wird zum Geheimen Rat ernannt
G. E. LESSING: *Nathan der Weise*
W. A. MOZART tritt erneut in die Dienste des Erzbischofs von Salzburg

1780 F. GOYA wird als Académico de mérito in die Academia de San Fernando in Madrid aufgenommen
F. SCHILLER wird Regimentsmedikus in Stuttgart

1781 15. 2. † GOTTHOLD EPHRAIM LESSING
W. A. MOZART bricht endgültig mit dem Erzbischof von Salzburg und läßt sich in Wien nieder
H. PESTALOZZI: *Lienhard und Gertrud*

1782 W. A. MOZART heiratet CONSTANZE WEBER
F. SCHILLER: *Die Räuber*

1784 F. HÖLDERLIN besucht die Klosterschule in Denkendorf
L. V. BEETHOVEN wird Organist am Hofe in Bonn

1785 4. 1. * JACOB GRIMM
F. SCHILLER reist auf Einladung TH. KÖRNERS nach Leipzig und Dresden

1786–1795

Politik und Wirtschaft

1786 17. 8. † FRIEDRICH II. V. PREUSSEN
1787 TH. PAINE kehrt nach England zurück

1790 20. 2. † JOSEPH II.

Der Sturm auf die Bastille am 14.7.1789 wird bis heute als Beginn der Französischen Revolution gefeiert. Es war das Ende der absoluten königlichen Herrschaft.

Wissenschaft und Technik

1787 18. 11. * LOUIS JACQUES MANDÉ DAGUERRE
1788 10. 5. * AUGUSTIN JEAN FRESNEL
J. G. HERDER besucht Italien u. schließt Freundschaft mit ANGELICA KAUFFMANN
I. KANT: *Kritik der praktischen Vernunft*
1789 E. JENNER wird Mitglied der Royal Society
A. L. LAVOISIER: *Traité élémentaire de chimie*
1790 17. 7. † ADAM SMITH
23. 12. * JEAN FRANÇOIS CHAMPOLLION
G. W. F. HEGEL studiert zusammen mit HÖLDERLIN und SCHELLING am Tübinger Stift
I. KANT: *Kritik der Urteilskraft*

Kunst und Kultur

1786 24. 2. * WILHELM GRIMM
3. 9. J. W. GOETHE bricht zu seiner ersten Italienreise auf
W. A. MOZART: *Le nozze di Figaro*
1787 W. A. MOZART: *Don Giovanni*
F. SCHILLER kommt nach Weimar
L. V. BEETHOVEN reist zum erstenmal nach Wien, wo er W. A. MOZART kennenlernt
1788 22. 1. * GEORGE GORDON LORD BYRON
22. 2. * ARTHUR SCHOPENHAUER
J. W. GOETHE kehrt von Italien nach Weimar zurück
12. 7. J. W. GOETHE nimmt CHRISTIANE VULPIUS bei sich auf und bricht seine Beziehungen mit CHARLOTTE V. STEIN ab
J. W. GOETHE schlägt SCHILLER eine Geschichtsprofessur in Jena vor
F. HÖLDERLIN besucht das Tübinger Stift
1789 Dezember J. W. GOETHE lernt W. V. HUMBOLDT kennen
F. GOYA wird v. KARL IV. v. Spanien zum Kammermaler ernannt
F. SCHILLER wird Professor für Geschichte in Jena
1790 W. A. MOZART: *Cosi fan tutte*
F. SCHILLER heiratet CHARLOTTE V. LENGEFELD

1792 14.7. FRANZ II. wird in Frankfurt a. M. zum Kaiser gekrönt
TH. PAINE verläßt als Anhänger der Französischen Revolution England u. wird Delegierter v. Calais in der Nationalversammlung
1793 21.1. Hinrichtung LUDWIG XVI.
TH. PAINE wird als Anhänger der Girondisten verhaftet, aber nach dem Sturz v. ROBESPIERRE wieder freigelassen
1794 27.7. Sturz ROBBESPIERRES
I. A. KAPODISTRIAS studiert in Padua Medizin
1795 5.10. NAPOLEON BONAPARTE schlägt den royalistischen Aufstand vom 13. Vendémiaire in Paris nieder

---

1791 22.9 * MICHAEL FARADAY
C. BECCARIA wird v. Kaiser LEOPOLD II. zum Mitglied der Kommission für die Verbesserung des bürgerlichen Rechts- u. Strafsystems ernannt
1792 E. JENNER erwirbt den Doktorgrad der schottischen Universität St. Andrews
PH. PINEL wird Arzt am Bicêtre
A. VOLTA beginnt seine Untersuchungen zur tierischen Elektrizität im Anschluß an die Entdeckungen Galvanis
A. V. HUMBOLDT wird zum ›Assessor cum voto‹ im Preußischen Bergdepartement ernannt
1793 CONDORCET wird vom Konvent als Feind der Republik denunziert
1793 G. W. F. HEGEL nimmt nach Abschluß seines Studiums eine Hauslehrerstellung in Bern an
A. L. LAVOISIER wird in seiner Eigenschaft als Zollpächter vor Gericht gestellt
1794 29.3. † A. CARITAT M. DE CONDORCET
8.5. † ANTOINE LAURENT DE LAVOISIER
28.11. † CESARE BECCARIA
P. S. LAPLACE wird Professor für Mathematik an der École Normale in Paris
PH. PINEL wird Arzt an der Salpêtière, gleichzeitig Professor an der École de Paris
1795 21.12. * LEOPOLD RANKE
C. F. GAUSS beginnt an der Universität Göttingen klassische Philologie und Mathematik zu studieren

---

1791 5.9. * GIACOMO MEYERBEER
W. A. MOZART: *Die Zauberflöte*
5.12. † WOLFGANG AMADEUS MOZART
F. SCHILLER gibt aus gesundheitlichen Gründen seine Lehrtätigkeit in Jena auf und lebt von einem Stipendium des HERZOGS VON AUGUSTENBURG
1792 20.9. J. W. GOETHE erlebt die Kanonade v. Valmy
F. GOYA erleidet in Sevilla einen Schlaganfall und wird taub
L. V. BEETHOVEN siedelt endgültig nach Wien über und setzt seine Kompositionsstudien bei J. HAYDN fort
1793 F. GOYA lebt als Gast der DUQUESA DE ALBA in Andalusien
1793 F. HÖLDERLIN erhält auf Vermittlung von F. SCHILLER die Hauslehrerstelle bei CHARLOTTE V. KALB in Waltershausen/Grabfeld
1794 13.6. F. SCHILLER lädt J. W. GOETHE zur Mitarbeit an den »Horen« ein
November F. HÖLDERLIN besucht J. W. GOETHE in Weimar
Beginn der Freundschaft zwischen J. W. GOETHE u. FR. SCHILLER
1795 Januar F. HÖLDERLIN läßt sich in Jena als Schriftsteller nieder
April J. W. GOETHE lernt in Jena A. V. HUMBOLDT kennen
L. V. BEETHOVEN tritt erstmals als Komponist und Pianist in Wien öffentlich auf

1796–1799

Politik und Wirtschaft

1796 2. 3. NAPOLEON wird Oberbefehlshaber der französischen Armee in Italien
17. 11. † KATHARINA II.
1797 22. 3. * WILHELM I.
1798 1. 7. NAPOLEON landet bei Alexandria
NELSON vernichtet die französische Flotte bei Abukir
1799 9. 11. NAPOLEON wird nach dem Staatsstreich vom 18. Brumaire Erster Konsul – zunächst auf zehn Jahre
DE MAISTRE wird Verwalter der Großkanzlei des Königreichs Sardinien

Wissenschaft und Technik

1796 J. J. BERZELIUS studiert in Uppsala Fremdsprachen und Medizin
C. F. GAUSS entscheidet sich endgültig für das Mathematikstudium
E. JENNER führt die erste Kuhpockenimpfung durch
P. S. LAPLACE: *Exposition du système du monde*
A. V. HUMBOLDT quittiert den Staatsdienst und bereitet seine Forschungsreisen vor
1797 G. W. FR. HEGEL wird Hauslehrer in Frankfurt a. M.
1798 19. 1. * AUGUSTE COMTE
E. JENNER versucht vergeblich, sich in London eine Praxis aufzubauen
1799 18. 10. * CHRISTIAN FRIEDRICH SCHÖNBEIN
A. M. AMPÈRE heiratet CATHERINE CARRON
P. S. LAPLACE: *Traité de la méchanique céleste*
A. V. HUMBOLDT landet zusammen mit seinem Reisebegleiter AIMÉ BONPLAND in Venezuela
F. C. V. SAVIGNY unternimmt eine erste Bildungsreise durch Deutschland

Kunst und Kultur

1796 Januar F. HÖLDERLIN übernimmt eine Hauslehrerstelle bei der Familie des Bankiers GONTARD in Frankfurt a. M.
J. W. GOETHE: *Wilhelm Meisters Lehrjahre*
1797 13. 12. * HEINRICH HEINE
31. 1. * FRANZ SCHUBERT
1798 26. 4. * EUGÈNE DELACROIX
September F. HÖLDERLIN muß aufgrund seiner Beziehung zu SUSETTE GONTARD Frankfurt verlassen und nimmt am Rastatter Kongreß schwäbischer Patrioten teil
H. PESTALOZZI wird Schriftleiter des ›Helvetischen Volksblattes‹ u. errichtet in Stans eine Anstalt für Kriegswaisen
1799 20. 5. * HONORÉ DE BALZAC
6. 6. * ALEKSANDR PUŠKIN
F. GOYA wird Hofmaler v. KARL IV. v. Spanien

Rechts: *Napoleon Bonaparte (1769–1821) als 1. Konsul. Gemälde von J.-A.-D. Ingres (1802).*

Unten links: *Alessandro Volta (1745–1827) führt dem 1. Konsul Napoleon Bonaparte seine »elektrische Säule« vor. Fresko von I. Sabatelli.*

Unten rechts: *Alexander von Humboldt (1769–1859) mit dem französischen Botaniker Aimé Bonpland in den Anden von Ecuador vor der Besteigung des Chimborazo (Hintergrund, 1802). Gemälde von F. G. Weitsch.*

Rechts: *Die »Göttinger Sieben«, die Professoren F. C. Dahlmann, E. Ewald, W. Albrecht, G. G. Gervinus, W. Weber und J. und W. Grimm protestierten 1837 gegen die von König Ernst August von Hannover verfügte Aufhebung der erst 1833 gewährten Verfassung und wurden deshalb am 14.12.1837 entlassen.*

Mitte: *»Ein Abend bei Ludwig Tieck«. Eine typisch romantische literarische Gesellschaft mit Schelling, Meyerbeer, Grimm, Eichendorff, Humboldt, Mendelssohn, Bettina von Arnim, Varnhagen u. a.*

Unten: *Dichterkreis bei Justinus Kerner (1786–1862) in Weinsberg. Links N. Lenau und G. Schwab, rechts L. Uhland und K. A. Varnhagen von Ense. Gemälde von H. Rustige (1867).*

Gegenüberliegende Seite:

Oben links: *Christoph Martin Wieland (1733–1813) begegnet Napoleon I. auf dem Erfurter Fürstentag 1808. Kol. Radierung von J. B. Hößel nach Hans Schnorr von Carolsfeld.*

Oben rechts: *Friedrich von Schiller (1759–1805) in Jena (1797) im Gespräch mit Goethe, A. und W. v. Humboldt, Wieland u. a. Zeichnung von W. v. Lindenschmitt.*

Unten: *Tafelrunde in Weimar mit Goethe (3), Herzogin Anna Amalia (5), Herder (10) u. a. Aquarell von S. M. Kraus.*

1800–1806

Politik und Wirtschaft

1800 Mai NAPOLEON überquert den St. Bernhard
R. OWEN wird Teilhaber und Leiter der ›New Lanark Twist Company‹

1802 DE MAISTRE wird sardinischer Botschafter in Petersburg
NAPOLEON läßt sich zum Ersten Konsul auf Lebenszeit ernennen
TH. PAINE kehrt nach Amerika zurück

1803 M. A. ROTHSCHILD erhält den Titel eines Hessen-Kasselschen Oberhofagenten

Wissenschaft und Technik

1800 A. V. HUMBOLDT erkundet das Orinokogebiet

1801 12. 10. * CARL AUGUST STEINHEIL
C. F. GAUSS: *Disquisitiones arithmeticae*
G. W. FR. HEGEL habilitiert sich auf Vermittlung von SCHELLING in Jena
G. V. REICHENBACH gewinnt den Uhrmacher J. LIEBHERR als Mitarbeiter für den Bau von Präzisionsinstrumenten für geodätische und astronomische Messungen

1802 Juni A. V. HUMBOLDT besteigt zusammen mit A. BONPLAND den Chimborazo
G. STEPHENSON heiratet MARRIES FRANCES HONDERSON
A. VOLTA kehrt nach Pavia zurück

1803 12. 5. * JUSTUS LIEBIG
16. 10. * ROBERT STEPHENSON
29. 11. * ANDREAS CHRISTIAN DOPPLER
18. 12. † JOHANN GOTTFRIED HERDER
F. C. V. SAVIGNY: *Das Recht des Besitzes*
A. M. AMPÈRE wird Mathematiklehrer in Lyon
A. V. HUMBOLDT unternimmt seine Reise durch Mexiko

Kunst und Kultur

1800 E. T. A. HOFFMANN wird Assessor am Obergericht in Posen
H. PESTALOZZI leitet in Burgdorf eine Erziehungsanstalt

1801 3. 11. * VINCENZO BELLINI

1802 26. 2. * VICTOR HUGO
F. SCHILLER siedelt nach Weimar über

1803 F. SCHILLER: *Die Braut von Messina*
14. 3. † FRIEDRICH GOTTLIEB KLOPSTOCK

E. T. A. Hoffmann (1776–1822) mit Ludwig Devrient im Weinkeller von Lutter & Wegener in Berlin. Aquarell von Carl Themann.

1804 21. 12. * BENJAMIN DISRAELI
18. 5. NAPOLEON läßt durch Senatsbeschluß die Republik in ein erbliches Kaiserreich umwandeln
18. 5. NAPOLEON läßt sich zum Kaiser der Franzosen proklamieren
2. 12. NAPOLEON krönt sich in Gegenwart von Papst PIUS XII. zum Kaiser der Franzosen
NAPOLEON führt den nach ihm benannten ›Code Napoléon‹ ein

1805 22. 6. * GIUSEPPE MAZZINI
29. 7. * CHARLES ALEXIS HENRI CLÉREL DE TOCQUEVILLE
NAPOLEON siegt bei der Schlacht von Austerlitz über die Österreicher

1806 6. 8. FRANZ II. legt die deutsche Kaiserwürde nieder und nennt sich als Kaiser von Österreich (seit 1804) FRANZ I.
21. 11. NAPOLEON verhängt die Kontinentalsperre gegenüber England
NAPOLEON siegt bei Jena und Auerstedt über die Preußen
M. A. ROTHSCHILD subventioniert den in Spanien u. Portugal kämpfenden Herzog V. WELLINGTON

1804 12. 2. † IMMANUEL KANT
28. 7. * LUDWIG FEUERBACH
A. M. AMPÈRE wird Répétiteur für Mathematik an der École polytechnique in Paris
A. M. AMPÈRE wird als Mathematiker in die Académie française berufen
L. J. M. DAGUERRE wird Bühnenmaler in Paris
A. V. HUMBOLDT besucht die USA

1805 G. W. FR. HEGEL wird a. o. Professor für Philosophie

1806 A. M. AMPÈRE heiratet JEANNE POTOT
* JOHN STUART MILL
J. WATT wird Ehrendoktor der Universität Glasgow

Georg Wilhelm Friedrich Hegel (1770–1831) doziert in der Berliner Universität »Unter den Linden«. Lithographie von Franz Kugler (1828).

1804 E. T. A. HOFFMANN kommt als Regierungsrat an das Obergericht im damals preußischen Warschau
F. HÖLDERLIN geht nach Homburg
H. PESTALOZZI gründet in Yverdon eine Schule
A. SCHOPENHAUER beginnt in Hamburg eine Lehre als Handlungsbeflissener

1805 9. 5. † FRIEDRICH SCHILLER
F. HÖLDERLIN wird nach Tübingen gebracht
L. V. BEETHOVEN: *Eroica* und Erstfassung des *Fidelio*

1806 J. GRIMM wird Sekretär beim hessischen Kriegskollegium
E. T. A. HOFFMANN wird Kapellmeister und Bühnenbildner in Bamberg
J. W. V. GOETHE heiratet CHRISTIANE VULPIUS

1807–1818

Politik und Wirtschaft

1807 Juni NAPOLEON trifft Zar ALEXANDER I. bei Tilsit
4.7. * GIUSEPPE GARIBALDI
I. A. KAPODISTRIAS wird Außerordentlicher Militärgouverneur von Istrien
D. RICARDO wird Mitbegründer der Geologischen Gesellschaft in England

1808 20.4. * NAPOLEON III.
22.11. * THOMAS COOK

1809 29.12. * WILLIAM EWART GLADSTONE
8.6. † THOMAS PAINE
J. A. KAPODISTRIAS wird Diplomat in russischen Diensten

1810 1.4. NAPOLEON I. heiratet MARIE LUISE, die Tochter FRANZ I.
10.8. * CAMILLO CAVOUR

1812 6.4. * ALEXANDER IWANOWITSCH HERZEN
14.9. NAPOLEON marschiert in Moskau ein
19.9. † MEYER AMSCHEL ROTHSCHILD

Wissenschaft und Technik

1807 J. J. BERZELIUS erhält einen Lehrstuhl für Chemie an der Chirurgischen Schule in Stockholm
C. F. GAUSS übernimmt die Leitung der Göttinger Sternwarte
G. V. REICHENBACH verlegt seine ›optische Abteilung‹ ganz nach Benediktbeuren

1808 A. M. AMPÈRE wird zum Generalinspekteur der Universität von Paris ernannt
J. J. BERZELIUS wird Mitglied der schwedischen Akademie der Wissenschaften
G. W. FR. HEGEL wird Rektor des Ägidiusgymnasiums in Nürnberg
E. JENNER wird korrespondierendes Mitglied des Institut National in Paris

1809 12.2. * CHARLES DARWIN
L. RANKE besucht das Gymnasium in Schulpforta

1810 J. J. BERZELIUS wird Präsident der schwedischen Akademie der Wissenschaften
A. VOLTA wird zum Comte del Regno d'Italia ernannt
F. C. V. SAVIGNY geht auf Einladung W. V. HUMBOLDTs nach Berlin und beteiligt sich am Aufbau der Berliner Universität

1811 G. W. FR. HEGEL heiratet MARIE V. TUCHER
C. F. GAUSS heiratet eine Göttinger Professorentochter
E. JENNER wird auswärtiges Mitglied des Institut National in Paris

1812 G. STEPHENSON wird Maschinenmeister in Killingworth

Kunst und Kultur

1807 28.6. * PHILIPP RECLAM

1808 F. GOYA bleibt Hofmaler auch unter JOSEPH BONAPARTE
J. GRIMM wird Bibliothekar bei König JÉRÔME in Kassel
L. V. BEETHOVEN: V. und VI. Symphonie

1809 15.1. * PIERRE JOSEPH PROUDHON
3.2. * FELIX MENDELSSOHN-BARTHOLDY
1.4. * NIKOLAJ GOGOL
J. W. GOETHE beginnt seine Autobiographie *Dichtung und Wahrheit*
J. F. CHAMPOLLION wird Professor für Geschichte in Grenoble
G. G. LORD BYRON reist zusammen mit JOHN HOBHOUSE nach Spanien und auf den Balkan
A. SCHOPENHAUER beginnt ein Studium in Göttingen

1810 1.3. * FRÉDÉRIC CHOPIN

1811 A. PUŠKIN besucht das Lyzeum in Carskoe Selo

1812 A. SCHOPENHAUER setzt sein Studium in Berlin fort

1813 5.5. * SÖREN AABYE KIERKEGAARD
22.5. * RICHARD WAGNER
10.10. * GIUSEPPE VERDI
A. SCHOPENHAUER lernt in Weimar J. W. V. GOETHE kennen
L. V. BEETHOVEN: VII. Symphonie

1813 11. 8. Franz I. erklärt Napoleon I. den Krieg
Napoleon wird in der Völkerschlacht bei Leipzig von Preußen, Österreichern und Russen geschlagen
R. Owen: *A New View of Society*
1814 6. 4. Napoleon dankt als Kaiser der Franzosen ab
D. Ricardo zieht sich von seinen Maklergeschäften zurück und widmet sich ausschließlich seinen wissenschaftlichen Interessen
1815 20. 3. Napoleon kehrt nach Paris zurück
1. 4. * Otto von Bismarck
1815 W. Beuth beginnt ein Reformwerk zur staatlichen Belebung der preußischen Industrie
Napoleon wird in der Schlacht bei Waterloo von Engländern und Preußen besiegt
1817 Disraeli tritt vom Judentum zur anglikanischen Kirche über
A. Comte wird Sekretär von Saint-Simon
D. Ricardo: *On the Principles of Political Economy and Taxation*
Saint-Simon verwendet in seinen Schriften erstmals den Begriff ›Proletarier‹
de Maistre wird Staatsminister des Königreichs Sardinien

1813 M. Faraday wird Laborgehilfe an der Royal Institution
E. Jenner wird Ehrendoktor der Universität Oxford
1814 25. 11. * Julius Robert Mayer
A. Comte beginnt ein Studium an der École polytechnique
G. v. Reichenbach legt die Leitung des ›optischen Institutes‹ in Benediktbeuren nieder und gründet ein eigenes mechanisches Institut in München
L. Ranke beginnt in Leipzig ein Theologiestudium
A. Volta muß aus Mailand fliehen
F. C. v. Savigny: *Vom Beruf unserer Zeit für Gesetzgebung und Rechtswissenschaft*
1815 22. 12. * Johann Jakob Bachofen
1815 A. J. Fresnel wird Chefingenieur des Brücken- und Straßenbaus in Paris
G. Stephenson erhält sein erstes Lokomotivenpatent
F. C. v. Savigny verkündet das Programm der historischen Rechtsschule
1816 13. 12. * Werner von Siemens
1817 30. 11. * Theodor Mommsen
1818 25. 5. * Jacob Burckhardt
1. 7. * Ignaz Philipp Semmelweis
7. 11. * Emil du Bois-Reymond
Ch. Darwin beginnt ein Theologiestudium an der Universität Cambridge
G. W. Fr. Hegel wird Nachfolger G. Fichtes in Berlin
L. Ranke wird Gymnasiallehrer in Frankfurt a. O.

1814 29. 11. L. v. Beethoven gibt ein Konzert vor europäischen Herrschern und Diplomaten im Rahmen des Wiener Kongresses
E. T. A. Hoffmann wird Kammergerichtsrat am Kammergericht in Berlin
A. Schopenhauer beginnt mit der Abfassung von *Die Welt als Wille und Vorstellung*
1815 E. Delacroix tritt in das Atelier von Pierre Guérin ein
1815 H. Heine beginnt eine Banklehre in Frankfurt a. M.
G. G. Lord Byron heiratet Anne Milbanke
1816 H. de Balzac studiert in Paris Jura
J. Grimm wird Bibliothekar in Kassel
G. G. Lord Byron findet in Italien eine zweite Heimat
1817 F. Schubert tritt aus dem Schuldienst aus und wird freier Komponist
1818 5. 5. * Karl Marx
F. Mendelssohn-Bartholdy tritt erstmals als Pianist auf

1819–1827

Politik und Wirtschaft

1819 24. 5. * Queen VICTORIA
W. BEUTH tritt an die Spitze der Technischen Deputation in Preußen
D. RICARDO wird Mitglied des britischen Unterhauses

1820 28. 11. * FRIEDRICH ENGELS

1821 26. 2. † JOSEPH-MARIE COMTE DE MAISTRE
5. 5. † NAPOLEON BONAPARTE
W. BEUTH gründet das Gewerbe-Institut in Berlin
R. OWEN: *Report to the County of Lanark*

1823 11. 9. † DAVID RICARDO

Wissenschaft und Technik

1819 19. 8. † JAMES WATT
J. LIEBIG beginnt das Studium der Chemie bei Kastner in Bonn

1820 A. M. AMPÈRE veröffentlicht seine Arbeiten zur Elektrodynamik
G. STEPHENSON heiratet ELIZABETH HINDMARSH
A. VOLTA zieht sich ganz nach Como zurück

1821 31. 8. * HERMANN HELMHOLTZ
13. 10. * RUDOLF CARL VIRCHOW

1822 6. 1. * HEINRICH SCHLIEMANN
22. 2. * ADOLF KUSSMAUL
22. 7. * JOHANN GREGOR MENDEL
25. 8. † WILLIAM HERSCHEL
L. FEUERBACH studiert Theologie in Heidelberg
November J. LIEBIG reist nach Paris
27. 12. * LOUIS PASTEUR

1823 4. 4. * WILHELM (SIR WILLIAM) SIEMENS
G. STEPHENSON und sein Sohn RICHARD gründen die Lokomotivenfabrik ›Stephenson & Comp.‹

Kunst und Kultur

1819 19. 7. * GOTTFRIED KELLER
F. GOYA zieht sich in die Einsamkeit zurück
H. HEINE beginnt in Bonn ein Rechtsstudium
L. v. BEETHOVEN wird fast völlig taub

1820 12. 5. * FLORENCE NIGHTINGALE
H. HEINE wechselt von Bonn nach Göttingen über
A. PUŠKIN wird nach Südrußland verbannt

1821 11. 11. * FEDOR MICHAJLOVIČ DOSTOEVSKIJ
12. 12. * GUSTAVE FLAUBERT

1822 25. 6. † ERNST THEODOR AMADEUS HOFFMANN
J. F. CHAMPOLLION gelingt die Entzifferung der Hyroglyphenschrift
V. HUGO erhält von LUDWIG XVIII. eine Pension. V. HUGO heiratet ADÈLE FOUCHER

1823 G. G. LORD BYRON setzt sich für den griechischen Freiheitskampf ein
J. ST. MILL wird Angestellter der East India Company

1825 19.5. † Claude-Henri Comte de Saint-Simon

1827 J. A. Kapodistrias wird erster Präsident des neugegründeten griechischen Staates

»Die Heilige Allianz«: Am 26.9.1815 unterzeichnen in Paris König Friedrich Wilhelm III. von Preußen, Kaiser Franz I. von Österreich und Zar Alexander I. von Rußland einen Vertrag gegen Napoleon. Kupferstich von J. C. Bock.

1824 12.3. * Gustav Robert Kirchhoff
A. M. Ampère wird als Professor für Experimentalphysik an das Collège de France berufen
M. Faraday wird Mitglied der Royal Society
J. Liebig wird Mitarbeiter von Gay-Lussac in Paris
R. Stephenson arbeitet als Ingenieur in den Gold- und Silbergruben Kolumbiens

1825 29.11. * Jean Martin Charcot
4.5. * Thomas Henry Huxley
Ch. Darwin beginnt ein Medizinstudium an der Universität Edinburgh
L. Feuerbach studiert in Berlin bei Hegel Philosophie
J. Liebig wird Ordinarius für Chemie in Gießen

1825 L. Ranke wird a.o. Professor für Geschichte an der Universität Berlin

1826 21.5. † Georg von Reichenbach
17.9. * Georg Friedrich Bernhard Riemann
26.10. † Philippe Pinel
J. Liebig heiratet Henriette Moldenhauer

1827 5.3. † Alessandro Volta
5.3. † Pierre Simon Laplace
5.4. * Joseph Lister
14.7. † Augustin Jean Fresnel
R. Stephenson kehrt zur Unterstützung seines Vaters nach England zurück
A. v. Humboldt siedelt von Paris nach Berlin über

1824 7.5. L. v. Beethoven: Uraufführung der IX. Symphonie und Teilen der *Missa solemnis*
F. Goya reist nach Bordeaux u. Paris
19.4. † George Gordon N. Lord Byron

1825 19.5. † Comte de Saint-Simon
25.10. * Johann Strauss
W. Grimm heiratet Henriette Dorothea Wild
J. W. v. Goethe setzt die Arbeiten an *Faust II* fort
H. Heine konvertiert zum Protestantismus

1826 E. Delacroix: *Massaker von Chios*
F. Goya bleibt endgültig in Bordeaux

1827 17.2. † Heinrich Pestalozzi
26.3. † Ludwig van Beethoven
H. Heine: *Buch der Lieder*
V. Hugo: *Cromwell*
R. Wagner nimmt musiktheoretischen Unterricht und fertigt erste Kompositionen

1828–1835

Politik und Wirtschaft

1828 8.5. * JEAN HENRY DUNANT
1829 WILHELM I. heiratet die Prinzessin AUGUSTA V. SACHSEN-WEIMAR
1830 18.8. * FRANZ JOSEPH I.
1831 9.10. † IOANNES ANTONIOS KAPODISTRIAS
C. CAVOUR gibt die Laufbahn eines Offiziers auf und unternimmt Reisen nach Frankreich und England
G. MAZZINI ruft in Marseille den Geheimbund ›Giovanne Italia‹ ins Leben
TOCQUEVILLE reist zum Studium des amerikanischen Strafvollzuges in die USA

Otto von Bismarck-Schönhausen (1815–1898), der spätere Reichskanzler, als junger Referendar im Jahr 1835.

Wissenschaft und Technik

1828 CH. F. SCHÖNBEIN wird Professor für Chemie an der Universität Basel
L. FEUERBACH wird Privatdozent in Erlangen
C.F. GAUSS trifft mit A. V. HUMBOLDT zusammen
1829 G.W. FR. HEGEL wird Rektor der Universität in Berlin
DAGUERRE und NIÉPCE gründen in Paris eine eigene Firma zur Ausnutzung ihrer Patente
A. V. HUMBOLDT reist in offiziellem Auftrag nach Sibirien
R. STEPHENSON siegt mit seiner Dampflokomotive beim Rainhill-Wettrennen
1830 A. COMTE beginnt mit der Niederschrift seines Hauptwerkes *Cours de philosophie positive*
L. FEUERBACH: *Gedanken über Tod und Unsterblichkeit*
C. A. STEINHEIL gründet in München eine Privatsternwarte
1831 13.6. * JAMES CLERK MAXWELL
14.11. † GEORG WILHELM FRIEDRICH HEGEL
CH. DARWIN beteiligt sich als naturwissenschaftlicher Beobachter auf der ›Beagle‹ an einer Vermessungsfahrt nach Südamerika und Australien
M. FARADAY entwickelt den ersten Transformator
J. LIEBIG vollendet die chemische Elementaranalyse

Kunst und Kultur

1828 20.3. * HENRIK IBSEN
16.4. † FRANCISCO GOYA
9.9. * LEV TOLSTOJ
19.11. † FRANZ SCHUBERT
N. GOGOL geht nach Petersburg
1829 H. DE BALZAC: *Le dernier Chouan*
Die Gebrüder GRIMM werden an die Universität Göttingen berufen
F. MENDELSSOHN-BARTHOLDY führt die seit 100 Jahren vergessene *Matthäus-Passion* von J. S. BACH auf
1830 E. DELACROIX: *Die Freiheit führt das Volk auf die Barrikaden*
J.W. GOETHE schließt den 2. Teil v. *Faust* ab
S. KIERKEGAARD beginnt an der Universität Kopenhagen das Theologiestudium
1831 19.5. H. HEINE trifft in Paris ein und wird Korrespondent der ›Augsburger Allgemeinen Zeitung‹
V. BELLINI: *Norma*
G. MEYERBEER läßt sich in Paris nieder
A. PUŠKIN heiratet NATALJA GONČAROVA
V. HUGO: *Notre-Dame de Paris*
A. SCHOPENHAUER siedelt nach Ausbruch der Cholera in Berlin nach Frankfurt a. M. über

1832 6.7. * FERDINAND MAXIMILIAN
O. v. BISMARCK beginnt das Studium der Rechte in Göttingen
W. E. GLADSTONE wird als Anhänger der Tory in das englische Unterhaus gewählt

1833 G. GARIBALDI schließt sich dem Geheimbund Mazzinis an

1834 G. GARIBALDI flieht nach fehlgeschlagenem Aufstand in Italien nach Südamerika
G. MAZZINI gründet zusammen mit Deutschen und Polen das ›Junge Europa‹

1835 2.3. † FRANZ I. (FRANZ II.)
O. v. BISMARCK legt in Berlin das Referendarexamen ab
TOCQUEVILLE beginnt seine Veröffentlichungen *De la Démocratie en Amerique*

1832 26.1. † EDWARD JENNER
14.6. * NIKOLAS AUGUST OTTO
16.8. * WILHELM MAX WUNDT
J.J. BERZELIUS wird in den Ruhestand versetzt
J. LIEBIG veröffentlicht seine (gemeinsam mit F. WÖHLER angefertigte) Arbeit über Benzoylradikal
J. R. MAYER beginnt in Tübingen das Medizinstudium
C. A. STEINHEIL wird Professor für Physik und Mathematik in München

1833 21.10. * ALFRED NOBEL
19.11. * WILHELM DILTHEY
L. RANKE: *Die großen Mächte*

1834 16.2. * ERNST HAECKEL
17.3. * GOTTLIEB WILHELM DAIMLER
W. SIEMENS tritt in die preußische Armee ein

1835 31.10. * ADOLF JOHANN FRIEDRICH WILHELM VON BAEYER
A. CH. DOPPLER wird Professor an der Technischen Lehranstalt in Prag
I. P. SEMMELWEIS besucht einen propädeutischen Lehrgang an der philosophischen Fakultät der Universität von Pest

---

1832 23.1. * EDOUARD MANET
4.3. † J. FR. CHAMPOLLION
22.3. † JOHANN WOLFGANG GOETHE
E. DELACROIX begleitet den Grafen v. MORNAY auf dessen diplomatischer Mission nach Marokko

1833 7.5. * JOHANNES BRAHMS
F. MENDELSSOHN-BARTHOLDY wird Musikdirektor in Düsseldorf
R. WAGNER erhält seine erste Anstellung als Kapellmeister in Würzburg

1834 R. WAGNER wird Kapellmeister in Magdeburg

1835 24.9. † VINCENZO BELLINI
F. CHOPIN lernt in Dresden MARIE WODZINSKA kennen
N. GOGOL: *Arabesken*
S. KIERKEGAARD erlebt seine schwere innere Krise
K. MARX studiert an der Bonner Universität Jura und Philosophie
F. MENDELSSOHN-BARTHOLDY wird Kapellmeister des Gewandhauses in Leipzig

1836–1841

Politik und Wirtschaft

1837 20. 6. Queen VICTORIA besteigt als Nachfolgerin WILHELM IV. den englischen Thron
B. DISRAELI wird in das englische Unterhaus gewählt
F. ENGELS tritt in das väterliche Textilgeschäft in Barmen ein
G. MAZZINI geht nach mißglücktem Aufstand in Italien nach London

1838 11. 12. * EMIL RATHENAU
O. V. BISMARCK zieht sich als Landwirt auf Kneiphof zurück
F. ENGELS setzt seine kaufmännische Ausbildung bei Leupold in Bremen fort

Links: *Clemens Lothar Wenzel Fürst von Metternich-Winneburg (1779–1859), Österreichischer Staatskanzler (1818/19).*

Wissenschaft und Technik

1836 10. 6. † ANDRÉ MARIE AMPÈRE
29. 10. CH. DARWIN kehrt von seiner Forschungsreise mit der ›Beagle‹ nach England zurück und läßt sich als Wissenschaftler in London nieder
18. 11. * CESARE LOMBROSO
L. RANKE wird ordentlicher Professor an der Universität Berlin
H. SCHLIEMANN beginnt eine Krämerlehre in Mecklenburg-Schwerin
G. STEPHENSON eröffnet in London ein eigenes Ingenieurbüro

1837 8. 7. * FERDINAND GRAF VON ZEPPELIN
I. P. SEMMELWEIS beginnt in Wien mit dem Studium der Rechte

1838 18. 2. * ERNST MACH
16. 4. * ERNEST SOLVAY
24. 6. * GUSTAV VON SCHMOLLER
CH. DARWIN wird Sekretär der Geologischen Gesellschaft
I. P. SEMMELWEIS studiert in Pest Medizin
W. SIEMENS wird zum Artillerie-Leutnant ernannt

Kunst und Kultur

1836 März G. VERDI übernimmt die Stelle eines Musikdirektors in Busseto
19. 4. N. GOGOL: Uraufführung des *Revisor* in Petersburg
24. 11. R. WAGNER heiratet MINNA PLANER
F. CHOPIN lernt GEORGE SAND kennen
G. FLAUBERT: *Mémoires d'un fou*
G. MEYERBEER: *Die Hugenotten*
K. MARX setzt sich an der Universität Berlin u. a. mit der Philosophie HEGELS auseinander

1837 10. 2. † ALEKSANDR PUŠKIN
Die Gebrüder GRIMM werden wegen ihres Protestes gegen König ERNST AUGUST V. HANNOVER ihres Amtes enthoben
R. WAGNER wird Kapellmeister in Riga

1838 F. CHOPIN reist mit GEORGE SAND nach Mallorca
F. M. DOSTOEVSKIJ tritt in die militärische Ingenieurschule in Petersburg ein

1839 TOCQUEVILLE wird französischer Abgeordneter

1840 Queen VICTORIA heiratet Prinz ALBERT v. SACHSEN-COBURG-GOTHA
Staatsstreichversuch LOUIS NAPOLEONS
WILHELM I. wird Prinz v. Preußen und damit Thronfolger seines Bruders FRIEDRICH WILHELM IV.

Die Freiheit führt das Volk an – Der 28. Juli 1830 *von Eugène Delacroix (1798–1863). Die Julirevolution brachte den »Bürgerkönig« Louis-Philippe (von Orléans) an die Macht.*

1839 29.1. CH. DARWIN heiratet seine Cousine EMMA WEDGWOOD
J. BURCKHARDT geht nach Berlin und studiert bei F. KUGLER und L. RANKE Geschichte und Kunstgeschichte
CH. F. SCHÖNBEIN entdeckt bei der Elektrolyse von Schwefel das Ozon
L. FEUERBACH: *Zur Kritik der Hegelschen Philosophie*
J. R. MAYER hält sich nach seinem Studium in Paris auf
R. C. VIRCHOW erhält ein Stipendium für ein Medizinstudium an der Pépinière in Berlin

1840 23.1. * ERNST ABBE
J. LIEBIG: *Die organische Chemie in ihrer Anwendung auf Agricultur und Physiologie*
J. R. MAYER wird Schiffsarzt auf einem holländischen Ostindienfahrer und besucht Java

1841 J. J. BACHOFEN wird Professor für römische Rechtsgeschichte in Basel
L. FEUERBACH: *Das Wesen des Christentums*
J. R. MAYER läßt sich in Heilbronn nieder

1839 19.1. * PAUL CÉZANNE
21.3. * MODEST PETROVIČ MUSSORGSKIJ

1840 2.4. * ÉMILE ZOLA
12.11. * AUGUSTE RODIN
14.11. * CLAUDE MONET
F. CHOPIN lebt abwechselnd in Paris und auf Schloß Nohant, dem Besitz v. GEORGE SAND
Die Gebrüder GRIMM werden nach Berlin berufen
G. KELLER geht nach München, um sich als Landschaftsmaler ausbilden zu lassen
P. J. PROUDHON: *Qu'est-ce que la propriété*

1841 25.2. * PIERRE-AUGUSTE RENOIR
31.8. H. HEINE heiratet MATHILDE MIRAT
V. HUGO wird Mitglied der Académie française
K. MARX promoviert in absentia an der Universität Jena

1842–1844

Politik und Wirtschaft

1842 F. ENGELS lernt als gelegentlicher Mitarbeiter der ›Rheinischen Zeitung‹ K. MARX kennen
F. ENGELS reist nach Manchester, um seine Ausbildung weiter zu vervollständigen
A. I. HERZEN kehrt nach achtjähriger Verbannung nach Moskau zurück

Alexander Iwanowitsch Herzen (1812–1870), Russischer Schriftsteller. Gemälde von Gay. Durch seine Zeitschrift Glocke *versuchte er aus dem Ausland die russische revolutionäre Bewegung zu beeinflussen.*

Wissenschaft und Technik

1842 A. CH. DOPPLER: *Über das farbige Licht der Doppelsterne*
H. HELMHOLTZ promoviert zum Doktor der Medizin
J. R. MAYER veröffentlicht seine Untersuchungen zum Nachweis der Umwandlung von Bewegungsenergie in Wärme in LIEBIGS ›Annalen der Chemie und Pharmacie‹
W. SIEMENS besucht die Artillerieschule in Berlin

1842 TH. H. HUXLEY beginnt in London das Medizinstudium
F. C. V. SAVIGNY wird preußischer Gesetzgebungsminister

Friedrich Carl von Savigny (1779–1861), Rechtslehrer und preußischer Staatsmann. Aquarell von Franz Krüger (1797–1857).

Kunst und Kultur

1842 November G. KELLER kehrt als Maler gescheitert nach Zürich zurück
S. KIERKEGAARD beginnt mit seinen literarischen Arbeiten als freier Schriftsteller in Kopenhagen
K. MARX wird Redakteur an der ›Rheinischen Zeitung‹
G. MEYERBEER wird (neben F. MENDELSSOHN-BARTHOLDY) preußischer Generalmusikdirektor in Berlin
G. VERDI: *Nabucco*
R. WAGNER wird nach der erfolgreichen Aufführung des *Rienzi* Kapellmeister in Dresden

1843 20.6. * Bertha von Suttner
E. Gladstone übernimmt das Handelsministerium

1844 F. Engels kehrt aus England zurück und wirkt zusammen mit K. Marx in Paris und Brüssel publizistisch u. organisatorisch für den ›Bund der Gerechten‹ (ab 1847 ›Bund der Kommunisten‹)

1843 9.10. J. G. Mendel tritt als Novize in das Augustinerkloster in Brünn ein
11.12. * Robert Koch
H. Helmholtz wird Militärarzt in Potsdam
L. Pasteur tritt in die ›École normale Supérieure‹ in Paris ein
L. Ranke heiratet die Engländerin Clara Graves
R. C. Virchow wird Kompaniechirurg an der Charité

1844 25.11. * Carl Benz
J. Burckhardt habilitiert sich in Basel und wirkt als Dozent für Geschichte und Kunstgeschichte
J. Lister tritt in das University College in London ein

1843 7.6. † Friedrich Hölderlin
H. de Balzac reist nach Petersburg, um die Gräfin Eveline Hanska zur Heirat zu bewegen
F. M. Dostoevskij übernimmt eine Stelle im Ingenieur-Departement
H. Heine reist inkognito nach Hamburg zu seiner Mutter
S. Kierkegaard: *Entweder / Oder*
K. Marx nimmt nach Verbot der ›Rheinischen Zeitung‹ das Angebot A. Ruges an, sich in Paris an den deutsch-französischen Jahrbüchern zu beteiligen. Vor der Übersiedlung heiratet er Jenny v. Westphalen

1844 15.10. * Friedrich Nietzsche
18.3. * Nikolaj Rimskij-Korsakov
F. M. Dostoevskij zieht sich als Schriftsteller zurück
J. Strauss gründet eine eigene Kapelle und tritt damit in Konkurrenz zu seinem Vater J. Strauss
L. Tolstoj beginnt ein Jurastudium in Kazan
G. Verdi: *Ernani*

1845–1847

Politik und Wirtschaft

1845 F. ENGELS: *Die Lage der arbeitenden Klassen in England*
W. E. GLADSTONE übernimmt das britische Kolonialministerium
25. 8. * LUDWIG II.

Heinrich Heine zu Besuch bei Karl und Jenny Marx in Paris. Heine lebte von 1831–1856 in Paris, während Marx 1843–1845 in Paris in der Emigration war.

Wissenschaft und Technik

1845 3. 3. * GEORG CANTOR
27. 3. * WILHELM CONRAD RÖNTGEN
CH. F. SCHÖNBEIN erfindet die Schießbaumwolle und die Kollodiumwolle
E. H. DU BOIS-REYMOND wird Mitbegründer der Physikalischen Gesellschaft in Berlin
J. R. MAYER: *Die organische Bewegung in ihrem Zusammenhang mit dem Stoffwechsel*
I. P. SEMMELWEIS beendet sein Medizinstudium mit der Promotion zum Doktor der Chirurgie in Wien
TH. H. HUXLEY wird Arzt der Royal Navy

1846 9. 2. * WILHELM MAYBACH
9. 3. * EMIL WARBURG
Juli I. P. SEMMELWEIS wird Assistent an der 1. Gebärklinik in Wien
H. SCHLIEMANN geht als Agent einer holländischen Handelsfirma nach Petersburg und gründet ein eigenes Geschäft
W. SIEMENS erfindet einen eigenen elektrischen Zeigertelegraphen
TH. H. HUXLEY nimmt an der Fahrt des Vermessungsschiffes ›Rattlesnake‹ nach Australien teil

Kunst und Kultur

1845 Januar K. MARX wird auf Betreiben der preußischen Regierung aus Paris ausgewiesen und geht nach Brüssel
H. DE BALZAC trifft in Dresden mit der Gräfin E. HANSKA zusammen und unternimmt mit ihr eine Italienreise

1846 F. M. DOSTOEVSKIJ: *Arme Leute*
G. FLAUBERT lernt LOUISE COLET kennen
G. KELLER: *Gedichte*, sein erster Lyrikband
F. MENDELSSOHN-BARTHOLDY: *Elias*

1847 O. v. BISMARCK wird Abgeordneter im preußischen Landtag
C. CAVOUR ist Mitherausgeber der Zeitschrift ›Il Risorgimento‹
A. I. HERZEN verläßt Rußland und begibt sich ins Exil nach Frankreich

Rechts: *Frédéric François Chopin (1810–1849). Der polnische Komponist und Pianist lebte seit 1830 in Paris. Lithographie von Engelmann nach Vigneron (1833).*

1847 1.10. W. SIEMENS gründet zusammen mit J. G. HALSKE die ›Telegraphenbauanstalt Siemens & Halske‹ in Berlin
A. CH. DOPPLER übernimmt einen Lehrauftrag an der Berg- und Forstakademie in Schemnitz
H. HELMHOLTZ: *Über die Erhaltung der Kraft*
J. C. MAXWELL besucht die Universität in Edinburgh
J. G. MENDEL wird in den Orden der Augustiner aufgenommen
L. PASTEUR promoviert in Physik und Chemie

1847 4.11. † FELIX MENDELSSOHN-BARTHOLDY
F. CHOPIN und GEORGE SAND beenden ihre Beziehung. Konzertreisen führen CHOPIN nach England und Schottland
N. GOGOL: *Ausgewählte Stellen aus dem Briefwechsel mit Freunden*

1847 R. C. VIRCHOW wird Privatdozent und Prosektor an der Charité. Er begründet zusammen mit B. REINHARDT das ›Archiv für pathologische Anatomie und Physiologie, und für klinische Medizin‹

George Sand (1804–1876), französische Schriftstellerin, hieß Amandine-Lucie-Aurore Dupin und pflegte eine leidenschaftliche Beziehung zu Chopin. Sie setzte sich für freie Liebe, die Emanzipation der Frau und soziale Gerechtigkeit ein. Gemälde um 1830.

Oben links: *Revolution 1848 in Berlin. »Große Barrikade vor dem köllnischen Rathause zu Berlin in der Nacht vom 18.–19. März«. Zeichnung von J. Kirchhoff.*

Oben rechts: Die Aufbahrung der Märzgefallenen 1848 *von Adolph von Menzel (1815–1905).*

Rechts: *Hungerrevolte der schlesischen Weber 1844. Darstellung aus dem Zyklus* Weberaufstand *von Käthe Kollwitz (1867–1945).*

Unten: *Karl Marx (links; 1818–1883) und Friedrich Engels (rechts; 1820–1895) arbeiteten seit 1844 eng zusammen. Sie schrieben zusammen u. a.* Das Kommunistische Manifest *(1848).*

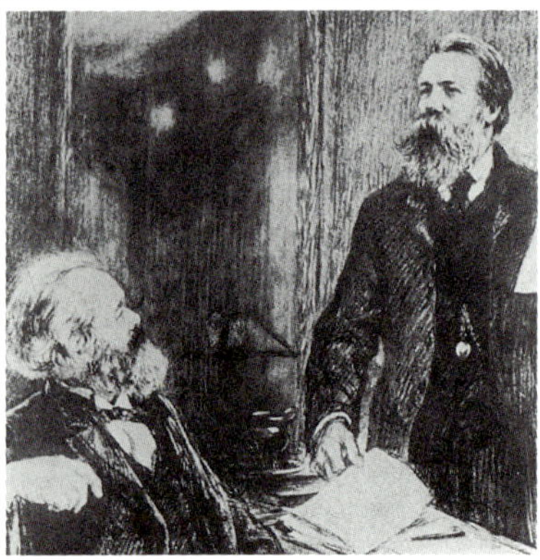

Gegenüberliegende Seite:

Oben: *Eröffnungssitzung der neuen Deutschen Nationalversammlung in der Frankfurter Paulskirche am 18.5.1848. Holzstich von I. N. Kolb nach H. Hesselhorst.*

Mitte: *Spinnsaal um 1830 mit halbautomatischen Mulemaschinen.*

Unten: *Fedor Michajlovič Dostoevskij (links; 1821–1881) und zwei Leidensgenossen während seiner Verbannung in Sibirien. Aufnahme von 1853.*

1848–1850

Politik und Wirtschaft

1848 1. 12. FRANZ JOSEPH I. wird im Hoflager v. Olmütz für mündig erklärt
2. 12. FRANZ JOSEPH I. übernimmt die Regierung des zurückgetretenen FERDINAND I. von Österreich
10. 12. NAPOLEON III. wird mit überwältigender Mehrheit zum Präsidenten der französischen Republik gewählt
Juni TOCQUEVILLE wird für 4 Monate französischer Außenminster
B. DISRAELI wird Führer der Tories im englischen Unterhaus
G. GARIBALDI kehrt bei Ausbruch der Revolution in Europa nach Italien zurück
WILHELM I. flieht vor den Aufständischen in Berlin nach England

Wissenschaft und Technik

1848 16. 2. * HUGO MARIE DE VRIES
23. 5. * OTTO LILIENTHAL
7. 8. † JÖNS JAKOB BERZELIUS
12. 8. † GEORGE STEPHENSON
J. M. CHARCOT wird Assistenzarzt der städtischen Kliniken in Paris
E. H. DU BOIS-REYMOND wird Lehrer der Anatomie an der Akademie der Bildenden Künste in Berlin
H. HELMHOLTZ wird Leiter der Anatomie an der Kunstakademie in Berlin

1848 L. PASTEUR begründet mit seinen Forschungen über Zusammenhänge zwischen Kristallformen, chemischer Struktur und Polarisation des Lichts die Stereochemie
L. PASTEUR erhält eine Anstellung als Physiklehrer in Dijon
G. STEPHENSON heiratet ELLEN GREGORY
TH. MOMMSEN wird Professor für römisches Recht an der Universität Leipzig
R. C. VIRCHOW wird wegen seines Berichtes über die Typhusepedimie in Oberschlesien entlassen
F. C. V. SAVIGNY tritt als preußischer Minister zurück
W. SIEMENS errichtet mit J. G. HALSKE ein Telegrafenliniennetz in Preußen

Kunst und Kultur

1848 H. DE BALZAC hält sich auf dem Schloß der Gräfin E. HANSKA in der Ukraine auf
N. GOGOL kehrt nach einem mehrjährigen Auslandsaufenthalt nach Rußland zurück
J. GRIMM zieht sich vom Lehramt zurück
G. KELLER erhält von der Zürcher Regierung ein Stipendium für einen längeren Auslandsaufenthalt
K. MARX verfaßt zusammen mit F. ENGELS das *Kommunistische Manifest* für den ›Bund der Kommunisten‹
April K. MARX kehrt nach Köln zurück und beteiligt sich an der Gründung der ›Neuen Rheinischen Zeitung‹

Honoré de Balzac (1799–1850) ist der Schöpfer des modernen soziologischen Realismus im Roman.

1849 O. v. BISMARCK wird Mitglied der Zweiten Preußischen Kammer in Berlin
F. ENGELS siedelt endgültig nach England
G. MAZZINI verteidigt zusammen mit G. GARIBALDI die Republik Rom gegen französische Truppen
WILHELM I. schlägt mit Reichstruppen die Freiheitsbewegungen in der Pfalz und Baden nieder

1850 7. 3. * TOMÁŠ GARRIGUE MASARYK
O. v. BISMARCK wird Mitglied des Erfurter Parlaments
C. CAVOUR ist als Handels-, Landwirtschafts- und Finanzminister Mitglied der liberalen Regierung d'Azeglio in Piemont

Links: *Der italienische Freiheitskämpfer Giuseppe Garibaldi (1807–1882) besucht den Dichter Alessandro Manzoni (1785–1873). Gemälde von S. di Albertis (1863).*

1849 25. 4. * CHRISTIAN FELIX KLEIN
14. 9. * IWAN PETROWITSCH PAWLOW
H. HELMHOLTZ wird Professor für Physiologie an der Universität Königsberg
J. G. MENDEL wird Hilfslehrer für Griechisch und Mathematik am Gymnasium v. Znaim
L. PASTEUR wird als Professor für Chemie an die Akademie v. Straßburg versetzt
R. C. VIRCHOW übernimmt in Würzburg den Lehrstuhl für pathologische Anatomie

1850 6. 6. * KARL FERDINAND BRAUN
A. CH. DOPPLER wird Professor für Physik an der Universität Wien
G. R. KIRCHHOFF wird Professor für Physik in Breslau
J. C. MAXWELL besucht die Universität in Cambridge
J. R. MAYER erleidet einen Nervenzusammenbruch und muß sich in eine Heilanstalt begeben
I. P. SEMMELWEIS wird Primararzt der Entbindungsstation des St. Rochus-Spitals in Budapest
TH. H. HUXLEY kehrt von seiner Australienreise nach England zurück und widmet sich ganz der Auswertung seiner Beobachtungen

1849 23. 4. F. M. DOSTOEVSKIJ wird wegen seiner Verbindung zu politisch radikalen Gruppen verhaftet und zum Schein zum Tode verurteilt
17. 10. † FRÉDÉRIC CHOPIN
G. FLAUBERT unternimmt eine ausgedehnte Orientreise
H. IBSEN: *Catilina*
K. MARX muß nach Verbot der ›Neuen Rheinischen Zeitung‹ Köln verlassen und begibt sich über Paris nach London
G. VERDI zieht sich auf sein Landgut Sant' Agata zurück
R. WAGNER flieht wegen Teilnahme an der Revolution in Dresden in die Schweiz

1850 29. 1. * EBENEZER HOWARD
18. 8. † HONORÉ DE BALZAC
G. KELLER reist für 5 Jahre nach Berlin
E. MANET tritt in das Atelier von THOMAS COUTURE ein
F. NIGHTINGALE besucht erstmals THEODOR FLIEDNERS Diakonissenanstalt in Kaiserswerth
J. ST. MILL heiratet HARRIET TAYLOR

1851–1855

Politik und Wirtschaft

1851 O. v. BISMARCK geht als preußischer Gesandter an den Bundestag in Frankfurt a. M.
NAPOLEON III. läßt sich nach einem Staatsstreich zum Kaiser der Franzosen erheben

1852 C. CAVOUR wird piemontesischer Ministerpräsident
W. E. GLADSTONE wird britischer Schatzminister
A. I. HERZEN gründet in London einen russischen Verlag

1853 5.7. * CECIL JOHN RHODES
27.9. † PETER CHRISTIAN WILHELM BEUTH

Wissenschaft und Technik

1851 10.7. † LOUIS JACQUES MANDÉ DAGUERRE
J. G. MENDEL wird zum Studium der Physik, Chemie, Zoologie, Botanik und Mathematik von seinem Abt an die Universität Wien geschickt
B. RIEMANN promoviert in Göttingen mit der Erfindung der nach ihm benannten ›Riemannschen Fläche‹
TH. MOMMSEN wird wegen seiner liberalen Gesinnung aus seinem Amt entlassen

1852 9.10. * EMIL HERMANN FISCHER
15.12. * ANTOINE HENRI BECQUEREL
J. LIEBIG wird von MAX II. v. BAYERN nach München berufen
J. LISTER schließt sein Medizinstudium in London ab und geht nach Edinburgh zu dem bekannten Chirurgen JAMES SYME
C. LOMBROSO beginnt mit dem Medizinstudium in Pavia
TH. MOMMSEN übernimmt eine Professur an der Universität Zürich

1853 17.3. † ANDREAS CHRISTIAN DOPPLER
2.9. * WILHELM OSTWALD
J. M. CHARCOT wird nach seiner Promotion ›Chef de clinique‹ an der medizinischen Fakultät der Universität von Paris
A. NOBEL kehrt von seinen Reisen durch Westeuropa nach Petersburg zurück
N. A. OTTO wird Handlungsreisender in Köln
W. SIEMENS errichtet zusammen mit einem Bruder CARL die russische Staatstelegraphenlinien

Kunst und Kultur

1851 V. HUGO geht mit dem Machtantritt NAPOLEONS III. ins Exil
H. IBSEN erlernt als Dramaturg und Regisseur das Handwerk des Dramatikers
L. TOLSTOJ beginnt seinen Militärdienst im Kaukasus
G. VERDI: *Rigoletto*

1852 4.3. † NIKOLAJ GOGOL
W. GRIMM gibt seine Lehrtätigkeit an der Berliner Universität auf
S. KIERKEGAARD: *Urteile selbst!*
L. TOLSTOJ: *Kindheit*

1853 30.3. * VINCENT VAN GOGH
J. BRAHMS wird von JOSEPH JOACHIM an ROBERT SCHUMANN empfohlen
F. NIGHTINGALE übernimmt die Leitung eines kleinen Privatkrankenhauses in London
G. VERDI: *La Traviata*

1854 FRANZ JOSEPH I. heiratet die bayerische Prinzessin ELISABETH

1855 C. CAVOUR beteiligt das Königreich Piemont-Sardinien am Krimkrieg
A. I. HERZEN gibt in London die Zeitschrift ›Der Polarstern‹ heraus

Chemisches Laboratorium von Justus Liebig (1803–1873) auf dem Seltersberg zu Gießen. Zeichnung von Wilhelm Trautscholdt (um 1840).

1854 14. 3. * PAUL EHRLICH
15. 3. * EMIL VON BEHRING
G. R. KIRCHHOFF übernimmt eine Professur für Physik in Heidelberg
J. G. MENDEL setzt auch ohne erlangtes Diplom seine Lehrertätigkeit fort
L. PASTEUR wird zum Professor für Chemie an die Universität Lille berufen
TH. H. HUXLEY wird als Nachfolger v. EDWARD FORBES an die staatliche School of Mines in London berufen
TH. MOMMSEN folgt einem Ruf an die Universität Breslau

1855 23. 2. † CARL FRIEDRICH GAUSS
J. BURCKHARDT wird Dozent an der ETH Zürich
J. BURCKHARDT: *Cicerone*
E. H. DU BOIS-REYMOND übernimmt eine Professur an der Universität Berlin
H. HELMHOLTZ wird Professor für Anatomie und Physiologie in Bonn
J. LISTER erhält die Stelle eines Lecturer of Surgery an der Edinburgh School of Medicine
I. P. SEMMELWEIS wird Professor für Geburtshilfe an der Universität Pest

1854 S. KIERKEGAARD beginnt mit dem Tod des Bischofs Mynsters seine Auseinandersetzung mit der dänischen Kirche
F. NIGHTINGALE organisiert auf Einladung der englischen Regierung während des Krimkrieges in Skutari die Krankenpflege für die britische Armee
A. RODIN wird auf die kaiserliche Fachschule für Zeichnen und Mathematik geschickt

1855 Juni H. HEINE lernt ELISE V. KRINITZ kennen
11. 11. † SÖREN AABYE KIERKEGAARD
G. KELLER: *Der grüne Heinrich*

1856–1858

Politik und Wirtschaft

1856 24. 4. * PHILIPPE PÉTAIN
TOCQUEVILLE: *L'ancien régime et la révolution*

1857 Erzherzog FERDINAND MAXIMILIAN wird österreichischer Generalgouverneur des Königreiches Lombardo-Venezien
A. I. HERZEN gibt in London das Journal ›Die Glocke‹ heraus

Wissenschaft und Technik

1856 6. 5. * SIGMUND FREUD
J. M. CHARCOT wird ›Médicin des Hôpitaux de Paris‹
E. HAECKEL wird Assistent von R. VIRCHOW an der Charité in Berlin
J. C. MAXWELL wird Professor für Physik am Marschal College in Aberdeen
J. G. MENDEL beginnt im Klostergarten des Augustinerklosters von Altbrünn mit Kreuzungsversuchen an Varietäten der Gartenerbse
R. C. VIRCHOW wird Ordinarius für pathologische Anatomie und Leiter des pathologischen Institutes der Universität Berlin

1857 22. 2. * HEINRICH HERTZ
5. 9. † AUGUSTE COMTE
5. 9. * KONSTANTIN EDUARDOVIČ CIOLKOVSKIJ
E. HAECKEL promoviert an der medizinischen Fakultät der Berliner Universität über ›Gewebe des Flußkrebses‹
A. KUSSMAUL wird Professor für Innere Medizin in Heidelberg
L. PASTEUR übernimmt das Amt des Administrators und Sous-directeur an der École normale supérieure in Paris
B. RIEMANN wird Extraordinarius an der Universität Göttingen
A. V. HUMBOLDT erleidet einen Schlaganfall
W. M. WUNDT wird Privatdozent an der Universität Heidelberg

Kunst und Kultur

1856 17. 2. † HEINRICH HEINE
26. 7. * GEORGE BERNARD SHAW
G. FLAUBERT: *Madame Bovary*
G. KELLER: *Die Leute von Seldwyla*
L. TOLSTOJ nimmt an der Verteidigung von Sevastopol auf der Krim teil

1857 L. TOLSTOJ unternimmt seine erste Reise nach Westeuropa

1858 14. 7. * EMMELINE PANKHURST
7. 10. WILHELM I. übernimmt die Regentschaft von seinem zurückgetretenen Bruder FRIEDRICH WILHELM IV.
17. 11. † ROBERT OWEN

Jacob Christoph Burckhardt (1818–1897), Schweizer Historiker und Kunsthistoriker, dessen grundlegende Arbeiten bis heute wirksam sind. Zeichnung von H. Lendorff.

1858 1. 3. * GEORG SIMMEL
18. 3. * RUDOLF DIESEL
15. 4. * EMILE DURKHEIM
23. 4. * MAX PLANCK
J. BURCKHARDT kehrt als Professor für Geschichte und Kunstgeschichte nach Basel zurück
E. HAECKEL läßt sich als praktischer Arzt in Berlin nieder
H. HELMHOLTZ folgt einem Ruf der Universität Heidelberg als Professor für Anatomie und Physiologie
J. C. MAXWELL heiratet KATHERINE MARY DEWAR
H. SCHLIEMANN zieht sich von den Geschäften zurück und beginnt sich ausschließlich der Suche nach den Überresten v. Troja zu widmen

1858 W. SIEMENS gründet in England eine Filiale der Firma seines Bruders
TH. MOMMSEN wird Sekretär der Preußischen Akademie der Wissenschaften
R. C. VIRCHOW veröffentlicht seine *Zellular-Pathologie*
W. M. WUNDT wird Assistent von H. HELMHOLTZ am Physiologischen Institut der Universität Heidelberg

1858 G. FLAUBERT reist nach Tunesien

Der Glaspalast (Crystal Palace) wurde als ein für die damalige Zeit eindrucksvolles Bauwerk aus Glas und Eisen von Sir Joseph Paxton für die Weltausstellung 1851 im Hyde Park in London erbaut. 1854 wurde er auf einen Hügel von Sydenham verlegt, wo er 1936 abbrannte. Die letzten beiden Türme wurden 1940 abgerissen.

1859–1862

Politik und Wirtschaft

1859 27.1. * WILHELM II.
16.4. † CHARLES ALEXIS HENRI CLÉREL COMTE DE TOCQUEVILLE
24.6. H. DUNANT erlebt die Schrecken der Schlacht bei Solferino bei einem Besuch NAPOLEONS III.
13.7. C. CAVOUR tritt als Ministerpräsident von Piemont-Sardinien zurück
O. V. BISMARCK wird preußischer Gesandter in Petersburg
FRANZ JOSEPH I. übernimmt nach der verlorenen Schlacht bei Magenta den Oberbefehl über die österreichische Italienarmee
Niederlage der österreichischen Italienarmee unter FRANZ JOSEPH I. bei Solferino

1860 Januar C. CAVOUR übernimmt erneut die Regierung in Sardinien-Piemont
12.1. WILHELM I. legt eine Heeresvorlage dem Parlament vor, die abgelehnt wird
2.5. * THEODOR HERZL
G. GARIBALDI erobert mit Unterstützung C. CAVOURS Sizilien und stürzt die Bourbonen in Unteritalien

Wissenschaft und Technik

1859 3.2. * HUGO JUNKERS
8.4. * EDMUND HUSSERL
6.5. † ALEXANDER VON HUMBOLDT
15.5. * PIERRE CURIE
12.10. † ROBERT STEPHENSON
18.10. * HENRI BERGSON
CH. DARWIN: *Über die Entstehung der Arten*
G. R. KIRCHHOFF entwickelt gemeinsam mit BUNSEN die Spektralanalyse
C. LOMBROSO nimmt als Militärarzt am Unabhängigkeitskrieg Italiens teil
B. RIEMANN wird Professor für Mathematik als Nachfolger von DIRICHLET
R. STEPHENSON stellt in Montreal die ›Victoria-Bridge‹ über den St-Lawrence-Strom fertig

1860 J. BURCKHARDT: *Die Kultur der Renaissance in Italien*
J. LIEBIG wird Präsident der Bayerischen Akademie der Wissenschaften
J. LISTER wird Professor für Chirurgie in Glasgow und Fellow der Royal Society
E. MACH promoviert an der Universität Wien zum Dr. phil.
J. C. MAXWELL wird Professor für Physik am King's College in London
J. M CHARCOT wird außerplanmäßiger Professor an der Universität v. Paris

Kunst und Kultur

1859 16.12. † WILHELM GRIMM
F. M. DOSTOEVSKIJ wird nach verbüßter Zuchthausstrafe und erzwungenem Militärdienst wieder entlassen
J. ST. MILL: *On Liberty*

1860 7.7. * GUSTAV MAHLER
21.9. † ARTHUR SCHOPENHAUER
L. TOLSTOJ unternimmt seine zweite Reise nach Westeuropa
É. ZOLA wird Schreiber bei der Zollverwaltung in Paris

1861 2.1. Nach dem Tod FRIEDRICH WILHELM IV. wird WILHELM I. König v. Preußen
18.2. C. CAVOUR erweitert das sardinisch-piemontesische Parlament zum italienischen mit Ausnahme einer Beteiligung Roms
17.3. VIKTOR EMANUEL V. SARDINIEN-PIEMONT nimmt den Titel eines Königs v. Italien an
6.6. † CAMILLO CAVOUR
10.10. * FRIDTJOF NANSEN
18.10. WILHELM I. läßt sich in der Schloßkirche von Königsberg krönen
14.12. Queen VICTORIA zieht sich durch den Tod ihres Gatten weitgehend aus der Öffentlichkeit zurück

1862 22.9. WILHELM I. beruft O. V. BISMARCK zum preußischen Ministerpräsidenten
O. V. BISMARCK wird preußischer Gesandter in Paris
O. V. BISMARCK wird wegen der Militärvorlage nach Berlin zurückberufen
8.10. O. V. BISMARCK wird zum Ministerpräsidenten ernannt
H. DUNANT: *Un souvenir de Solférino*

1861 23.9. * ROBERT BOSCH
25.10. † FRIEDRICH CARL VON SAVIGNY
J. J. BACHOFEN: *Das Mutterrecht*
E. HAECKEL habilitiert sich an der Universität Jena
E. MACH habilitiert sich als Privatdozent für Physik
I. P. SEMMELWEIS: *Die Aetiologie, der Begriff und die Prophylaxis des Kindbettfiebers*
TH. MOMMSEN erhält eine Professur für römische Geschichte an der Universität Berlin
R. C. VIRCHOW wird Mitglied der ›Fortschrittspartei‹

1862 23.1. * DAVID HILBERT
19.10. * AUGUSTE LUMIÈRE
G. CANTOR beginnt sein Mathematikstudium in Zürich
J. M. CHARCOT übernimmt die Leitung der Salpêtrière
E. HAECKEL heiratet seine Cousine ANNA SETHE
N. A. OTTO baut einen Viertakt-Gasmotor
L. PASTEUR wird in die Académie des Sciences aufgenommen
B. RIEMANN erkrankt an einem schweren Lungenleiden, das ihn zu ausgedehnten Aufenthalten in Italien zwingt
W. SIEMENS wird Abgeordneter der Fortschrittspartei im preußischen Landtag
R. C. VIRCHOW wird in den Preußischen Landtag gewählt

1861 20.10. * MAXIMILIAN HARDEN
P. CÉZANNE geht nach Paris
G. KELLER wird zum Staatsschreiber in Zürich ernannt
K. MARX wird von F. ENGELS mit einer Jahresrente unterstützt

1862 15.5. * ARTHUR SCHNITZLER
22.8. * CLAUDE DEBUSSY
29.8. * MAURICE MAETERLINCK
J. BRAHMS übersiedelt nach Wien
P. CÉZANNE besucht, nachdem er von der École des Beaux-Arts abgewiesen worden war, die Académie Suisse
L. TOLSTOJ heiratet SOFJA BERS, die Tochter eines Arztes aus Moskau
É. ZOLA tritt in den Verlag Hachette zunächst als Packer ein, steigt aber schnell zum Werbeleiter auf

1863–1865

Politik und Wirtschaft

1863 (Ferdinand) Maximilian wird zum Kaiser v. Mexiko proklamiert
Gründung des Roten Kreuzes
A. I. Herzen setzt sich zusammen mit Bakunin für die Polen ein

Rechts: *Johann Strauß (1825–1899) und Johannes Brahms (1833–1897), die beiden so unterschiedlichen großen Komponisten, aufgenommen in Bad Ischl.*

Unten rechts: Die Schlacht bei Königgrätz am 3.7.1866. *Nach der siegreichen Schlacht übernahm Preußen die Führung in Deutschland. Aquarell von Karl Roechling (1894).*

Wissenschaft und Technik

1863 19.9. E. Haeckel hält vor der 38. Versammlung deutscher Naturforscher und Ärzte seine Rede ›Über die Entwicklungstheorie Darwins‹
A. Kussmaul übernimmt die Leitung der medizinischen Klinik in Freiburg i. Br.
G. v. Schmoller erhält einen Ruf an die Universität Halle
W. Siemens errichtet in Woolwich ein eigenes Kabelwerk
E. Solvay gründet in Brüssel eine eigene Sodafabrik
Th. H. Huxley: *Man's Place in Nature*
Th. Mommsen wird als Mitglied der Fortschrittspartei Abgeordneter des Preußischen Landtages

Kunst und Kultur

1863 1.1. * Pierre de Coubertin
17.1. * Konstantin Sergejewitsch Stanislawskij
25.2. J. Strauss wird zum Hofballmusikdirektor in Wien ernannt
2.4. * Henry Clemens van de Velde
13.8. † Eugène Delacroix
20.9. † Jacob Grimm
12.12. * Edvard Munch
J. Brahms leitet die Wiener Singakademie
H. Ibsen: *Die Kronprätendenten*
E. Manet heiratet Suzanne Leenhof. Sein Bild *Frühstück im Freien* löst einen Skandal in Paris aus
J. St. Mill: *Utilitarism*

1864 22. 8. Verabschiedung der Genfer Konvention
F. ENGELS wird Teilhaber der von seinem Vater mitbegründeten deutsch-englischen Baumwollspinnerei ›Ermen & Engels‹

1865 A. I. HERZEN gibt in Genf ›Die Glocke‹ heraus

1864 21. 4. * MAX WEBER
25. 6. * WALTHER HERMANN NERNST
8. 9. * JAKOB FREIHERR VON UEXKÜLL
19. 9. * CARL ERICH CORRENS
5. 10. * LOUIS JEAN LUMIÈRE
C. LOMBROSO: *Genie und Wahnsinn*
E. MACH übernimmt den Lehrstuhl für Mathematik an der Universität Graz
A. NOBEL übernimmt die Leitung des von seinem Vater gegründeten Laboratoriums für Sprengstoff-Chemie
N. A. OTTO gründet zusammen mit E. LANGEN die Gasmotorenfabrik ›N. A. Otto & Cie‹

1864 B. RIEMANN studiert in Göttingen Theologie und Mathematik bei C. F. GAUSS
W. SIEMENS entwickelt das nach ihm mitbenannte Siemens-Martin-Verfahren zur Stahlherstellung

1865 8. 2. J. G. MENDEL trägt vor dem Naturforschenden Verein in Brünn erstmals die Ergebnisse seiner Kreuzungsversuche vor
J. C. MAXWELL zieht sich aus dem Lehrbetrieb des King's College zurück
L. PASTEUR entdeckt die Ursache der Gärung
I. P. SEMMELWEIS erkrankt an einer Geistesstörung und wird in die Wiener Irrenanstalt eingeliefert
13. 8. † IGNAZ PHILIPP SEMMELWEIS

1864 G. MEYERBEER: *Die Afrikanerin*
11. 6. * RICHARD STRAUSS
H. IBSEN erhält ein Stipendium für eine Reise nach Italien
F. NIETZSCHE beginnt das Studium der Theologie und klassischen Philologie in Bonn
R. WAGNER erhält von König LUDWIG II. v. Bayern finanzielle Unterstützung
É. ZOLA: *Contes à Ninon*

1865 19. 1. † PIERRE JOSEPH PROUDHON
E. HOWARD beginnt eine kaufmännische Lehre bei einem Börsenmakler in London
F. NIETZSCHE setzt sein Studium in Leipzig fort, wo er u. a. mit den Schriften SCHOPENHAUERS vertraut wird
J. ST. MILL wird Abgeordneter des britischen Unterhauses

1866–1869

Politik und Wirtschaft

1867 19. 6. † Kaiser MAXIMILIAN v. Mexiko
O. v. BISMARCK wird Bundeskanzler des Norddeutschen Bundes
B. DISRAELI setzt sich öffentlich für das allgemeine gleiche Männerstimmrecht und eine Parlamentsreform ein
FRANZ JOSEPH I. wird zum König v. Ungarn gekrönt
W. E. GLADSTONE wird Führer der Liberalen im britischen Unterhaus

Erzherzog Maximilian von Österreich (1832–1867) nahm 1863 die Kaiserkrone von Mexiko an, konnte sich aber nicht durchsetzen und wurde 1867 von den Republikanern in Querétaro erschossen. Gemälde von Edouard Manet (1832–1883).

Wissenschaft und Technik

1866 25. 2. * BENEDETTO CROCE
20. 7. † GEORG FRIEDRICH BERNHARD RIEMANN
E. ABBE arbeitet mit den Werkstätten C. ZEISS zusammen
W. DILTHEY wird Professor für Philosophie in Basel
R. KOCH promoviert zum Dr. med. an der Universität Göttingen
W. SIEMENS entdeckt das dynamoelektrische Prinzip und konstruiert eine erste Dynamomaschine

1867 25. 8. † MICHAEL FARADAY
7. 11. * MARIE SKLODOWSKA-CURIE
E. ABBE wird Betriebsleiter der C. Zeiss-Werke in Jena

1867 G. CANTOR schließt sein Mathematikstudium mit der Promotion an der Universität Berlin ab
E. HAECKEL heiratet AGNES HUSCHKE, nachdem seine erste Frau bereits 1864 gestorben war
J. LISTER stellt das ›antiseptische Prinzip‹ auf
C. LOMBROSO wird außerordentlicher Professor für die Klinik der Geisteskrankheiten in Pavia
E. MACH wird Ordinarius für Experimentalphysik in Prag
A. NOBEL erfindet das Dynamit
L. PASTEUR wird zum Professor für organische Chemie an der Sorbonne ernannt

Kunst und Kultur

1866 29. 1. * ROMAIN ROLLAND
4. 12. * WASSILY KANDINSKY
É. ZOLA kündigt bei Hachette und beschließt freier Schriftsteller zu bleiben

1867 F. M. DOSTOEVSKIJ verläßt für mehrere Jahre Rußland und hält sich u. a. in Dresden auf
H. IBSEN: *Peer Gynt*
K. MARX: *Das Kapital*, 1. Band
H. DUNANT tritt aus finanziellen Gründen aus dem Komitee des Roten Kreuzes aus

Henrik Ibsen (1828–1906), norwegischer Dramatiker. Zeichnung von Erik Werenskjold (1895).

1868 B. DISRAELI wird erstmals zum Premierminister ernannt
W. E. GLADSTONE wird zum Premierminister ernannt

1869 C. RHODES wird aus Gesundheitsgründen in die britische Kapkolonie geschickt

Rechts: *Victoria Königin von Großbritannien und Irland, Kaiserin von Indien (1819–1901). Durch ihre lange Regierungszeit prägte sie das sogenannte »Viktorianische Zeitalter«. Die Abbildung zeigt sie mit ihrem Premierminister Benjamin Disraeli (1804–1881).*

1868 6. 6. * ROBERT FALCON SCOTT
29. 8. † CHRISTIAN FRIEDRICH SCHÖNBEIN
5. 12. * ARNOLD SOMMERFELD
9. 12. * FRITZ HABER
W. DILTHEY wird Professor für Philosophie in Kiel
E. HAECKEL: *Natürliche Schöpfungsgeschichte*
L. PASTEUR wird durch einen Schlaganfall zur Aufgabe seiner Lehrtätigkeit gezwungen
H. SCHLIEMANN bereist Griechenland und Kleinasien
10. 8. H. SCHLIEMANN erreicht den Hügel v. Hissarlik, unter dem er Troja vermutet

1868 W. SIEMENS und sein Bruder beginnen mit der Verlegung der ersten indo-europäischen Telegraphenlinie von London nach Kalkutta

1869 E. HAECKEL wird Ordinarius für Zoologie an der Universität Jena
J. LISTER wird Professor für Chirurgie in Edinburgh
N. A. OTTO verlegt seine Motorenfabrik in den Kölner Vorort Deutz
W. C. RÖNTGEN promoviert in Zürich und wird Assistent bei KUNDT

1868 28. 3. * MAKSIM GORKIJ
H. IBSEN läßt sich für mehr als zwanzig Jahre in Deutschland nieder
F. NIETZSCHE lernt in Leipzig R. WAGNER kennen

1869 22. 11. * ANDRÉ GIDE
J. BRAHMS: *Ein deutsches Requiem*
G. FLAUBERT: *L'éducation sentimentale*
F. NIETZSCHE folgt einem Ruf als Professor für klassische Philologie an die Universität Basel. Hier lernt er J. BURCKHARDT kennen
L. TOLSTOJ: *Krieg und Frieden*

Mitte links: *Die elektrische Eisenbahn von Siemens & Halske auf der Berliner Gewerbeausstellung 1879.*

Mitte rechts: *Werner von Siemens (1816–1892), einer der bedeutendsten Techniker und Erfinder des 19. Jh.s (Foto um 1840).*

Unten links: *Friedrich Nietzsche (rechts; 1844–1900) mit Paul Rée und Lou Salomé. Aufnahme von 1882.*

Unten Mitte: *Titelblatt von* Die Geburt der Tragödie aus dem Geiste der Musik *von F. Nietzsche (1871).*

Unten rechts: *Titelblatt von* Unzeitgemäße Betrachtungen, *Teil IV* Richard Wagner in Bayreuth *von F. Nietzsche (1876).*

Gegenüberliegende Seite:

Oben links: *Cecil John Rhodes (1853–1912), englischer Kolonialpolitiker in Südafrika.*

Oben rechts: *Karikatur auf C. Rhodes als afrikanischer Rattenfänger, dem die Dummen ihr Geld bringen (Punch, 18.5.1899).*

Mitte: *David Livingstone (links; 1813–1873) begrüßt H. M. Stanley (rechts; 1841–1904) mit seiner Hilfsexpedition in Ujiji am Tanganjika-See am 18.10.1871.*

Unten: *Richard Wagner (1813–1883) spielt vor König Ludwig II. von Bayern auf Schloß Neuschwanstein, Gemälde von Kurt von Roszynski (1890).*

DIE

GEBURT DER TRAGÖDIE

GEISTE DER MUSIK.

FRIEDRICH NIETZSCHE,

LEIPZIG.

VERLAG VON E. W. FRITZSCH.

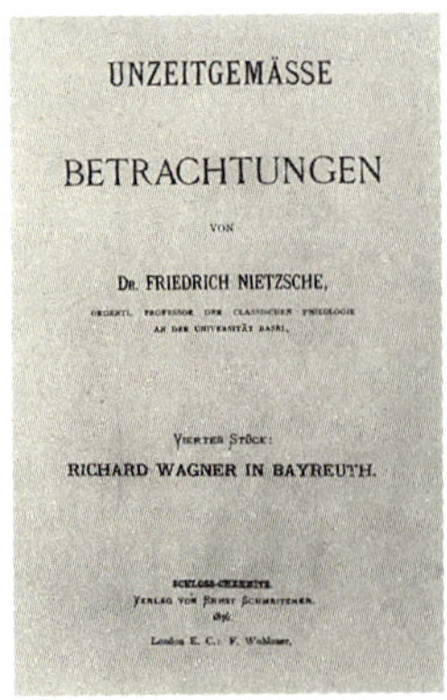

UNZEITGEMÄSSE

BETRACHTUNGEN

VON

Dr. FRIEDRICH NIETZSCHE,

VIERTES STÜCK:

RICHARD WAGNER IN BAYREUTH.

1870–1872

Politik und Wirtschaft

1870 21. 1. † ALEXANDER IWANOWITSCH HERZEN
5. 3. * ROSA LUXEMBURG
22. 4. * WLADIMIR ILJITSCH LENIN
2. 9. NAPOLEON III. gerät nach der Schlacht von Sedan in preußische Gefangenschaft

1871 18. 1. WILHELM I. wird im Spiegelsaal von Versailles zum deutschen Kaiser proklamiert
O. V. BISMARCK wird erster Reichskanzler
4. 2. * FRIEDRICH EBERT

Wissenschaft und Technik

1870 7. 2. * ALFRED ADLER
14. 9. † CARL AUGUST STEINHEIL
E. ABBE wird Professor für Physik in Jena
R. DIESEL besucht die Gewerbeschule in Augsburg
R. KOCH nimmt als freiwilliger ziviler Kriegsarzt am deutsch-französischen Krieg teil
I. PAWLOW studiert an der Universität Petersburg Naturwissenschaft
W. C. RÖNTGEN geht zusammen mit KUNDT nach Würzburg

1871 A. J. F. W. V. BAEYER wird Professor für Chemie an der Universität Straßburg
11. 10. H. SCHLIEMANN beginnt mit den Ausgrabungen am Hissarlik
CH. DARWIN: *Die Abstammung des Menschen*
W. DILTHEY wird Professor für Philosophie in Breslau
H. HELMHOLTZ übernimmt in Berlin eine Professur für Physik an der Universität
C. LOMBROSO übernimmt die Leitung der Nervenheilanstalt von Pesaro
J. C. MAXWELL übernimmt den Lehrstuhl für Experimentalphysik und das ›Cavendish Laboratory‹ in Cambridge

Kunst und Kultur

1870 2. 1. * ERNST BARLACH
V. HUGO kehrt nach Paris zurück
E. MANET wird zum Haupt des Impressionismus, trennt sich aber noch im gleichen Jahr von dieser Bewegung
F. NIETZSCHE wird ordentlicher Professor in Basel
F. NIETZSCHE nimmt als freiwilliger Krankenpfleger am deutsch-französischen Krieg teil
R. WAGNER heiratet COSIMA V. BÜLOW, Tochter des Komponisten FRANZ LISZT

1871 27. 3. * HEINRICH MANN
10. 7. * MARCEL PROUST
E. HOWARD wandert in die USA aus, um Farmer zu werden
N. RIMSKIJ-KORSAKOV wird Lehrer am Petersburger Konservatorium
G. B. SHAW wird Mitarbeiter eines Grundstücksmaklers in Dublin
G. VERDI komponiert zur Eröffnung des Suezkanals *Aida*

1872 10.3. † GIUSEPPE MAZZINI
C. RHODES beteiligt sich zusammen mit seinem Bruder an der Ausbeutung der neuentdeckten Diamantenfelder in Südafrika

Proklamation König Wilhelms I. von Preußen zum Deutschen Kaiser im Spiegelsaal von Versailles am 18.1.1871 durch Bismarck. Gemälde von Anton von Werner.

1872 18.5. * BERTRAND ARTHUR WILLIAM RUSSELL
16.7. * ROAL ENGEBREGT GRAVNING AMUNDSEN
13.8. * RICHARD WILLSTÄTTER
13.9. † LUDWIG FEUERBACH
10.12. * LUDWIG KLAGES
J. M. CHARCOT wird Professor für pathologische Anatomie an der Universität v. Paris
CHR. F. KLEIN wird Professor für Mathematik an der Universität Erlangen
G. DAIMLER übernimmt die Fabrikationsleitung der ›Gasmotorenfabrik Deutz AG‹
F. KLEIN wird Mitherausgeber der ›Mathematischen Annalen‹
R. KOCH läßt sich als Kreisphysikus des Kreises Bomst in Wollstein nieder

1872 E. MACH gelingt die Sichtbarmachung von Schallwellen
W. MAYBACH tritt als Chefkonstrukteur in die ›Gasmotorenfabrik Deutz AG‹ ein
N. A. OTTO organisiert zusammen mit E. LANGEN die Motorenfabrik neu und nennt sie jetzt ›Gasmotorenfabrik Deutz AG‹
W. C. RÖNTGEN geht zusammen mit KUNDT nach Straßburg
G. V. SCHMOLLER wird an die Universität Straßburg berufen
G. V. SCHMOLLER beteiligt sich an der Gründung des ›Vereins für Socialpolitik‹
TH. H. HUXLEY wird Sekretär der Royal Society in London

1872 7.3. * PIET MONDRIAN
22.5. F. NIETZSCHE beteiligt sich an der Grundsteinlegung des Wagner-Festspielhauses in Bayreuth
J. BRAHMS leitet für 3 Jahre die Konzerte der Wiener ›Gesellschaft der Musikfreunde‹
C. DEBUSSY tritt in das Pariser Konservatorium ein
F. M. DOSTOEVSKIJ: *Die Dämonen*
R. WAGNER übersiedelt nach Bayreuth

1873–1875

Politik und Wirtschaft

1873 9.1. † NAPOLEON III.
O. V. BISMARCK eröffnet den Kulturkampf gegen die katholische Kirche in Deutschland und schließt das Drei-Kaiser-Bündnis zwischen Deutschland, Österreich und Rußland ab
E. PANKHURST besucht die École Normale in Paris
C. RHODES kehrt nach England zurück, um in Oxford zu studieren

1874 27.11. * CHAIM WEIZMANN
30.11. * WINSTON CHURCHILL
B. DISRAELI wird erneut zum Premierminister ernannt
W. E. GLADSTONE zieht sich aus der Politik zurück, um sich theologischen und philosophischen Studien zu widmen

Wissenschaft und Technik

1873 18.4. † JUSTUS LIEBIG
S. FREUD beginnt in Wien mit dem Medizinstudium
A. NOBEL verlegt den Hauptsitz seines multinationalen Konzerns nach Paris
L. PASTEUR wird Mitglied der Académie de Médecine
W. SIEMENS wird Mitglied der preußischen Akademie der Wissenschaften
TH. MOMMSEN wird als Mitglied der Nationalliberalen Abgeordneter des Reichstages und erbitterter Gegner der Politik BISMARCKS

1874 25.4. * GUGLIELMO MARCONI
5.6. * EUGEN FISCHER
27.8. * CARL BOSCH
22.8. * MAX SCHELER

1874 K. F. BRAUN wird Oberlehrer an der Thomasschule in Leipzig
23.11. K. F. BRAUN entdeckt die Gleichrichterwirkung von bestimmten Sulfiden und schlägt sie für den Empfang elektrischer Wellen vor
H. SCHLIEMANN unternimmt Ausgrabungen in Mykene
W. M. WUNDT wird als Professor für induktive Philosophie an die Universität Zürich berufen

1875 14.1. * ALBERT SCHWEITZER
26.7. * CARL GUSTAV JUNG
E. ABBE wird Teilhaber der Firma CARL ZEISS

Kunst und Kultur

1873 19.3. * MAX REGER
8.5. † JOHN STUART MILL
9.9. * MAX REINHARDT

1874 1.2. * HUGO VON HOFMANNSTHAL
28.4. * KARL KRAUS
13.9. * ARNOLD SCHÖNBERG
G. FLAUBERT: *La tentation de saint Antoine*
C. MONET gibt mit seinem Bild *Impression soleil levant* der neuen Stilrichtung in der Malerei ihren Namen
M. P. MUSSORGSKIJ: *Boris Godunov*
J. STRAUSS: *Die Fledermaus*
G. VERDI: *Requiem*

Impression – Aufgehende Sonne *von Claude Monet (1872). Das Bild gab der neuen Stilrichtung ihren Namen.*

Links: *Prinz Louis Napoleon (der spätere Kaiser Napoleon III., 1808–1873) als Präsident. Holzstich um 1850.*

Rechts: *Die sogenannte Goldmaske des Agamemnon, die Heinrich Schliemann (1822–1890) in Mykene fand.*

1875 R. DIESEL studiert Maschinenbau am Polytechnikum in München
G. R. KIRCHHOFF wird Professor für Physik an der Universität Berlin
F. KLEIN folgt einem Ruf an die Universität München
I. PAWLOW wechselt zum Medizinstudium an der Universität Petersburg
W. C. RÖNTGEN wird als Professor für Physik und Mathematik an die Landwirtschaftliche Hochschule in Hohenheim berufen
A. J. F. W. v. BAEYER übernimmt als Nachfolger von J. v. LIEBIG den Lehrstuhl für Chemie in München
E. WARBURG erhält einen Ruf an die Universität Freiburg

1875 7. 3. * MAURICE RAVEL
6. 6. * THOMAS MANN
4. 12. * RAINER MARIA RILKE
G. KELLER legt das Amt des Staatsschreibers nieder, um sich ausschließlich seinen eigenen Werken widmen zu können
A. RODIN bereist Italien, um die Werke MICHELANGELOS und DONATELLOS zu studieren
G. B. SHAW beginnt für Zeitungen zu schreiben
G. MAHLER schließt Freundschaft mit H. WOLF in Wien

1875 W. M. WUNDT übernimmt den Lehrstuhl für Philosophie an der Universität Leipzig

Rechts: *Gottfried Keller (1819–1890) begann eine Ausbildung als Maler und wurde einer der bedeutendsten Schweizer Schriftsteller.*

1876–1879

Politik und Wirtschaft

1876 5. 1. * KONRAD ADENAUER
2. 3. * EUGENIO PACELLI (PIUS XII.)
Queen VICTORIA wird Kaiserin v. Indien

William Ewart Gladstone (1809–1898), britischer Staatsmann und mehrmaliger Premierminister. Aufnahme um 1890.

Wissenschaft und Technik

1876 25.12. * ADOLF OTTO REINHOLD WINDAUS
K. F. BRAUN erhält einen Ruf als Professor für theoretische Physik an die Universität Marburg
E. H. DU BOIS-REYMOND hält Vorlesungen über: ›Kulturgeschichte und Naturwissenschaft‹
S. FREUD arbeitet am Wiener physiologischen Institut
A. KUSSMAUL übernimmt die medizinische Klinik in Straßburg
C. LOMBROSO: *L'uomo delinquente*
C. LOMBROSO wird Professor für Gerichtsmedizin in Turin
N. A. OTTO baut seinen entwicklungsfähigen Viertakt-Gasmotor

1876 W. C. RÖNTGEN wird außerordentlicher Professor an der Universität Straßburg

1877 4. 6. * HEINRICH OTTO WIELAND
H. M. DE VRIES wird Professor für Biologie an der Universität Amsterdam
P. EHRLICH wird nach seinem Staatsexamen in Breslau Assistent bei F. TH. FRERICHS in Berlin
H. HERTZ beginnt das Physikstudium am Polytechnikum in München
J. LISTER übernimmt einen Lehrstuhl an der King's College Medical School in London

Kunst und Kultur

1876 V. VAN GOGH wird Lehrer an einer Privatschule in Ramsgate in England
E. HOWARD kehrt nach London zurück und wird Angestellter der Firma Gurney's
F. NIETZSCHE besucht die ersten Wagner-Festspiele in Bayreuth
F. NIETZSCHE trifft in Sorrent ein letztes Mal mit R. WAGNER zusammen
P.-A. RENOIR: *Le Moulin de la Galette*
G. B. SHAW wird Angestellter der Edison-Telefongesellschaft in London
R. WAGNER eröffnet das von ihm geplante Festspielhaus mit der Aufführung des *Ring des Nibelungen*
É. ZOLA siedelt nach Médan über

1877 2. 7. * HERMANN HESSE
V. VAN GOGH beginnt in Amsterdam ein Theologiestudium
H. IBSEN: *Stützen der Gesellschaft*
G. KELLER: *Züricher Novellen*
A. RODIN reist durch Frankreich
L. TOLSTOJ: *Anna Karenina*

1878 10.5. * GUSTAV STRESEMANN
15.6. O. v. BISMARCK eröffnet den Berliner Kongreß
T. G. MASARYK heiratet die Amerikanerin Charlotte GARRIGUE

1879 O. v. BISMARCK begründet den Zweibund zwischen dem Deutschen Reich und Österreich-Ungarn. Er erläßt die Sozialistengesetze und bereitet eine moderne Sozialgesetzgebung vor
E. PANKHURST heiratet den Rechtsanwalt RICHARD MARSDEN PANKHURST, ein Verfechter des Frauenwahlrechts

---

1878 20.3. † JULIUS ROBERT MAYER
7.11. * LISE MEITNER
E. ABBE übernimmt die Leitung der Sternwarte in Jena
E. v.BEHRING wird Militärarzt in Posen
R. DIESEL wird von C. v. LINDE aufgefordert, eine Dampfmaschine mit höchstem Wirkungsgrad zu konstruieren
H. HERTZ besucht Vorlesungen bei HELMHOLTZ über Elektrodynamik in Berlin

1879 5.11. † JAMES CLERK MAXWELL

1879 8.3. * OTTO HAHN
14.3. * ALBERT EINSTEIN
G. CANTOR wird Professor für Mathematik in Halle
I. PAWLOW wird Laboratoriumsleiter einer Klinik
M. PLANCK promoviert in Physik an der Universität München
W. C. RÖNTGEN wird Ordinarius für Physik und Direktor des Physikalischen Institutes in Gießen
W. SIEMENS führt auf der Gewerbeausstellung in Berlin die erste elektrische Eisenbahn vor
W. SIEMENS gründet zusammen mit Generalpostmeister Stephan den ›Elektrotechnischen Verein‹

1878 8.2. * MARTIN BUBER
V. VAN GOGH wird in die École d'evangelistes aufgenommen und als Missionar in die belgische Borinage geschickt
G. MAHLER besucht Vorlesungen bei A. BRUCKNER an der Universität in Wien

1879 18.12.* PAUL KLEE
F. NIETZSCHE muß aus Gesundheitsgründen seine Lehrtätigkeit aufgeben
L. TOLSTOJ: *Die Beichte*

1880–1882

Politik und Wirtschaft

1880 29. 6. * LUDWIG BECK
W. E. GLADSTONE tritt gegen die imperialistische Politik von B. DISRAELI auf und wird erneut Premierminister

1881 25. 1. * ANGELO GIUSEPPE RONCALLI (JOHANNES XXIII.)
27. 2. WILHELM II. heiratet AUGUSTE VIKTORIA V. SCHLESWIG-HOLSTEIN-SONDERBURG-AUGUSTENBURG
3. 4. * ALCIDE DE GASPERI
19. 4. † BENJAMIN DISRAELI
Ermordung von Zar ALEXANDER II.
C. RHODES wird Abgeordneter im Parlament der Kapkolonie

Wissenschaft und Technik

1880 1. 11. * ALFRED LOTHAR WEGENER
K. F. BRAUN wird Professor in Straßburg
R. DIESEL wird Mitarbeiter der Lindeschen Eisfabrik in Paris
H. HERTZ wird nach seiner Promotion Assistent von HELMHOLTZ
F. KLEIN wird Professor an der Universität Leipzig
R. KOCH wird als Regierungsrat in das Kaiserliche Gesundheitsamt nach Berlin berufen
M. PLANCK wird Privatdozent an der Universität München
R. C. VIRCHOW wird Mitglied des Deutschen Reichstages und gehört zu den erbittertsten Gegnern BISMARCKS

1881 23. 3. * HERMANN STAUDINGER
13. 4. * LUDWIG BINSWANGER
1. 5. * PIERRE TEILHARD DE CHARDIN
J. M. CHARCOT erhält einen eigens für ihn eingerichteten Lehrstuhl für Nervenleiden an der Universität in Paris
W. OSTWALD wird Professor am Polytechnikum in Riga
G. V. SCHMOLLER begründet in Berlin das ›Jahrbuch für Gesetzgebung und Volkswirtschaft im Deutschen Reich‹
W. M. WUNDT begründet mit den ›Philosophischen Studien‹ die erste psychologische Zeitschrift

Kunst und Kultur

1880 8. 5. † GUSTAVE FLAUBERT
29. 5. * OSWALD SPENGLER
P. CÉZANNE löst sich von den Impressionisten und geht seine eigenen Wege
F. M. DOSTOEVSKIJ: *Die Brüder Karamazov*
8. 6. F. M. DOSTOEVSKIJ hält die Festrede bei der Einweihung des Moskauer Puškin-Denkmals
E. MANET leidet an einer Lähmung beider Beine, so daß er nur noch im Atelier malen kann
F. NIETZSCHE hält sich im Sommer in Venedig auf
A. RODIN erhält den Auftrag für die *Porte de l'Enfer*

1881 21. 10. * PABLO PICASSO
28. 11. * STEFAN ZWEIG
9. 2. † FEDOR MICHAJLOVIČ DOSTOEVSKIJ
25. 3. * BÉLA BARTÓK
28. 3. † MODEST PETROVIČ MUSSORGSKIJ
6. 8. * ALEXANDER FLEMING
V. V. GOGH geht nach Den Haag
H. IBSEN: *Gespenster*

1882 2. 6. † GIUSEPPE GARIBALDI
T. G. MASARYK wird Dozent für Philosophie an der Universität Wien

Robert Koch (1843–1910), Begründer der experimentellen Bakteriologie. Er entdeckte den Milzbrandbazillus, das Tuberkelbakterium und den Choleraerreger. 1905 erhielt er den Nobelpreis für Medizin.

1882 20. 2. * NICOLAI HARTMANN
19. 4. † CHARLES DARWIN
30. 9. * HANS GEIGER
11. 12. * MAX BORN
G. DAIMLER gründet zusammen mit W. MAYBACH in Stuttgart-Bad Cannstatt eine eigene Werkstatt zum Bau von kleinen Fahrzeugmotoren mit Glührohrzündung
Der Vater von A. und L. J. LUMIÈRE gründet in Montplaisir bei Lyon eine photochemische Fabrik
W. DILTHEY wird Professor für Philosophie an der Universität in Berlin
P. EHRLICH wird Mitarbeiter R. KOCHS an seinem Hygiene-Institut in Berlin
E. FISCHER wird Professor für Chemie in Erlangen

1882 S. FREUD beteiligt sich an der therapeutischen Erprobung und Anwendung des Kokains
R. KOCH entdeckt den Tuberkelbazillus
L. PASTEUR wird Mitglied der Académie française
G. V. SCHMOLLER wird an die Universität Berlin berufen
M. WEBER beginnt das Studium der Rechte, Geschichte, Nationalökonomie und Philosophie in Heidelberg

1882 2. 2. * JAMES JOYCE
18. 6. * IGOR STRAWINSKIJ
F. NIETZSCHE befreundet sich mit LOU SALOMÉ
M. PROUST tritt in das Lycée Condorcet in Paris ein
R. WAGNER: *Parsifal*

Parsifal zeigt den Gral. *Holzstich nach dem Gemälde von Theodor Pixis (um 1890).*

1883–1884

Politik und Wirtschaft

1883 E. RATHENAU gründet die ›Deutsche Edison-Gesellschaft‹

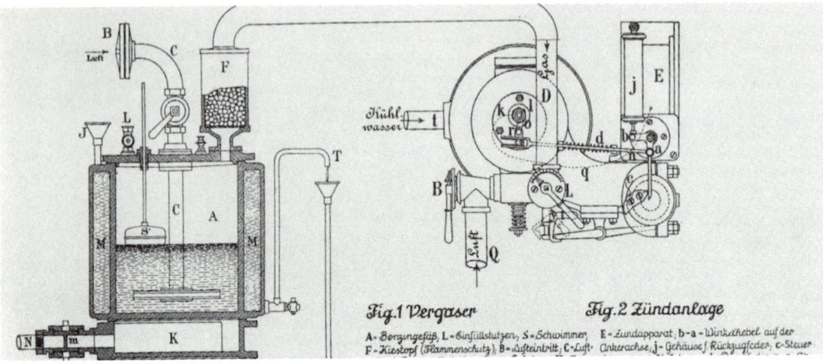

Wissenschaft und Technik

1883 8. 2. * JOSEPH ALOIS SCHUMPETER
23. 2. * KARL JASPERS
5. 6. * JOHN MAYNARD KEYNES
8. 10. * OTTO HEINRICH WARBURG
19. 11. † SIR WILLIAM (WILHELM) SIEMENS
C. BENZ gründet in Mannheim die ›Benz & Cie, Rheinische Gasmotorenfabrik‹
K. F. BRAUN wird ordentlicher Professor an der TH Karlsruhe
P. CURIE wird Dozent an der École de physique et de chimie industrielle in Paris
W. DILTHEY: *Einleitung in die Geisteswissenschaften*
P. EHRLICH entdeckt die Diazoreaktion
H. HERTZ habilitiert sich an der Universität in Kiel

1883 TH. H. HUXLEY wird Präsident der Royal Society in London
A. J. F. W. V. BAEYER entdeckt die molekulare Struktur des Indigo
K. E. CIOLKOVSKIJ beginnt sich mit den Problemen eines Rückstoßantriebes für Flugzeuge zu befassen

Kunst und Kultur

1883 13. 2. † RICHARD WAGNER
14. 3. † KARL MARX
30. 4. † EDOUARD MANET
18. 5. * WALTER GROPIUS
3. 7. * FRANZ KAFKA
3. 12. * ANTON WEBERN
V. VAN GOGH geht nach Nuenen
G. MAHLER wird Kapellmeister in Olmütz, ab Juni in Kassel

Vincent van Gogh (1853–1890). Selbstbildnis mit grauem Hut *(1887). Deutlich ist die Maltechnik dieses eigenwilligen Künstlers zu erkennen.*

1884 31. 1. * THEODOR HEUSS
31. 7. * CARL FRIEDRICH GOERDELER
T. G. MASARYK leitet die literaturwissenschaftliche Zeitung ›Athenaeum‹
C. RHODES übernimmt das Finanzministerium der Kapkolonie

Links: *Zeichnung zum Benzin-Motor mit Oberflächenvergaser und Abreißzündung (1885) von Nikolaus August Otto (1832–1891). Bis heute ist der Ottomotor im Fahrzeugbau bestimmend.*

Rechts: *Tomáš Garrigue Masaryk (1850–1937). Zunächst Philosophieprofessor kämpfte er dann für einen eigenen tschechoslowakischen Staat, dessen erster Präsident er 1918 wurde.*

1884 6. 1. † JOHANN GREGOR MENDEL
7. 4. * BRONISLAW MALINOWSKI
28. 1. * AUGUSTE PICCARD
11. 10. * FRIEDRICH BERGIUS

1884 E. HUSSERL setzt sein Studium der Mathematik und Physik in Wien fort
N. A. OTTO setzt für seinen Gasmotor eine magnetelektrische Abreißzündung ein
I. PAWLOW geht für zwei Jahre als Privatdozent nach Deutschland, u. a. zu CARL LUDWIG nach Leipzig und RICHARD HEIDENHAIN nach Breslau
A. und L. J. LUMIÈRE stellen Bromsilberplatten mit bisher unerreichter Empfindlichkeit her

1884 12. 7. * AMADEO MODIGLIANI
C. DEBUSSY erhält für seine Kantate *L'Enfant Prodigue* den Grand Prix de Rome
G. B. SHAW wird Mitglied der Fabian Society

Rechts: *Claude Debussy (1862–1918), Begründer des Impressionismus, während seines Aufenthaltes in der Villa Medici in Rom. Gemälde von seinem Mitstipendiaten Marcel Baschet (1887).*

1885–1886

Politik und Wirtschaft

1885 Th. Herzl wird freier Schrifsteller in Wien

Wissenschaft und Technik

1885 8.7. * Ernst Bloch
7.10. * Niels Hendrik David Bohr
C. Benz entwickelt ein dreirädriges, selbstfahrendes Fahrzeug
K. F. Braun wird an die Universität Tübingen berufen, wo er ein neues physikalisches Institut einrichtet, geht aber noch im gleichen Jahr als Direktor des physikalischen Institutes nach Straßburg wieder zurück
G. Daimler und W. Maybach bauen einen ihrer Fahrzeugmotoren in ein zweirädriges Fahrzeug ein und schaffen so das erste Motorrad
E. Durkheim bereist zu Studienzwecken Deutschland

1885 E. Fischer übernimmt den Lehrstuhl für Chemie an der Universität Würzburg
S. Freud habilitiert sich für Neuropatologie an der Universität Wien
R. Koch wird Professor für Hygiene an der Berliner Universität
M. Planck wird a. o. Professor an der Universität Kiel
Th. Mommsen: *Römische Geschichte*

Kunst und Kultur

1885 13.4. * Georg Lukács
22.5. † Victor Hugo
C. Debussy reist nach Rom
V. van Gogh besucht auf Anraten seines Bruders Théo die Akademie in Antwerpen
G. Mahler: *Lieder eines fahrenden Gesellen*
F. Nietzsche: *Also sprach Zarathustra*
G. B. Shaw wird Buchkritiker der ›Pall Mall Gazette‹
J. Strauss: *Der Zigeunerbaron*
R. Strauss wird auf Empfehlung von H. Bülow Dirigent des Meininger Orchesters

1886 16. 10. * DAVID BEN GURION
29. 6. * ROBERT SCHUMAN
W. E. GLADSTONE wird zum dritten Mal zum Premierminister ernannt
13. 6. † LUDWIG II. (ertrunken im Starnberger See)

Links: *Die Gottlieb Daimler-Gedächtnisstätte in Stuttgart-Bad Cannstatt. Hier wurde der erste leichte, schnellaufende Fahrzeugmotor der Welt geschaffen.*

Rechts oben: *Das motorisierte Zweirad von G. Daimler aus dem Jahr 1885. Es gilt als das erste Motorrad.*

1886 25. 5. † LEOPOLD VON RANKE
20. 11. * KARL VON FRISCH
R. BOSCH gründet in Stuttgart die Firma ›Robert Bosch. Werkstatt für Feinmechanik und Elektrotechnik‹
G. DAIMLER und W. MAYBACH bauen einen ihrer Fahrzeugmotoren in eine Kutsche und in ein Boot ein
H. HERTZ wird Nachfolger von F. BRAUN am Polytechnikum in Karlsruhe
November H. HERTZ entdeckt die nach ihm benannten ›Hertzschen Wellen‹
F. KLEIN folgt einem Ruf an die Universität Göttingen
A. KUSSMAUL geht in den Ruhestand und läßt sich in Heidelberg nieder
R. F. SCOTT wird als Torpedospezialist zur West Indian Squadron abkommandiert

Oben: *Das motorisierte Dreirad von Carl Benz (1885) gilt als das erste Automobil.*

1886 1. 3. * OSKAR KOKOSCHKA
27. 3. * LUDWIG MIES VAN DER ROHE
April R. STRAUSS unternimmt seine erste Italienreise
R. STRAUSS wird dritter Kapellmeister an der Münchner Oper
P. CÉZANNE erbt das Vermögen seines Vaters, das es ihm erlaubt, unabhängig seine eigene Kunstrichtung zu verwirklichen
P. DE COUBERTIN beginnt sich mit dem Gedanken der Erneuerung der Olympischen Spiele zu befassen
V. VAN GOGH geht nach Paris wo er E. BERNARD, TOULOUSE-LAUTREC und PAUL GAUGUIN kennenlernt
G. MAHLER wird neben A. NIKISCH zweiter Kapellmeister in Leipzig

1886 F. NIETZSCHE: *Jenseits von Gut und Böse*
R. M. RILKE besucht die Kadettenanstalt St.Pölten
A. RODIN: *Die Bürger von Calais*
G. B. SHAW wird Kunstkritiker bei ›The World‹

1887–1890

Politik und Wirtschaft

1887 H. DUNANT findet eine Unterkunft im Bezirkskrankenhaus von Heiden (Appenzell)
W. I. LENIN erlebt die Erschießung seines Bruders Alexander
E. RATHENAU gründet die AEG

1888 9. 11. * JEAN MONNET
9. 3. † WILHELM I.
29. 3. FRIEDRICH III. wird preußischer König und deutscher Kaiser
15. 6. † FRIEDRICH III.
WILHELM II. wird preußischer König und deutscher Kaiser
F. NANSEN durchquert auf Hundeschlitten als erster Mensch Grönland

Wissenschaft und Technik

1887 21. 1. * WOLFGANG KÖHLER
12. 8. * ERWIN SCHRÖDINGER
17. 10. † GUSTAV ROBERT KIRCHHOFF
25. 11. † JOHANN JAKOB BACHOFEN
E. V. BEHRING wird Militärarzt in Bonn
E. HUSSERL habilitiert sich in Halle, tritt gleichzeitig vom jüdischen Glauben zum Luthertum über
E. MACH fotografiert die Luftverdichtung an fliegenden Projektilen
W. OSTWALD übernimmt das für ihn eingerichtete Institut für Physikalische Chemie in Leipzig
W. NERNST wird Assistent bei W. OSTWALD in Leipzig
W. SIEMENS erreicht die Gründung der Physikalisch-Technischen Reichsanstalt

1888 8. 10. * ERNST KRETSCHMER
E. V. BEHRING wird Militärarzt in Berlin
H. HELMHOLTZ wird Präsident der neugegründeten Physikalisch-Technischen Reichsanstalt
H. HERTZ erbringt den Beweis für die Richtigkeit der Maxwellschen elektromagnetischen Lichttheorie
Mit Hilfe internationaler Geldspenden wird in Paris das Institut Pasteur gegründet
W. C. RÖNTGEN erhält einen Ruf an die Universität Würzburg

Kunst und Kultur

1887 7. 7. * MARC CHAGALL
16. 9. * JEAN ARP
6. 10. * LE CORBUSIER
P. DE COUBERTIN regt die Gründung der ›Ligue de l'Éducation physique‹ an
M. GORKIJ unternimmt einen Selbstmordversuch, der zu einem späteren Lungenleiden führt
G. VERDI: *Othello*

1888 Februar V. VAN GOGH zieht nach Arles in die Provence
Oktober P. GAUGIN besucht V. VAN GOGH in Arles
10. 7. * GIORGIO DE CHIRICO
F. NIETZSCHE zieht nach Turin
F. NIETZSCHE: *Der Fall Wagner*
G. B. SHAW wird Musikkritiker bei ›The Star‹
K. S. STANISLAWSKIJ gründet in Moskau die ›Gesellschaft für Kunst und Literatur‹

1889 20. 4. * ADOLF HITLER
R. LUXEMBURG geht nach Zürich und studiert Nationalökonomie
E. PANKHURST gründet die Women's Franchise League in Manchester
C. RHODES gründet die ›Chartered Company‹
B. V. SUTTNER: *Die Waffen nieder*

1890 20. 3. WILHELM II. entläßt O. V. BISMARCK als Kanzler des Deutschen Reiches
22. 11. * CHARLES DE GAULLE
F. NANSEN entdeckt die Drift des Polarmeereises von Sibirien nach Spitzbergen
C. RHODES wird Ministerpräsident der Kapkolonie
WILHELM II. erneuert den Rückversicherungsvertrag mit Rußland nicht

---

1889 14. 4. * ARNOLD JOSEPH TOYNBEE
26. 4. * LUDWIG WITTGENSTEIN
26. 9. * MARTIN HEIDEGGER
E. V. BEHRING wird Mitarbeiter R. KOCHS
H. BERGSON: *Essai sur les donneés immédiates de la conscience*
H. HERTZ wird als Nachfoger von CLAUSIUS Professor für Physik an der Universität Bonn
D. HILBERT wird Privatdozent für Mathematik an der Universität Königsberg
O. LILIENTHAL: *Der Vogelflug als Grundlage der Fliegekunst*
W. OSTWALD begründet die Schriftreihe ›Ostwalds Klassiker‹
M. PLANCK wird Nachfolger von KIRCHHOFF an der Universität Berlin

1890 9. 9. * KURT LEWIN
26. 9. * KARL HEINRICH BAUER
26. 12. † HEINRICH SCHLIEMANN
E. V. BEHRING gelingt in Zusammenarbeit mit SHIBASABURO KITASATO und ERICH WERNICKE die Herstellung eines wirksamen Heilserums gegen Diphterie und Wundstarrkrampf
P. EHRLICH wird außerordentlicher Professor in Berlin
W. NERNST wird Privatdozent in Göttingen
I. PAWLOW wird Professor an der Militärmedizinischen Akademie in Petersburg
B. RUSSELL besucht das Trinity College in Cambridge

1889 16.4. * CHARLIE CHAPLIN
3. 10. * CARL VON OSSIETZKY
C. DEBUSSY kehrt nach Paris zurück
M. HARDEN wird Mitbegründer der Freien Bühne Berlin
G. MAHLER: Uraufführung der *1. Symphonie* in Budapest
H. MANN beginnt eine Buchhändlerlehre in Dresden
E. MUNCH: *Sommernacht*
E. MUNCH läßt sich in Paris nieder
F. NIETZSCHE erleidet einen geistigen Zusammenbruch
R. STRAUSS wird Hofkapellmeister am Weimarer Hoftheater

1890 15. 7. † GOTTFRIED KELLER
29. 7. † VINCENT VAN GOGH
10. 9. * FRANZ WERFEL
H. V. HOFMANNSTHAL lernt in Wiener Literaturkreisen SCHNITZLER, BEER-HOFMANN, SALTEN und BAHR kennen
H. IBSEN: *Hedda Gabler*
R. M. RILKE besucht die Militär-Oberrealschule in Weißkirchen
V. VAN GOGH kommt nach Auvers-sur-Oise zu dem Arzt Dr. Gachet

1891–1893

Politik und Wirtschaft

1891 9. 2. * PIETRO NENNI
T. G. MASARYK wird als Mitglied der Jungtschechischen Partei Abgeordneter im Wiener Parlament, legt sein Mandat jedoch wieder nieder
B. V. SUTTNER gründet die Gesellschaft der Friedensfreunde
TH. HERZL wird Pariser Korrespondent der Wiener ›Freien Presse‹

1892 7. 5. * JOSIP BROZ TITO
19. 7. † THOMAS COOK
W. E. GLADSTONE übernimmt zum vierten Mal das Amt des Premierministers
W. I. LENIN eröffnet nach Abschluß seines Jurastudiums in Petersburg eine eigene Kanzlei
A. G. RONCALLI (JOHANNES XXIII.) tritt in das Knabenseminar in Bergamo ein
B. V. SUTTNER gründet in Berlin eine Friedensgesellschaft

Wissenschaft und Technik

1891 26. 1. † NIKOLAUS AUGUST OTTO
8. 1. * WALTER BOTHE
18. 5. * RUDOLF CARNAP
20. 10. * JAMES CHADWICK
E. ABBE überführt die Firma CARL ZEISS in die von ihm gegründete CARL ZEISS Stiftung
K. F. BRAUN entwickelt den nach ihm benannten ›Braunschen Elektrometer‹
R. KOCH wird Direktor des für ihn neuerrichteten Institutes für Infektionskrankheiten
O. LILIENTHAL beginnt seine Gleitflugversuche
W. NERNST errichtet in Göttingen das Institut für Physikalische Chemie und Elektrochemie

1892 6. 12. † WERNER VON SIEMENS
4. 9. * HELMUTH PLESSNER
G. DAIMLER baut seinen ersten Zweizylindermotor
R. DIESEL erhält ein Patent auf seinen hochverdichtenden Verbrennungsmotor mit Selbstzündung
E. FISCHER wird als Professor für Chemie an die Universität Berlin berufen
M. SKLODOWSKA-CURIE verläßt Polen, um in Paris Mathematik und Physik zu studieren
M. WEBER: *Die Verhältnisse der Landarbeiter im ostelbischen Deutschland*

Kunst und Kultur

1891 2. 4. * MAX ERNST
10. 9. * CARL JACOB BURCKHARDT
A. GIDE lernt in Paris BARRÈS, MALLARMÉ und O. WILDE kennen.
G. MAHLER wird erster Kapellmeister in Hamburg
R. M. RILKE besucht die Handelsakademie in Linz

1892 M. GORKIJ: *Makar Čudra*
H. V. HOFMANNSTHAL veröffentlicht in GEORGES ›Blättern für die Kunst‹: *Der Tod des Tizian*
M. HARDEN gründet die politische Wochenschrift ›Die Zukunft‹
G. MAHLER schließt Freundschaft mit BRUNO WALTER
E. MUNCH löst mit seinen Bildern auf der Kunstausstellung in Berlin einen Skandal aus, so daß die Ausstellung geschlossen werden muß
E. MUNCH übersiedelt nach Berlin
TEILHARD DE CHARDIN wird in die Jesuitenschule Notre-Dame-de-Mongré in Villefranche-sur-Saône aufgenommen
H. VAN DE VELDE gründet in Paris die ›Ateliers d'arts industriels‹

1893 26. 3. * PALMIRO TOGLIATTI
14. 6. F. NANSEN bricht mit der ›Fram‹ zu seiner Expedition durch das Polarmeer auf
T. G. MASARYK legt die Leitung der literaturwissenschaftlichen Zeitung ›Athenaeum‹ nieder
A. G. RONCALLI (JOHANNES XXIII.) findet Aufnahme im römischen Seminar Apollinare
26. 12. * MAO TSE-TUNG

Bertha Freifrau von Suttner, geborene Gräfin Kinsky (1843–1914), österreichische Schriftstellerin und Pazifistin. Ihr Hauptwerk ist Die Waffen nieder *(1889). Sie regte die Stiftung des Friedensnobelpreises an, den sie 1905 selbst erhielt.*

1893 27. 3. * KARL MANNHEIM
16. 8. † JEAN MARTIN CHARCOT
E. V. BEHRING wird als Professor für Hygiene an die Universität Halle berufen
J. BURCKHARDT zieht sich von seinen Lehraufträgen zurück
K. E. CIOLKOVSKIJ wird Gymnasiallehrer in Kaluga
R. DIESEL entwickelt in Zusammenarbeit mit der Maschinenfabrik Augsburg und finanzieller Unterstützung der Firma Krupp seinen Wärmemotor
R. DIESEL: *Theorie und Konstruktion eines rationellen Wärmemotors*
D. HILBERT wird Professor für Mathematik in Königsberg

1893 R. KOCH läßt sich von seiner Frau scheiden und heiratet die 21jährige Kunstmalerin HEDWIG FREIBERG
O. LILIENTHAL erhält ein Patent auf ein Flügelschlagflugzeug mit Kohlensäuremotor
E. SOLVAY wird Mitglied des belgischen Senats
A. SOMMERFELD wird Assistent von F. KLEIN in Göttingen
A. und L. J. LUMIÈRE lernen das ›Kinetoskop‹ von A. EDISON kennen und bauen einen eigenen Apparat zur Aufnahme ›bewegter‹ Photographien
M. WEBER wird Privatdozent in Berlin

1893 20. 4. * JOAN MIRÓ
A. GIDE reist nach Tunesien
H. HESSE bricht den Schulbesuch mit der Obersekundareife ab
W. KANDINSKY wird Attaché an der Moskauer juristischen Fakultät
E. MUNCH: *Der Sturm*
G. VERDI: *Falstaff*

Otto Lilienthal (1848–1896) mit seinem 1895 gebauten Doppeldecker, mit dem er 1896 abstürzte. Auf seinem Werk Der Vogelflug als Grundlage der Fliegekunst *baut unsere heutige Flugtechnik auf.*

1894–1895

Politik und Wirtschaft

1894 W. E. GLADSTONE zieht sich endgültig von der aktiven Politik zurück

Fridtjof Nansen (1861–1930) durchquerte als erster Grönland, trieb mit der »Fram« durch das Nordpolarbecken, wurde nach dem I. Weltkrieg Völkerbundkommissar und erhielt 1922 den Friedensnobelpreis.

Wissenschaft und Technik

1894 1. 1. † HEINRICH RUDOLF HERTZ
25. 6. * HERMANN JULIUS OBERTH
8. 9. † HERMANN HELMHOLTZ
R. AMUNDSEN bricht sein Medizinstudium in Oslo ab, um sich ganz der Polarforschung zu widmen
A. EINSTEIN verläßt ohne Abschluß das Luitpoldgymnasium in München
G. MARCONI unternimmt die ersten Versuche mit drahtloser Telegraphie
B. RUSSELL wird Attaché an der britischen Botschaft in Paris
E. SOLVAY gründet das nach ihm benannte ›Solvay-Institut‹ für physiologische und soziologische Forschungen

1894 M. WEBER hält seine Antrittsvorlesung: *Der Nationalstaat und die Volkswirtschaftspolitik in Freiburg*

1895 13. 2. L. J. LUMIÈRE erhält ein französisches Patent für den ›Apparat zur Erzeugung und zur Sichtbarmachung von chronophotographischen Aufnahmen‹
14. 2. * MAX HORKHEIMER
29. 6. † THOMAS HENRY HUXLEY
28. 9. † LOUIS PASTEUR
30. 10. * GERHARD DOMAGK
3. 12. * ANNA FREUD
A. ADLER schließt sein Medizinstudium in Wien ab
E. V. BEHRING übernimmt die Leitung des Hygienischen Institutes der Universität Marburg

Kunst und Kultur

1894 23. 6. Auf dem internationalen ›Congrès pour le rétablissement des jeux Olympiques‹ werden die ersten Olympischen Spiele neuer Zeitrechnung für 1896 nach Athen vergeben
2. 9. * JOSEPH ROTH
C. DEBUSSY: *Prélude de l'après-midi d'un faune*
H. V. HOFMANNSTHAL beginnt Romanistik zu studieren
G. MAHLER übernimmt die philharmonischen Konzerte BÜLOWS in Hamburg
G. MAHLER lernt in Bad Ischl J. BRAHMS kennen
E. MUNCH befaßt sich mit Radierungen, Lithographien und Holzschnitten
M. REINHARDT wird Charakterdarsteller am Deutschen Theater in Berlin

Gegenüberliegende Seite:

Oben: *Die »Fram«, mit der F. Nansen 1893–1896 im Nordpolarbecken trieb und von der er 1895 versuchte, den Nordpol zu erreichen.*

Unten: *Wassilij Kandinsky (1866–1944). Holzschnitt seiner Gefährtin Gabriele Münter (1906).*

1895 14. 3. F. NANSEN versucht von der ›Fram‹ ausgehend den Nordpol zu erreichen
5. 8. † FRIEDRICH ENGELS
W. CHURCHILL tritt in die britische Armee ein
H. DUNANT: *Über Land und Meer*
W. I. LENIN lernt auf seiner Reise durch Westeuropa PLECHANOW kennen
C. RHODES muß wegen gescheitertem Einfall in die Burenrepublik Transvaal und Oranje zurücktreten

1895 P. CURIE heiratet MARIE SKLODOWSKA
S. FREUD: *Studien über Hysterie*, die er zusammen mit DR. J. BREUER herausgab
D. HILBERT nimmt eine von F. KLEIN vermittelte Professur für Mathematik in Göttingen an
C. G. JUNG beginnt in Basel mit dem Medizinstudium
H. JUNKERS gründet in Dessau die Firma ›Junkers & Co‹ für den Gasapparatebau
F. KLEIN gründet die Enzyklopädie der mathematischen Wissenschaften
J. LISTER übernimmt das Präsidium der Royal Society in London
E. MACH übernimmt den eigens für ihn geschaffenen Lehrstuhl für Philosophie an der Universität Wien

1895 G. MARCONI erfindet die geerdete Sendeantenne
W. MAYBACH wird technischer Direktor der ›Daimler-Motoren-Gesellschaft‹ in Stuttgart-Untertürkheim
A. NOBEL gründet die nach ihm benannte Nobelstiftung zur Vergabe von Preisen für besondere wissenschaftliche Leistungen
W. C. RÖNTGEN entdeckt die heute nach ihm benannten ›Röntgenstrahlen‹
E. WARBURG wird Professor für Physik an der Universität Berlin
A. O. R. WINDAUS beginnt sein Chemiestudium in Freiburg i. Br.
F. ZEPPELIN erhält auf das zusammen mit TH. KOBER 1893 entwickelte starre Luftschiff ein Patent

1895 5. 1. † ANTON PHILIPP RECLAM
16. 11. * PAUL HINDEMITH
A. GIDE heiratet seine Kusine MADELEINE RONDEAUX
H. HESSE wird Lehrling in einer Tübinger Buchhandlung
W. KANDINSKY lernt in einer Ausstellung in Moskau die Malerei der Impressionisten kennen
A. SCHNITZLER: *Der Reigen*
A. SCHÖNBERG entscheidet sich nach einer Banklehre endgültig für die Musik
G. B. SHAW wird Theaterkritiker der ›Saturday Review‹
TH. MANN und H. MANN reisen zusammen nach Italien

1896–1897

Politik und Wirtschaft

1896 16.7. * TRYGVE HALVDAN LIE
W. CHURCHILL beteiligt sich auf der Seite der Spanier als Beobachter bei den Kämpfen auf Kuba
F. NANSEN kehrt von seiner Nordpolarfahrt nach Norwegen zurück
F. NANSEN wird Professor für Zoologie in Christiania
TH. HERZL: *Der Judenstaat*

Zar Nikolaus II. (links) und der Deutsche Kaiser Wilhelm II. (rechts). Die beiden verband eine etwas verkrampfte Freundschaft. Die Flotte war Wilhelms besonderes Anliegen.

Wissenschaft und Technik

1896 9.8. * JEAN PIAGET
10.8. † OTTO LILIENTHAL
10.12. † ALFRED NOBEL
26.12. † EMIL DU BOIS-REYMOND
H. BECQUEREL entdeckt die durchdringende Strahlung fluoreszierender Uransalze, die natürliche Radioaktivität des Urans
K. F. BRAUN entwickelt die nach ihm benannte ›Braunsche Röhre‹
P. DE COUBERTIN wird Präsident des von ihm geschaffenen Internationalen Olympischen Komitees
E. DURKHEIM erhält einen eigenen Lehrstuhl für Pädagogik und Sozialwissenschaften in Bordeaux

1896 P. EHRLICH übernimmt die Leitung des neugegründeten Institutes für Serumforschung in Berlin-Steglitz
A. EINSTEIN studiert an der Eidgenössischen Polytechnischen Schule in Zürich Mathematik und Physik
C. LOMBROSO wird Professor für Psychiatrie in Turin
G. MARCONI siedelt nach England über und erwirbt sein erstes Patent für drahtlose Telegraphie mit elektrischen Wellen
H. O. WIELAND beginnt sein Chemiestudium in München

Kunst und Kultur

1896 19.2. * ANDRÉ BRETON
27.12. * CARL ZUCKMAYER
W. KANDINSKY geht nach München, um sich zunächst an der Kunstschule Azbé, dann an der Akademie bei STUCK zum Maler ausbilden zu lassen
M. MAETERLINCK läßt sich in Paris nieder
E. MUNCH kehrt nach Paris zurück
M. PROUST: *Les plaisirs et les jours*
P.-A. RENOIR: *Die Familie des Künstlers*

Emile Zola (1840–1902) und sein Verteidiger Labori vor dem Schwurgericht in Paris, das ihn im Februar 1898 zu einem Jahr Gefängnis wegen seiner Stellungnahme im Prozeß gegen Alfred Dreyfus verurteilte. Im Hintergrund rechts Georges Clemenceau.

1897 4.2. * LUDWIG ERHARD
26.9. * GIOVANNI BATTISTA MONTINI (Paul VI.)
W. CHURCHILL leistet Kriegsdienst in Italien
W. I. LENIN wird wegen revolutionärer Umtriebe für drei Jahre nach Sibirien verbannt
R. LUXEMBURG erwirbt durch eine Scheinehe die deutsche Staatsbürgerschaft und wird Mitglied der SPD
T. G. MASARYK kehrt als Mitglied der Realistenpartei in das Wiener Parlament zurück
TH. HERZL gründet die Zionistische Weltorganisation
WILHELM II. befiehlt den Ausbau der deutschen Flotte

1897 24.3. * WILHELM REICH
27.5. * ADOLF PORTMANN
8.8. † JAKOB BURCKHARDT
12.9. † IRÈNE CURIE (JOLIOT-CURIE)
R. AMUNDSEN nimmt an einer belgischen Südpolarexpedition unter A. de Gerlache teil
K. E. CIOLKOVSKIJ baut den ersten Windkanal Rußlands
R. DIESEL erreicht die Serienreife seines neuen Motors
O. HAHN beginnt in Marburg das Chemiestudium
D. HILBERT: *Die Theorie der algebraischen Zahlenkörper*
H. JUNKERS wird Professor für Wärmetechnik an der TH Aachen

1897 J. LISTER wird als LORD LISTER OF LYME REGIS Mitglied des britischen Oberhauses
G. MARCONI gründet die ›Wireless Telegraph and Signal Company Limited‹
I. PAWLOW wird Ordinarius für Physiologie in Petersburg
I. PAWLOW: *Vorlesungen über die Hauptverdauungsdrüsen*
A. SOMMERFELD wird als Professor für Mathematik an die Bergakademie in Clausthal berufen
M. WEBER folgt einem Ruf an die Universität Heidelberg
A. O. R. WINDAUS wird Mitarbeiter von H. KILIANI im chemischen Laboratorium in Freiburg

1897 3.4. † JOHANNES BRAHMS
G. MAHLER tritt zum Katholizismus über
G. MAHLER wird Direktor der Wiener Hofoper
F. NIETZSCHE übersiedelt zusammen mit seiner Schwester nach Weimar
P. PICASSO besucht die Akademien von Madrid und Barcelona
R. M. RILKE lernt in München LOU ANDREAS-SALOMÉ kennen
É. ZOLA schaltet sich in die Affäre DREYFUS ein

Rechts: *Emile Zola steigt aus dem Abtritt, im Arm A. Dreyfus als Hampelmann. Karikatur von Caran d'Ache.*

1898–1899

Politik und Wirtschaft

1898 19.5. † WILLIAM EWART GLADSTONE
30.7. † OTTO VON BISMARCK
10.9. Ermordung der österreichischen Kaiserin ELISABETH in Genf
W. CHURCHILL beteiligt sich an den Kämpfen im Sudan
TH. HERZL gründet den ›Jewish Colonial Trust‹

Burenkrieg 1899–1902: Bewaffnete Buren versammeln sich in einer südafrikanischen Stadt.

Wissenschaft und Technik

1898 26.11. * KARL WALDEMAR ZIEGLER
6.12. * GUNNAR MYRDAL
A. ADLER eröffnet eine eigene Privatpraxis in Wien
K. F. BRAUN führt den geschlossenen Schwingungskreis als ›Braunscher gekoppelter Sender‹ in die Funkentelegraphie ein
B. CROCE befreundet sich mit G. GENTILE
P. CURIE und seine Frau MARIE gelingt die Entdeckung des Radiums
E. DURKHEIM gründet die Zeitschrift ›L'Année Sociologique‹
S. FREUD beginnt mit der Untersuchung von Träumen
F. HABER: *Grundriß der technischen Elektrochemie*

1898 E. MACH erleidet einen Schlaganfall
M. WEBER erleidet einen Nervenzusammenbruch und gibt seine Lehrtätigkeit auf
F. V. ZEPPELIN gründet die ›Gesellschaft zu der Luftschiffahrt AG‹

Kunst und Kultur

1898 10.2. * BERTOLT BRECHT
23.2. É. ZOLA wird zu einem Jahr Gefängnis verurteilt wegen seiner Stellungnahme im Prozeß gegen DREYFUS
18.6. É. ZOLA geht nach England
5.6. * FEDERICO GARCÍA LORCA
19.7. * HERBERT MARCUSE
30.7. * HENRY MOORE
H. V. HOFMANNSTHAL promoviert zum Dr. phil. an der Universität Wien
E. HOWARD: *To-Morrow: a Peaceful Path to Real Reform*
P. KLEE besucht die Münchner Akademie der bildenden Künste
R. ROLLAND: *Die Wölfe*
G. B. SHAW heiratet die irische Millionärin CHARLOTTE PAYNE-TOWNSHEND

1898 K. S. STANISLAWSKIJ gründet zusammen mit NEMIROWITSCH-DATSCHENKO das ›Moskauer Künstlertheater‹
R. STRAUSS: *Don Quixote*
R. STRAUSS wird Hofkapellmeister in Berlin
TH. MANN und H. MANN kehren von ihrer Italienreise nach Deutschland zurück

1899 23.7. * GUSTAV W. HEINEMANN
W. CHURCHILL nimmt als Kriegsberichterstatter am Burenkrieg teil

Rechts: *Paulus »Ohm« Krüger (1825–1904), seit 1883 Präsident der südafrikanischen Burenrepublik Transvaal, und der Burengeneral Joubert (links) trinken gemeinsam erbeutete britische Schokolade. Deutsche Karikatur von 1899.*

Unten: *Ernst Haeckel (1848–1919), Zoologe.*

1899 A. ADLER trifft erstmals mit S. FREUD zusammen
R. AMUNDSEN wird Mitarbeiter am Observatorium von Wilhelmshaven
C. BOSCH tritt als Chemiker in die BASF ein
G. DAIMLER u. W. MAYBACH bauen ihren ersten Vierzylindermotor
P. EHRLICH wird Direktor des Institutes für experimentelle Therapie in Frankfurt a. M.
E. HAECKEL: *Welträtsel*
D. HILBERT: *Grundlagen der Geometrie*
G. MARCONI gelang die erste drahtlose Verbindung zwischen England und Frankreich über den Kanal
A. SCHWEITZER wirkt als Hilfsprediger an St. Nicolai in Straßburg

1899 23.2. * ERICH KÄSTNER
3.6. † JOHANN STRAUSS
5.6. É. ZOLA kehrt von England nach Frankreich zurück
13.8. * ALFRED HITCHCOCK
H. HESSE wird Buchhandelsgehilfe in Basel
K. KRAUS gründet seine Zeitschrift ›Die Fackel‹
E. MUNCH reist nach Italien
R. M. RILKE und L. ANDREAS-SALOMÉ unternehmen gemeinsam eine Reise nach Rußland, auf der sie TOLSTOJ und PASTERNAK kennenlernen
ST. ZWEIG studiert Germanistik und Romanistik in Wien

1899 H. STAUDINGER beginnt in Halle mit dem Studium der Botanik
H. STAUDINGER wechselt im 2. Semester an die Universität Darmstadt und entschließt sich, Chemie zu studieren

Oben links: *Die Brüder Heinrich (links; 1871–1950) und Thomas Mann (1875–1955).*

Oben Mitte: *Rainer Maria Rilke (1875–1926), österreichischer Dichter. Seine Lyrik wurde später als »Dinggedichte« bezeichnet.*

Oben rechts: *Hermann Hesse (1877–1962) von der Romantik beeinflußter Erzähler, erhielt 1946 den Nobelpreis für Literatur.*

Mitte links und rechts: *Karl Kraus (1874–1936), österreichischer Schriftsteller, gab 1899–1936 die Zeitschrift* Die Fackel *heraus (Titelblatt der ersten Nummer).*

Gegenüberliegende Seite:

Oben links: *Paul Ehrlich (1854–1915), Entdecker des Salvarsans gegen die Syphilis, 1908 Nobelpreis, Foto um 1910.*

Oben Mitte: *Max Planck (1858–1947) forschte auf den Gebieten der Thermodynamik und der Quantentheorie. 1918 Nobelpreis.*

Oben rechts: *Guglielmo Marconi (1874–1937), italienischer Physiker und Radiotechniker, erfand die drahtlose Übertragung über große Distanzen, 1909 Nobelpreis für Physik. Foto 1902.*

Mitte links: *Ferdinand Graf von Zeppelin (1838–1917), Konstrukteur des starren Luftschiffes. Pastellzeichung von A. Weißgerber (1908).*

Mitte rechts: *Erste Landung des LZ 1 auf festem Boden in Berlin unter dem Kommando Zeppelins am 16.3.1900.*

Unten: *Der Eiffelturm in Paris, erbaut von Alexandre Eiffel für die Weltausstellung 1889: 300 m hoch, 7175 t schwer.*

Politik und Wirtschaft

1900 W. CHURCHILL wird als Mitglied der konservativen Partei Abgeordneter im britischen Unterhaus
W. I. LENIN geht in die Emigration zunächst nach München, dann nach London und Genf
T. G. MASARYK gründet die tschechische Zeitung ›čas‹ (Die Zeit) und tritt an die Spitze der tschechischen Volkspartei

Wilhelm Conrad Röntgen (1845–1923), der Entdecker der Röntgenstrahlen, erhielt 1901 den ersten Nobelpreis für Physik.

Wissenschaft und Technik

1900 6. 3. † GOTTLIEB WILHELM DAIMLER
19. 3. * FRÉDÉRIC JOLIOT-CURIE
23. 3. * ERICH FROMM
14. 12. M. PLANCK trägt seine Formel für die Temperaturausstrahlung schwarzer Körper der Berliner Physikalischen Gesellschaft vor
H. BERGSON wird Professor am Collège de France
C. E. CORRENS stößt bei Untersuchungen auf dem Gebiet der Genetik auf die von J. G. MENDEL entdeckten Erbgesetze
D. HILBERT gibt auf dem Zweiten Internationalen Mathematikerkongreß in Paris eine Übersicht über die ›dreiundzwanzig offenen Probleme der Mathematik‹

1900 C. G. JUNG wird Assistent an der psychatrischen Universitätsklinik Burghölzli in Zürich
W. C. RÖNTGEN folgt dem Ruf der Universität München
G. V. SCHMOLLER: *Grundriß der allgemeinen Volkswirtschaftslehre*
A. SOMMERFELD wird Professor für Mechanik an der TH Aachen
H. STAUDINGER wird Mitarbeiter im Arbeitskreis von A. V. BAEYER
F. V. ZEPPELIN baut zusammen mit TH. KOBER und L. DÜRR in einer auf Pontons schwimmenden Halle auf dem Bodensee das erste lenkbare Starrluftschiff LZ 1

Kunst und Kultur

1900 25. 8. † FRIEDRICH NIETZSCHE
E. MUNCH: *Das Mädchen auf der Brücke*
M. PROUST reist nach Venedig
R. M. RILKE folgt einer Einladung H. VOGELERS nach Worpswede
R. ROLLAND: *Danton*
R. STRAUSS lernt in Paris H. V. HOFMANNSTHAL kennen

Hugo von Hofmannsthal (1874–1929) und Richard Strauss (1864–1949) in Rodaun bei Wien. Foto aus dem Jahr 1912. Strauss komponierte seine Opern meist nach Texten von Hofmannsthal.

1901 27.11. * WALTER HALLSTEIN
22.1. † Queen VICTORIA
27.3. * ERICH OLLENHAUER
CH. WEIZMANN gründet die demokratisch-zionistische Fraktion
H. DUNANT erhält den Friedensnobelpreis
TH. HERZL gründet den ›Jüdischen Nationalfonds‹
TH. HERZL führt Unterredung mit dem türkischen Sultan über seine Palästinapläne

Rechts: *Anwendung von Röntgenstrahlen bei Schulkindern. Stich um 1900.*

1901 29.9. * ENRICO FERMI
5.12. * WERNER HEISENBERG
12.12. G. MARCONI gelingt die Übertragung von elektromagnetischen Wellen von Cornwall nach Neufundland über den Atlantik
R. AMUNDSEN kauft den Walfänger ›Gjöa‹ und rüstet ihn für eigene Expeditionen aus
E. V. BEHRING erhält den Nobelpreis für Medizin
A. FLEMING gewinnt ein Stipendium der St. Mary's Hospital Medical School
E. HUSSERL erhält einen Ruf an die Universität Göttingen
K. JASPERS beginnt ein Jura-Studium in Freiburg i. Br.
E. MACH gibt aus gesundheitlichen Gründen sein Lehramt auf

1901 L. MEITNER beginnt bei L. BOLTZMANN in Wien das Physikstudium
W. OSTWALD wird Herausgeber der ›Annalen der Naturphilosophie‹
W. C. RÖNTGEN erhält den Nobelpreis für Physik
G. SIMMEL wird Professor für Philosophie in Berlin
H. STAUDINGER kehrt nach Halle zurück

1901 27.1. † GIUSEPPE VERDI
November F. KAFKA beginnt ein Chemiestudium in Prag
3.11. * ANDRÉ MALRAUX
H. V. HOFMANNSTHAL heiratet GERTRUD SCHLESINGER
H. HESSE reist erstmals nach Italien
W. KANDINSKY ist Mitbegründer der Künstlergruppe ›Phalanx‹
P. KLEE reist zusammen mit dem Bildhauer H. HALLER erstmals nach Italien
M. MAETERLINCK: *La vie des abeilles*
G. MAHLER lernt ALMA SCHINDLER kennen
E. MUNCH kehrt nach Deutschland zurück
P. PICASSO beginnt mit der ›Blauen Periode‹ in seiner Malerei

1901 R. M. RILKE heiratet die Bildhauerin CLARA WESTHOFF
A. SCHÖNBERG besucht erstmals Berlin
TH. MANN heiratet KATIA PRINGSHEIM
H. VAN DE VELDE: *Die Renaissance im modernen Kunstgewerbe*
H. VAN DE VELDE gründet die Kunstgewerbeschule in Weimar

1902–1903

Politik und Wirtschaft

1902 26. 3. † CECIL JOHN RHODES
TH. HERZL bespricht mit WILHELM II. in Jerusalem seine Palästinapläne zur Gründung eines jüdischen Staates
TH. HERZL führt in England Verhandlungen über eine autonome jüdische Siedlung im Gebiet von El-Arish

Theodor Herzl (1860–1904), freier Schriftsteller und Wortführer des politischen Zionismus. Herzl schuf die Voraussetzungen für ein autonomes Israel.

Wissenschaft und Technik

1902 22. 2. * FRITZ STRASSMANN
28. 5. † ADOLF KUSSMAUL
28. 7. * KARL RAIMUND POPPER
13. 8. * FELIX WANKEL
5. 9. † RUDOLF CARL VIRCHOW
18. 10. * ERNST PASCUAL JORDAN
A. ADLER tritt dem Verein für Psychoanalyse bei und wird Redaktionsmitglied der ›Zeitschrift für Psychoanalyse‹
R. BOSCH entwickelt die Hochspannungsmagnetzündung für Kraftfahrzeuge
K. E. CORRENS wird Professor an der Universität Leipzig
E. DURKHEIM lehrt Pädagogik und Sozialwissenschaften an der Sorbonne in Paris
A. EINSTEIN wird ›Experte III. Klasse‹ am Patentamt in Bern

1902 E. FISCHER erhält den Nobelpreis für Chemie
S. FREUD wird Professor an der Universität Wien und begründet eine psychoanalytische Schule
D. HILBERT wird Herausgeber der ›Mathematischen Annalen‹
K. JASPERS beginnt ein Medizin-Studium in Berlin
G. MARCONI erfindet seinen Magnetdetektor
A. SCHWEITZER wird Dozent für Neues Testament an der Universität Straßburg
R. F. SCOTT erkundet mit der ›Discovery‹ die Ross-Barriere und entdeckt für Großbritannien das ›King-Edward-Land‹
TH. MOMMSEN erhält für seine *Römische Geschichte* den Nobelpreis für Literatur

Kunst und Kultur

1902 29. 9. † ÉMILE ZOLA
C. DEBUSSY: *Pelléas et Melisande*
J. JOYCE beendet sein Studium am University College in Dublin und reist nach Paris
F. KAFKA studiert Jura an der Deutschen Universität Prag
Oktober F. KAFKA lernt M. BROD kennen
G. MAHLER heiratet ALMA SCHINDLER. Er nimmt Verbindung zur Wiener ›Secession‹ auf

Franz Kafka (1883–1924), Vorläufer des Surrealismus und Existentialismus, beschrieb die Einsamkeit des modernen Menschen.

1903 Oktober E. PANKHURST organisiert die ›Women's Social and Political Union‹ in London
D. BEN GURION schließt sich der zionistischen Arbeiterpartei ›Po le Zion‹ an
W. I. LENIN führt die Spaltung der russischen Sozialdemokratie in Menschewiki und Bolschewiki herbei
E. RATHENAU und W. SIEMENS gründen als Tochtergesellschaft die ›Telefunken-Gesellschaft‹ für drahtlose Telegraphie

Rechts: *Max Reinhardt (1873–1943, eig. Max Goldmann), Schauspieler und Regisseur, Mitbegründer der Salzburger Festspiele, gilt als Begründer des modernen Regietheaters.*

1903 24.3. * ADOLF FRIEDRICH BUTENANDT
12.4. * JAN TINBERGEN
11.9. * THEODOR W. ADORNO
1.11. † THEODOR MOMMSEN
7.11. * KONRAD LORENZ
R. AMUNDSEN durchfährt mit seiner ›Gjöa‹ die Nordwestpassage
K. E. CIOLKOVSKIJ: *Die Erforschung der Welträume durch Rückstoßapparate*
B. CROCE gründet die Zeitschrift ›La Critica‹
R. DIESEL: *Solidarismus, natürliche wirtschaftliche Erlösung des Menschen*
Herbst H. STAUDINGER wird Assistent bei J. THIELE in Straßburg

1903 B. RUSSELL: *Principles of Mathematics*
P. und M. CURIE erhalten zusammen mit H. BECQUEREL den Nobelpreis für Physik

1903 E. HOWARD beteiligt sich an der Verwirklichung der ersten englischen Modellstadt Letchworth
M. REINHARDT inszeniert GORKIJS *Nachtasyl*
R. M. RILKE wird Privatsekretär von RODIN in Paris und Meudon
R. M. RILKE: *Stundenbuch*
R. ROLLAND wird Professor für Musik- und Kunstgeschichte an der Sorbonne
A. SCHÖNBERG kehrt von Berlin nach Wien zurück und beginnt sich von der traditionellen Harmonik abzuwenden
I. STRAWINSKIJ wird Schüler von RIMSKIJ-KORSAKOV

Rechts: *Max Brod (1884–1968), Herausgeber Kafkas, emigrierte 1939 nach Israel.*

1904–1905

Politik und Wirtschaft

1904 3.7. † THEODOR HERZL
W. CHURCHILL wechselt aus Protest gegen den Wirtschaftsprotektionismus der Konservativen zu den Liberalen über
A. G. RONCALLI (JOHANNES XXIII.) wird zum Priester geweiht

Gegenüberliegende Seite:

Oben links: *Wladimir Iljitsch Uljanow gen. Lenin (1870–1924), Initiator der marxistischen Revolutionsbewegungen in Rußland, 1918–1922 Führer der UdSSR.*

Oben rechts: *Plakat zur russischen Revolution von 1905 unter Führung Lenins.*

1905 29.7. * DAG HAMMARSKJÖLD
W. I. LENIN geht nach dem Scheitern der Revolution in Rußland erneut in die Emigration, zunächst nach Genf, dann nach Paris
R. LUXEMBURG tritt öffentlich für die russische Revolution ein und beteiligt sich am polnischen Aufstand
B. V. SUTTNER erhält den Friedensnobelpreis
TH. HEUSS wird Schriftleiter der Zeitschrift »Die Hilfe«
WILHELM II. landet in Tanger

Wissenschaft und Technik

1904 29.1. * ARNOLD GEHLEN
P. CURIE wird Professor an der Sorbonne
P. EHRLICH geht als Honorarprofessor an die Universität Göttingen
O. HAHN wird Mitarbeiter von SIR W. RAMSAY in London
R. KOCH zieht sich von seiner Lehrtätigkeit zurück, setzt aber seine Forschungstätigkeit fort
I. PAWLOW erhält den Nobelpreis für Medizin
A. und L. J. LUMIÈRE entwickeln das Autochromverfahren zur Herstellung von Farbfotographien

1905 14.1. † ERNST ABBE
E. BLOCH studiert in München Philosophie, Physik und Germanistik
G. CANTOR tritt von seinem Lehramt in Halle zurück
H. ECKENER wird Mitarbeiter von F. V. ZEPPELIN
A. EINSTEIN wird nach Veröffentlichung seiner Arbeit über Quantentheorie und die Entwicklung der Speziellen Relativitätstheorie außerordentlicher Professor für theoretische Physik an der Universität Zürich
O. HAHN wird Mitarbeiter von E. RUTHERFORD in Montreal
C. G. JUNG wird Privatdozent an der Universität Zürich

Kunst und Kultur

1904 11.5. * SALVADOR DALÍ
Oktober J. JOYCE reist zusammen mit NORA BARNACLE nach Zürich, dann nach Pola
B. BARTÓK beginnt zusammen mit ZOLTÁN KODÁLY die Aufzeichnung ungarischer Bauernmusik
H. HESSE: *Peter Camenzind*
H. HESSE heiratet MARIA BERNOULLI und läßt sich in Gaienhofen am Bodensee nieder
P. PICASSO läßt sich endgültig in Paris nieder

1905 19.3. * ALBERT SPEER
21.6. * JEAN-PAUL SARTRE
J. ARP besucht die Kunstgewerbeschule in Weimar
G. DE CHIRICO siedelt mit seiner Mutter und seinem Bruder Alberto nach München und erhält Malunterricht bei M. KLINGER
M. HARDEN wird Berater von M. REINHARDT am Deutschen Theater in Berlin
J. JOYCE erhält eine Anstellung bei der Berlitz School in Triest
O. KOKOSCHKA studiert an der Wiener Kunstgewerbeschule u. a. bei G. KLIMT
H. MANN: *Professor Unrat*
L. MIES VAN DER ROHE wird Mitarbeiter von B. PAUL
P. PICASSO malt in seiner ›Rosa-Periode‹

1905 L. KLAGES gründet in München ein privates Seminar für Ausdruckskunde
R. KOCH erhält den Nobelpreis für Medizin
C. LOMBROSO wird Professor für Kriminalanthropologie in Turin
W. NERNST wird Direktor des Institutes für Physikalische Chemie in Berlin
A. SCHWEITZER beginnt mit einem Medizinstudium in Straßburg
TEILHARD DE CHARDIN wird als Lehrer für Physik und Chemie nach Kairo geschickt
A. J. F. W. v. BAEYER erhält den Nobelpreis für Chemie

1905 M. PROUST erkrankt an den Atemorganen
M. REGER wird Kompositionslehrer an der Königlichen Akademie der Tonkunst in München
M. REINHARDT übernimmt die Leitung des Deutschen Theaters in Berlin

1905 E. WARBURG wird Präsident der Physikalisch-Technischen Reichsanstalt in Berlin
M. WEBER: *Die protestantische Ethik und der Geist des Kapitalismus*

Rechts: *Rosa Luxemburg (1870–1919), revolutionäre Sozialistin polnisch-jüdischer Abstammung, gründete 1919 mit Karl Liebknecht die KPD.*

1906–1907

Politik und Wirtschaft

1906 19.12. * LEONID I. BRESCHNEW
K. ADENAUER wird Mitglied der Zentrumspartei
D. BEN GURION wandert nach Palästina aus
W. CHURCHILL wird Unterstaatssekretär für die britischen Kolonien
F. NANSEN wird norwegischer Gesandter in London
A. G. RONCALLI doziert am bischöflichen Seminar in Bergamo und ist zugleich Sekretär des Bischofs von Bergamo

John Maynard Keynes (1883–1946), bedeutender Nationalökonom, dessen Wirtschaftstheorien bis heute von großer Bedeutung sind. Er widersprach in seinen Schriften dem klassischen Wirtschaftsliberalismus.

Wissenschaft und Technik

1906 19.4. † PIERRE CURIE
M. CURIE übernimmt die Professur ihres Mannes an der Sorbonne
E. DURKHEIM wird ordentlicher Professor für Pädagogik und Sozialwissenschaften an der Sorbonne in Paris
H. GEIGER wird Mitarbeiter von E. RUTHERFORD in Manchester
O. HAHN setzt seine chemischen Untersuchungen am Institut von E. FISCHER in Berlin fort
J. M. KEYNES wird Mitarbeiter im Indien-Ministerium in London
L. MEITNER promoviert als zweite Frau an der Universität Wien bei FRANZ EXNER
W. OSTWALD tritt von seiner Lehrtätigkeit in Leipzig zurück

1906 A. SOMMERFELD wird an die Universität München berufen
A. WEGENER beteiligt sich an der ›Danmark-Expedition‹ zur Erforschung Nordostgrönlands

Kunst und Kultur

1906 4.2. * DIETRICH BONHOEFFER
13.4. * SAMUEL BECKETT
25.9. * DMITRI D. SCHOSTAKOWITSCH
22.10. † PAUL CÉZANNE
E. BARLACH unternimmt eine Rußlandreise
M. GORKIJ begibt sich auf eine Reise durch Europa und die USA und wirbt für die revolutionäre Bewegung in Rußland
H. V. HOFMANNSTHAL bricht die Beziehung zu GEORGE ab
F. KAFKA beginnt nach seiner Promotion eine einjährige Gerichtspraxis
W. KANDINSKY hält sich in Paris auf und nähert sich den Fauves
P. KLEE heiratet LILY STUMPF und siedelt nach München über
A. MODIGLIANI läßt sich in Paris nieder

1906 M. REINHARDT eröffnet die Kammerspiele in Berlin
R. M. RILKE trennt sich von RODIN
K. S. STANISLAWSKIJ unternimmt mit seiner Schauspieltruppe eine erste Gastspielreise durch Europa
R. STRAUSS beginnt mit der Vertonung der von H. V. HOFMANNSTHAL ins Deutsche übertragenen Fassung der *Elektra*
H. VAN DE VELDE leitet die Weimarer Kunstgewerbeschule

1907 15.11. * CLAUS GRAF SCHENK V. STAUFFENBERG

Rechts: Les Demoiselles d'Avignon *von Pablo Picasso (1907) war das erste kubistische Bild. Der Kubismus war von nachhaltiger Wirkung u. a. auf die Münchener Künstlergruppe »Blauer Reiter« und auch auf das »Bauhaus«.*

1907 A. ADLER: *Studie über die Minderwertigkeit der Organe*
F. BERGIUS wird Assistent bei NERNST
M. BORN wird Privatdozent an der Universität Göttingen
O. HAHN habilitiert sich an der Universität Berlin
O. HAHN und L. MEITNER beginnen ihre Zusammenarbeit am Chemischen Institut von E. FISCHER in Berlin
C. G. JUNG lernt in einer ersten persönlichen Begegnung S. FREUD kennen
H. JUNKERS läßt sich seinen Doppelkolbenmotor patentieren
J. A. SCHUMPETER betätigt sich als Anwalt am Internationalen Gerichtshof in Kairo
H. STAUDINGER erhält einen Ruf als Extraordinarius an die TH Karlsruhe

1907 23.5. † HENRIK IBSEN
9.12. G. MAHLER reist auf Einladung nach Amerika
B. BARTÓK wird Professor für Klavier an der Budapester Musikakademie
B. BARTÓK heiratet MÁRTA ZIEGLER
M. GORKIJ lernt auf dem Londoner Parteitag der ›Sozialdemokratischen Arbeiterpartei Rußlands‹ (SDAPR) LENIN kennen
P. PICASSO malt in seiner ›Période-nègre‹
M. REGER wird Lehrer am Konservatorium in Leipzig und Universitätsmusikdirektor und Hofkapellmeister in Meiningen
H. VAN DE VELDE wird Mitbegründer des Kölner Werkbundes

1907 L. WITTGENSTEIN beginnt ein Maschinenbaustudium an der TH Berlin

Unten: *Otto Hahn (1879–1968) und Lise Meitner (1878–1968) im Labor. Berlin 1913.*

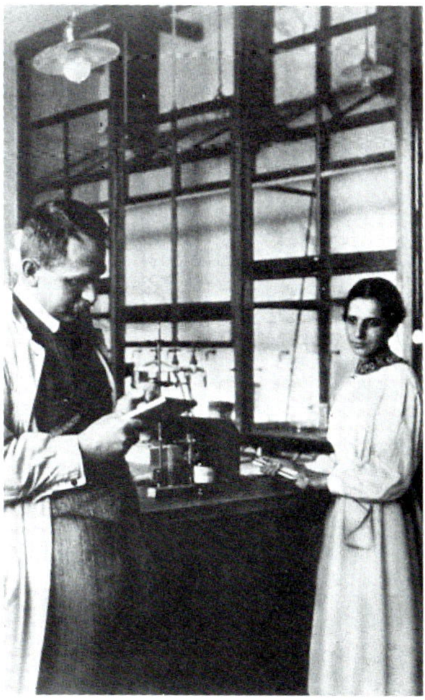

1908–1909

Politik und Wirtschaft

1908 K. ADENAUER wird 1. Beigeordneter der Stadt Köln
F. NANSEN wird Professor für Ozeanographie in Christiania
E. PANKHURST wird wegen Vergehen gegen die öffentliche Ordnung verhaftet

Der Ingenieur Rudolf Diesel (1858–1913) erfand 1892 den nach ihm benannten Dieselmotor.

Wissenschaft und Technik

1908 15. 1. * EDWARD TELLER
25. 8. † ANTOINE HENRI BECQUEREL
20. 9.* ALEXANDER MITSCHERLICH
E. BLOCH läßt sich nach seiner Promotion an der Universität Würzburg in Berlin nieder
R. DIESEL baut den ersten Kleindieselmotor und die erste Diesellokomotive
P. EHRLICH erhält zusammen mit I. I. METSCHNIKOW den Nobelpreis für Medizin
F. KLEIN übernimmt den Vorsitz der ›Internationalen Mathematischen Unterrichtskommission‹
A. WEGENER wird Privatdozent für Meteorologie am Physikalischen Institut der Universität Marburg

Kunst und Kultur

1908 21. 6. † NIKOLAJ RIMSKIJ-KORSAKOV
Juli F. KAFKA wird Angestellter der ›Arbeiter-Unfall-Versicherungs-Anstalt für das Königreich Böhmen‹ in Prag
22. 12. * MAX BILL
J. ARP besucht die Académie Julian in Paris
A. GIDE gründet zusammen mit COPEAU, GHÉON, SCHLUMBERGER und RIVIÈRE, die ›Nouvelle Revue Française‹
W. GROPIUS wird Mitarbeiter des Architekten P. BEHRENS in Berlin
P. KLEE stellt in der Münchner und Berliner Sezession aus
LE CORBUSIER wird Mitarbeiter von A. PERRET in Paris
L. MIES VAN DER ROHE wird Mitarbeiter von P. BEHRENS in Berlin

1908 P. PICASSO entwickelt zusammen mit G. BRAQUE den Kubismus
A. SCHNITZLER: *Der Weg ins Freie*
O. SPENGLER wird Gymnasiallehrer in Hamburg
R. STRAUSS wird Generalmusikdirektor in Berlin

1909 P. NENNI wird Mitglied der Republikanischen Partei in Italien
E. PANKHURST wird wegen tätlicher Beleidigung verhaftet

Rechts: *Emmeline Pankhurst (1858–1928), englische Frauenrechtlerin, wird bei einer Demonstration vor dem Buckinghampalast in London verhaftet. Sie kämpfte mit ihrer Tochter Christabel für das Frauenwahlrecht.*

1909 27.3. * GOLO MANN
24.4. * BERNHARD GRZIMEK
Juli F. HABER demonstriert in seinem Labor die Ammoniaksynthese vor seinen Mitarbeitern BOSCH und MITTASCH
19.10. † CESARE LOMBROSO
F. BERGIUS habilitiert sich an der TH Hannover und richtet sich ein privates Forschungslabor ein
C. E. CORRENS wird Professor an der Universität in Münster
J. FRH. V. UEXKÜLL unternimmt eine längere Forschungsreise durch Afrika
M. HEIDEGGER beginnt ein Theologiestudium
J. M. KEYNES wird als Nationalökonom in das King's College in Cambridge gewählt

1909 G. MARCONI erhält zusammen mit F. BRAUN den Nobelpreis für Physik
W. MAYBACH grundet mit seinem Sohn KARL und dem Grafen V. ZEPPELIN in Friedrichshafen die ›Maybach-Motorenbau GmbH‹
W. OSTWALD erhält den Nobelpreis für Chemie
J. A. SCHUMPETER habilitiert sich an der Universität Wien
J. A. SCHUMPETER lehrt in Czernowitz
F. V. ZEPPELIN gründet die ›Luftschiffbau Zeppelin GmbH‹ in Friedrichshafen

1909 G. DE CHIRICO geht nach Italien und läßt sich in Mailand, Turin und Florenz nieder
M. ERNST beginnt ein Philosophiestudium in Köln
P. HINDEMITH tritt in das Hochsche Konservatorium in Frankfurt a. M. ein
W. KANDINSKY wird Mitbegründer der ›Neuen Künstlervereinigung‹ in München
A. MODIGLIANI wird von BRANCUSI auf Negerplastiken aufmerksam gemacht, die von nun an seinen Stil beeinflussen
E. MUNCH kehrt nach Norwegen zurück
R. STRAUSS: *Elektra*

Pablo Picasso (1881–1973) gilt als ein Wegbereiter und einer der wichtigsten Repräsentanten der modernen Malerei des 20. Jh.s. Foto um 1910.

1910–1911

Politik und Wirtschaft

1910 30.10. † JEAN HENRY DUNANT
W. CHURCHILL wird Präsident des Handelsamtes und britischer Innenminister

Roald Amundsen (1872–1928) erreichte 1911 als erster den Südpol, kehrte von einem Rettungsflug in die Arktis nicht zurück.

Wissenschaft und Technik

1910 27.5. † ROBERT KOCH
22.6. * KONRAD ZUSE
R. AMUNDSEN plant die Durchfahrt der Beringstraße mit der ›Fram‹ von F. NANSEN, erfährt aber, daß R. F. SCOTT plant, zum Südpol vorzustoßen
B. CROCE wird Mitglied des italienischen Senats
P. EHRLICH gelingt die Herstellung des Salvarsans
W. KÖHLER wird neben K. KOFFKA Assistent am Frankfurter Psychologischen Institut und lernt dort MAX WERTHEIMER kennen

1910 B. RUSSELL beginnt zusammen mit A. NORTH WHITEHEAD die Veröffentlichung der *Principia Mathematica*
B. RUSSELL wird Dozent am Trinity College in Cambridge
M. SCHELER läßt sich als Privatgelehrter und Kulturkritiker in München nieder, nachdem ihm die Lehrerlaubnis als Privatdozent in Jena und München entzogen worden war
A. WEGENER formuliert zum erstenmal die Theorie von der Kontinentalverschiebung

Unten: *Pablo Picasso mit Igor Strawinskij (rechts; 1882–1971). Karikatur von Jean Cocteau.*

Kunst und Kultur

1910 13.8. † FLORENCE NIGHTINGALE
10.11. L. TOLSTOJ verläßt heimlich seine Familie aus ethischen Überlegungen
20.11. † LEV TOLSTOJ
M. CHAGALL reist erstmals nach Paris
O. KOKOSCHKA wird Mitarbeiter der Zeitschrift *Der Sturm*
LE CORBUSIER wird Mitarbeiter von P. BEHRENS in Berlin
G. MAHLER konsultiert S. FREUD in Leiden. Uraufführung der *8. Symphonie* in München
A. SCHÖNBERG: *Harmonielehre*
I. STRAWINSKIJ: *Der Feuervogel*
I. STRAWINSKIJ lebt zeitweise in der Schweiz
ST. ZWEIG reist nach Indien

1911 22.1. * BRUNO KREISKY
D. BEN GURION nimmt am zionistischen Weltkongreß in Wien teil
W. CHURCHILL wird zum Ersten Lord der Admiralität ernannt
E. PANKHURST ruft zum Boykott der britischen Volkszählung auf
E. PANKHURST wird wegen Anstiftung zu Gewalttätigkeit verhaftet

Rechts: *Alfred Adler (1870–1937), zunächst ein Schüler Freuds, bricht 1911 mit ihm und entwikkelt seine Individualpsychologie. Aufnahme um 1910.*

1911 1.10. † WILHELM DILTHEY
20.10. R. AMUNDSEN bricht von der Walfischbucht aus zum Südpol auf
15.12. R. AMUNDSEN erreicht als erster Mensch den Südpol
A. ADLER bricht mit FREUD wegen der Frage nach dem Primat der Sexualität
E. BLOCH siedelt nach München über
N. BOHR arbeitet bei J. J. THOMSON am Cavendish-Laboratory in Cambridge
M. CURIE erhält den Nobelpreis für Chemie
A. EINSTEIN folgt einem Ruf als Professor für Physik an die Universität Prag
A. V. HARNACK wird erster Präsident der neugegründeten Kaiser-Wilhelm-Gesellschaft

1911 M. HEIDEGGER wechselt von der Theologie zur Philosophie
C. G. JUNG wird Präsident der von ihm mitbegründeten ›Psychoanalytischen Gesellschaft‹
R. F. SCOTT rüstet eine Expedition zur Erforschung des Südpols aus
E. SOLVAY hält aufgrund der Initiative von W. NERNST den ersten nach ihm benannten ›Solvay-Kongreß‹ in Brüssel ab

1911 18.5. † GUSTAV MAHLER
J. ARP gründet mit W. HELBIG den ›Modernen Bund‹ in der Schweiz
G. DE CHIRICO lernt in Paris die Avantgarde kennen
M. ERNST lernt AUGUST MACKE kennen und entscheidet sich, Maler zu werden
W. GROPIUS beginnt mit dem Bau der Fagus-Werke in Alfeld
H. HESSE reist nach Indien
W. KANDINSKY gründet zusammen mit FRANZ MARC und anderen Künstlern die Gruppe ›Der Blaue Reiter‹
P. KLEE wird durch seine Ausstellung in der Galerie Thannhauser in München weithin bekannt
LE CORBUSIER unternimmt eine Reise nach Istanbul, Athen und Rom

1911 M. MAETERLINCK erhält den Nobelpreis für Literatur
P. MONDRIAN wird Mitglied des Klubs für moderne Kunst in Amsterdam
A. SCHÖNBERG hält sich erneut in Berlin auf
O. SPENGLER läßt sich als freier Schriftsteller in München nieder
R. STRAUSS: *Der Rosenkavalier*
F. WERFEL wird Lektor im Kurt-Wolff-Verlag Leipzig

Politik und Wirtschaft

1912 B. v. SUTTNER folgt einer Einladung zu einer Vortragsreise in die USA
R. SCHUMAN läßt sich als Rechtsanwalt in Luxemburg nieder

Unten: *Stefan Zweig (1881–1942), Erzähler, Essayist, Biograph, Lyriker und Dramatiker, von Freuds Psychoanalyse beeinflußt. Er lebte seit 1941 in Brasilien.*

Wissenschaft und Technik

1912 17. 1. R. F. SCOTT erreicht mit seiner Gruppe den Südpol
10. 2. † JOSEPH LISTER
23. 3. * WERNHER VON BRAUN
29. 3. † ROBERT FALCON SCOTT
28. 6. * CARL FRIEDRICH VON WEIZSÄKKER
A. ADLER entwickelt seine ›Individualpsychologie‹
N. BOHR wird Mitarbeiter von E. RUTHERFORD in Manchester
M. BORN wird Gastdozent an der Universität von Chicago
A. EINSTEIN kehrt von Prag wieder nach Zürich zurück
E. FISCHER wird Professor für Anatomie und Anthropologie in Würzburg

1912 H. GEIGER wird Leiter des Laboratoriums für Radioaktivität an der Physikalisch-Technischen Reichsanstalt in Berlin
F. HABER übernimmt die Leitung des neugegründeten Kaiser-Wilhelm-Institutes für physikalische Chemie- und Elektrochemie in Berlin-Dahlem
O. HAHN wird Mitarbeiter des neugegründeten Kaiser-Wilhelm-Institutes für Chemie in Berlin-Dahlem

Kunst und Kultur

1912 J. ARP beteiligt sich an der Ausstellung des ›Blauen Reiter‹ in Berlin
H. HESSE läßt sich in Bern nieder
F. KAFKA lernt bei M. BROD FELICE BAUER kennen
W. KANDINSKY: *Über das Geistige in der Kunst*
P. KLEE beteiligt sich an der zweiten Ausstellung des ›Blauen-Reiter‹ in München
K. KRAUS wird zum alleinigen Autor seiner Zeitschrift ›Die Fackel‹
P. MONDRIAN geht nach Paris
M. RAVEL: *Daphnis et Cloé*
G. B. SHAW: *Pygmalion*
ST. ZWEIG reist nach Nord- und Mittelamerika
TEILHARD DE CHARDIN beginnt in Paris mit paläontologischen Studien

1912 N. HARTMANN: *Philosophische Grundfragen der Biologie*
M. PLANCK wird ständiger Sekretär der mathematisch-naturwissenschaftlichen Klasse der Preußischen Akademie der Wissenschaften
J. A. SCHUMPETER: *Theorie der wirtschaftlichen Entwicklung*
J. A. SCHUMPETER nimmt einen Ruf an die Universität Graz an
H. STAUDINGER wird Nachfolger von R. WILLSTÄTTER an der ETH Zürich
A. WEGENER unternimmt zusammen mit J. P. KOCH eine Expeditionsfahrt durch das Dronning-Louise-Land auf Grönland

1912 R. WILLSTÄTTER wird Leiter des neugegründeten Kaiser-Wilhelm-Institutes für Chemie in Berlin-Dahlem
L. WITTGENSTEIN geht zu B. RUSSELL nach Cambridge

Oben: *Der Weimarer Kongreß der Psychotherapeuten im September 1911. In der 2. Reihe Mitte Sigmund Freud und Carl Gustav Jung.*

Rechts: Das Blaue Pferd *(1911) von Franz Marc (1880–1916), der mit Wassilij Kandinsky die Münchener Künstlergruppe »Der Blaue Reiter« gründete (Kandinsky malte gerne Reiter, Marc bevorzugte Pferde und beide liebten die Farbe Blau).*

1913–1914

Politik und Wirtschaft

1913 18.12. * Willy Brandt
R. Luxemburg: *Die Akkumulation des Kapitals*
B. v. Suttner wird Ehrenvorsitzende des internationalen Friedensbüros

Rechts: *Albert Schweitzer (1875–1965), evangelischer Theologe, Arzt, Missionar und Musiker, gründete 1913 in Lambarene in Gabun ein Urwaldkrankenhaus, vor allem zur Bekämpfung von Lepra und Schlafkrankheit. Er lebte dort bis zu seinem Tod und trat entschieden gegen Atombombenversuche auf. 1952 erhielt er den Friedensnobelpreis.*

Wissenschaft und Technik

1913 22.3. O. Hahn heiratet Edith Junghans
29.9. † Rudolf Diesel
A. Schweitzer gründet in Lambarene ein Tropenhospital
F. Bergius läßt sich ein Verfahren zur Gewinnung flüssiger Kohlenstoffe aus Kohle patentieren
N. Bohr lehrt an der Universität Kopenhagen Physik
H. Geiger entwickelt den Spitzenzähler
E. Husserl: *Ideen zu einer reinen Phänomenologie*
K. Jaspers habilitiert sich als Assistenzarzt in Heidelberg
L. Klages: *Mensch und Erde*

1913 W. Köhler: *Über unbemerkte Empfindungen und Urteilstäuschungen*
W. Köhler übernimmt die Leitung der Antropoiden-Station der Preußischen Akademie der Wissenschaften auf Teneriffa
M. Scheler: *Der Formalismus in der Ethik und die materielle Wertethik*
H. O. Wieland wird Vorstand der organischen Abteilung des chemischen Laboratoriums der Universität München
A. O. R. Windaus wird ordentlicher Professor für angewandte medizinische Chemie in Innsbruck
L. Wittgenstein zieht sich nach Skjolden in Norwegen zurück

Kunst und Kultur

1913 29.5. I. Strawinskij: *Le Sacre du Printemps*
7.11. * Albert Camus
J. Arp beteiligt sich an der Ausstellung des ›Sturm‹ in Berlin
Ch. Chaplin wird auf einer Amerikatournee als Komiker für die Keystone Film Company engagiert
M. Ernst stellt in Bonn erstmals eigene Bilder in der Ausstellung ›Rheinische Expressionisten‹ aus
M. Gorkij kehrt aufgrund einer Amnestie nach Rußland zurück
F. Kafka: *Der Heizer*
P. Klee lernt H. Walden kennen und veröffentlicht in dessen Zeitschrift ›Der Sturm‹

1913 F. García Lorca beginnt ein Philosophie- und Jurastudium in Granada
M. Proust läßt auf eigene Kosten den ersten Band seines Romanzyklus *A la recherche du temps perdu* drucken

Rechts: *Marcel Proust (1871–1922), der französische Schriftsteller, der vor allem durch seine 18bändige Romanserie* A la recherche du temps perdu *berühmt wurde (1913–1927).*

1914 Dezember T. G. MASARYK reist nach Frankreich und England, um die Westmächte für einen unabhängigen tschechischen Staat gewinnen zu können, gleichzeitig organisiert er den politischen Kampf gegen Österreich
21. 6. † BERTHA VON SUTTNER
28. 6. Ermordung des österreichischen Erzherzogs FRANZ FERDINAND und seiner Gattin in Sarajewo
R. LUXEMBURG wird wegen Aufforderung zur Kriegsdienstverweigerung verhaftet

1913 L. WITTGENSTEIN vermacht sein von seinem Vater ererbtes Vermögen u. a. einer Stiftung für notleidende Dichter, die auch G. TRAKL und R. M. RILKE unterstützt

1914 A. ADLER gründet die ›Internationale Zeitschrift für Individualpsychologie‹
F. BERGIUS wird Leiter des neuen Forschungslabors der Firma Goldschmidt in Essen
E. BLOCH beginnt sein Werk: *Geist der Utopie*
K. F. BRAUN reist zu Verhandlungen in die USA und wird Zivilinternierter in New York
C. E. CORRENS wird Direktor des Kaiser-Wilhelm-Institutes für Biologie
A. EINSTEIN wird auf Anregung von M. PLANCK nach Berlin berufen
G. SIMMEL übernimmt den Lehrstuhl für Philosophie in Straßburg

1914 J. ARP läßt sich in Paris nieder, geht aber nach Ausbruch des Ersten Weltkrieges wieder in die Schweiz zurück
A. BRETON beginnt in Paris ein Medizinstudium
M. ERNST nimmt als Soldat am Ersten Weltkrieg teil
W. KANDINSKY kehrt nach Rußland zurück
P. KLEE reist zusammen mit MACKE und MOILLIET nach Tunesien

Links: *Verhaftung des serbischen Attentäters Gavrilo Princip (mit Kreuz), der am 28.6.1914 den österreichischen Thronfolger Erzherzog Franz Ferdinand und dessen Frau in Sarajewo ermordete und damit den Ersten Weltkrieg auslöste.*

Mitte: *Der britische Fischdampfer »King Stephen« läßt die Mannschaft des abgeschossenen deutschen Luftschiffs »L 19« in der Nordsee ohne Hilfeleistung untergehen.*

Unten: *In einem Eisenbahnwaggon im Wald von Compiègne wurde am 11.11. 1918 der Waffenstillstand zwischen den Deutschen und den Alliierten unterzeichnet. Im Bild der Oberbefehlshaber der alliierten Truppen in Frankreich Marschall Ferdinand Foch (2. v. r.).*

Gegenüberliegende Seite:

Oben links: *Bekanntgabe der allgemeinen Mobilmachung in Berlin am 1.8.1914.*

Oben rechts: *Extrablätter werden zum Kriegsausbruch in Berlin Unter den Linden verteilt.*

Mitte: *Warnschild in Armentières bei Lille, das während des Ersten Weltkrieges durch den Gaskampfstoff »Gelbkreuz« verseucht wurde.*

Unten: *Unterzeichnung des Friedensvertrages zwischen den Deutschen und den Alliierten im Spiegelsaal von Versailles. Im Vordergrund (Rükkenansicht) Außenminister H. Müller-Franken, gegenüber G. Clemenceau, rechts D. Lloyd George, links W. Wilson. Gemälde von Sir William Orpen (1921).*

Die Mobilmachung.

Die Königlichen Bezirkskommandos erlassen folgende

Bekanntmachung.

1. Seine Majestät der Kaiser und König haben die Mobilmachung befohlen.

Der 2. August gilt als erster Mobilmachungstag
„ 3. „ „ „ zweiter „
„ 4. „ „ „ dritter „
„ 5. „ „ „ vierter „
„ 6. „ „ „ fünfter „
und so weiter fort.

Alle Offiziere, Sanitätsoffiziere, Beamte, Unteroffiziere und Mannschaften des Beurlaubtenstandes einschließlich Ersatzreserve haben ihre häuslichen Angelegenheiten zu ordnen und ihrer Kriegsbeorderung, ohne anderweitigen Befehl abzuwarten, Folge zu leisten.

2. Die etwa außer Kontrolle stehenden Mannschaften sowie diejenigen, welche von auswärtigen Bezirkskommandos, vom Truppenteil oder anderen Kommandobehörden kommend, sich bisher noch nicht beim Bezirksfeldwebel angemeldet haben, haben sich sofort bei ihrem zuständigen Bezirkskommando unter Vorlage ihrer Militärpapiere zu melden, und zwar

mündlich: bei der zu diesem Zwecke besonders eingerichteten Anmeldestelle in Schöneberg, Kolonnenstraße Nr. 23,

schriftlich: z. B. „An die Anmeldestelle des Bezirkskommandos I. Berlin in Schöneberg, Kolonnenstraße Nr. 23".

Wer dieses unterläßt, wird nach den Kriegsgesetzen streng bestraft.

3. Mannschaften, denen im Frieden eine Paßnotiz behändigt ist, haben einen besonderen Befehl zu erwarten. Jede Wohnungsveränderung dieser Mannschaften ist binnen 48 Stunden dem zuständigen Bezirksfeldwebel zu melden. Wer diese Meldung unterläßt, wird nach den Kriegsgesetzen bestraft.

4. Inaktive Offiziere, Sanitätsoffiziere und obere Militärbeamte sowie Zivilärzte, welche sich noch nicht zur Verwendung bereit erklärt haben, sowie die nicht mehr dem Beurlaubtenstande angehörigen [illegible] und Unteroffiziere, welche für die Dauer des mobilen Zustandes freiwillig wieder in den Dienst treten wollen, werden aufgefordert, sich bis zum 5. Mobilmachungstage unter Mitbringung ihrer Personalpapiere bei dem zuständigen Bezirkskommando in den neuen Dienstgebäuden auf dem Tempelhofer Felde, General-Pape-Straße, zu melden.

5. Die Einberufenen haben sich an ihren Gestellungsort zu begeben, ohne irgendwelche Gebührnisse vorher zu empfangen. Dieselben sind zur freien

1915–1917

Politik und Wirtschaft

1915 20. 6. † EMIL RATHENAU
D. BEN GURION wird zusammen mit ISAAC BEN-ZWI aus der Türkei nach Ägypten verbannt
W. CHURCHILL wird nach dem Scheitern der Dardanellenoffensive aus dem britischen Kabinett entlassen und geht als Bataillonskommandeur an die Front
J. B. TITO gerät als österreichisch-ungarischer Soldat in russische Gefangenschaft

Wissenschaft und Technik

1915 22. 4. Unter Leitung von F. HABER wird erstmals Chlorgas an der Front eingesetzt
20. 8. † PAUL EHRLICH
M. BORN wird Professor für Physik an der Universität Berlin
A. FLEMING heiratet SARAH MARION MCELROY
H. JUNKERS gründet in Dessau eine Forschungsanstalt für Flugtechnik und die ›Junkers-Flugzeugwerk AG‹
A. SOMMERFELD gelingt die Berechnung der universellen Feinstrukturkonstanten nach Bekanntwerden des Rutherford-Bohrschen Atommodells
A. TOYNBEE tritt in das Foreign Office ein
O. H. WARBURG wird Professor für Physiologie an der Universität Berlin

1915 A. WEGENER: *Die Entstehung der Kontinente und Ozeane*
R. WILLSTÄTTER erhält den Nobelpreis für Chemie
A. O. R. WINDAUS wird als Nachfolger von O. WALLACH Ordinarius für Chemie in Göttingen

Kunst und Kultur

1915 M. CHAGALL heiratet BELLA ROSENFELD
G. DE CHIRICO verläßt Paris und wird in Ferrara eingezogen
P. HINDEMITH wird Konzertmeister am Frankfurter Opernhaus
J. JOYCE läßt sich mit seiner Familie in Zürich nieder
R. ROLLAND erhält den Nobelpreis für Literatur
A. SCHÖNBERG kehrt nach Wien zurück
TH. MANN: *Friedrich und die große Koalition*, führt zum Zerwürfnis mit seinem Bruder HEINRICH

Unten: *Russische Künstler 1917 in Moskau. Von links: Boris Pasternak (1890–1960), Vladimir Majakovskij (1893–1930), rechts Sergej Eisenstein (1898–1948).*

1916 26.10. * FRANÇOIS MITTERRAND
21.11. † FRANZ JOSEPH I.

1917 April W. I. LENIN gelangt mit Hilfe der deutschen Regierung zurück nach Petersburg
Juli W. I. LENIN flieht nach einem mißlungenen Putschversuch in Rußland nach Finnland
7. November Machtübernahme der Bolschewiki in Rußland unter Führung LENINS und TROTZKIJS. LENIN übernimmt den Vorsitz im Rat der Volkskommissare
K. ADENAUER wird Oberbürgermeister der Stadt Köln
W. CHURCHILL wird unter LLOYD GEORGE Munitionsminister
E. PACELLI (PIUS XII.) wird päpstlicher Nuntius in Deutschland
E. PANKHURST reist mit Propagandaaufträgen nach Rußland und Kanada

---

1916 19.2. † ERNST MACH
N. BOHR wird Professor an der Universität Kopenhagen
E. HUSSERL wird Nachfolger von H. RIKKERTS an der Universität Freiburg i. Br.
B. RUSSELL verliert seine Stellung als Dozent am Trinity College in Cambridge wegen seines Eintretens für die Wehrdienstverweigerung
R. WILLSTÄTTER wird Nachfolger von J. A. F. W. BAEYER auf dem Lehrstuhl für Chemie an der Universität in München

1917 8.3. † FERDINAND GRAF VON ZEPPELIN
31.3. † EMIL ADOLF VON BEHRING
27.6. † GUSTAV VON SCHMOLLER
20.8. † ADOLF JOHANN FRIEDRICH WILHELM VON BAEYER
15.11. † EMILE DURKHEIM
A. SCHWEITZER wird als Zivilinternierter nach Europa zurückgebracht
E. BLOCH emigriert aus Protest gegen den deutschen Eroberungskrieg in die Schweiz
K. V. FRISCH heiratet MARGARETE MOHR
O. HAHN wird zum Dienst bei der Inspektion der Gasregimenter im Großen Hauptquartier eingezogen
H. O. WIELAND wird Mitarbeiter am Kaiser-Wilhelm Institut für organische Chemie in Berlin

---

1916 11.5. † MAX REGER
J. ARP wird Mitbegründer des Dadaismus in Zürich
F. KAFKA: *Das Urteil*
P. MONDRIAN lernt den Philosophen SCHOENMAECKER in Laren kennen
E. MUNCH: *Die Sonne*
P.-A. RENOIR: *Badende Frauen*

1917 17.11. † AUGUSTE RODIN
21.12. * HEINRICH BÖLL
August F. KAFKA erkrankt an Lungentuberkulose
B. BRECHT beginnt in München ein naturwissenschaftliches Studium
M. CHAGALL wird Kommissar der Bildenden Künste für Witebsk
G. DE CHIRICO lernt CARLO CARRÀ kennen; sie begründen gemeinsam die ›Pittura metafisica‹
LE CORBUSIER läßt sich in Paris endgültig nieder
P. MONDRIAN gibt zusammen mit dem Maler THEO VAN DOESBURG in Holland die Zeitschrift ›De Stijl‹ heraus
P. PICASSO lernt aufgrund seiner Arbeiten für das russische Ballett von DJAGILEV J. COCTEAU, E. SATIE und I. STRAWINSKIJ kennen.
ST. ZWEIG geht nach Zürich und wird Mitarbeiter der ›Neuen Freien Presse‹
F. WERFEL läßt sich in Wien nieder

1918–1919

Politik und Wirtschaft

1918 10.11. WILHELM II. geht nach Holland ins Exil
14.11. T. G. MASARYK wird erster Präsident der neugeschaffenen tschechoslowakischen Republik
28.11. WILHELM II. verzichtet auf den deutschen Thron
21.12. * KURT WALDHEIM
23.12. * HELMUT SCHMIDT
März W. I. LENIN läßt in Brest-Litowsk einen Friedensvertrag mit Deutschland abschließen
R. LUXEMBURG: *Die russische Revolution*
Dezember R. LUXEMBURG wird Mitbegründerin der KPD

1918 F. NANSEN leitet die norwegische Delegation beim Völkerbund in Genf und setzt sich für die Repatriierung der Kriegsgefangenen aus Rußland ein
E. OLLENHAUER wird Vorsitzender der Sozialistischen Arbeiterjugend
E. PANKHURST reist nach Erlaß der ›Representation of the People Act‹ nach Kanada und läßt sich dort nieder
J. B. TITO schließt sich der Roten Armee in Rußland an

Wissenschaft und Technik

1918 6.1. † GEORG CANTOR
20.4. † KARL FERDINAND BRAUN
26.9. † GEORG SIMMEL
R. AMUNDSEN durchfährt mit seiner ›Maud‹ die Nordostpassage und erforscht die nordsibirische Küste
K. V. FRISCH wird Privatdozent für Zoologie an der Universität München
E. FISCHER wird Professor für Anatomie und Anthropologie an der Universität Freiburg i. Br.
F. HABER wird von den Siegermächten als Kriegsverbrecher angeklagt
H. J. OBERTH heiratet MATHILDE HUMMEL

1918 J. PIAGET wendet sich nach einem Biologiestudium der Psychologie zu
M. PLANCK erhält den Nobelpreis für Physik
K. R. POPPER studiert Geschichte, Literatur, Psychologie, Philosophie, Medizin, Mathematik und theoretische Physik an der Universität Wien
B. RUSSELL wird wegen pazifistischer Veröffentlichungen für mehrere Monate verhaftet
M. WEBER wird Berater der Verfassungskommission und der deutschen Delegation in Versailles

Kunst und Kultur

1918 25.3. † CLAUDE DEBUSSY
B. BRECHT: *Baal*
C. J. BURCKHARDT befreundet sich mit H. V. HOFMANNSTHAL
G. DE CHIRICO reist nach Rom
M. ERNST heiratet LOUISE STRAUSS
W. KANDINSKY wird Mitglied des Kunstkollegiums im Volkskommissariat
G. LUKÁCS wird Mitglied der ungarischen Kommunistischen Partei
H. MANN: *Der Untertan*
P. PICASSO heiratet die Ballettänzerin OLGA KHOKLOWA
M. PROUST übernimmt die Herausgabe der ›Nouvelle Revue Française‹
O. SPENGLER: *Der Untergang des Abendlandes*, 1. Teil

1918 TH. MANN: *Betrachtungen eines Unpolitischen*

1919 3.12. † PIERRE-AUGUSTE RENOIR
J. ARP beteiligt sich an der Kölner Dadabewegung zusammen mit M. ERNST und J. BAARGELD
B. BARTÓK wird Mitglied des ungarischen Musikrates der Räterepublik
A. BRETON schließt sich der Dada-Idee an und gibt zusammen mit ARAGON und SOUPAULT die Dada-Zeitschrift ›Littérature‹ heraus

1919 15. 1. † ROSA LUXEMBURG
10. 6. Rücktritt des Kabinetts SCHEIDEMANN
W. CHURCHILL wird Kriegs- und Luftfahrtminister
J. MONNET wird Stellvertretender Generalsekretär des Völkerbundes
R. SCHUMAN wird Abgeordneter des luxemburgischen Parlamentes

Der Soziologe Max Weber (1864–1920) mit dem Schriftsteller und Politiker Ernst Toller (1893–1939) und dem Schriftsteller Erich Mühsam (1878–1934) während einer Tagung 1917.

1919 15. 7. † EMIL HERMANN FISCHER
9. 8. † ERNST HAECKEL
M. BORN wird Professor für Physik in Frankfurt a. M.
A. EINSTEIN heiratet seine Cousine ELSA EINSTEIN
F. HABER erhält den Nobelpreis für Chemie
Oktober H. STAUDINGER sendet F. HABER seine Publikation über den Gaskrieg
J. M. KEYNES nimmt an den Friedensverhandlungen in Versailles teil, verläßt die Konferenz aber, da er die alliierten Reparationsforderungen für zu hoch hält
L. KLAGES verlegt sein Seminar für Ausdruckskunde nach Zürich

1919 G. MARCONI wird Bevollmächtigter Delegierter Italiens auf der Pariser Friedenskonferenz
W. REICH gründet in Wien ein Studienseminar für Sexologie
M. SCHELER wird Professor für Soziologie in Köln und leitet das Forschungsinstitut für Sozialwissenschaften
J. A. SCHUMPETER wird für acht Monate Finanzminister in Österreich
A. TOYNBEE nimmt als britischer Delegierter an der Pariser Friedenskonferenz teil
M. WEBER folgt einem Ruf an die Universität München

1919 CH. CHAPLIN gründet zusammen mit D. FAIRBANKS und M. PICKFORD die ›United Artists‹-Filmproduktion
S. DALÍ besucht die Akademie der Schönen Künste in Madrid
A. GIDE: *La symphonie pastorale*
W. GROPIUS wird als Nachfolger VAN DE VELDES nach Weimar berufen und begründet hier das »Bauhaus«, die Hochschule für künstlerische Gestaltung
H. HESSE siedelt von Bern nach Montagnola über
F. KAFKA: *Ein Landarzt*
O. KOKOSCHKA wird Professor an der Kunstakademie in Dresden

1919 G. LUKÁCS wird Volkskommissar für das Unterrichtswesen in der ungarischen Räterepublik
J. MIRÓ läßt sich in Paris nieder
P. MONDRIAN kehrt nach Paris zurück
H. MOORE beginnt in Leeds ein Kunststudium
C. V. OSSIETZKY wird Sekretär der ›Deutschen Friedensgesellschaft‹
M. PROUST erhält den Prix Goncourt für den zweiten Band seines Romanzyklus: *A l'ombre des jeunes filles en fleurs*
R. M. RILKE hält sich vor allem in der Schweiz auf
R. STRAUSS beteiligt sich neben seinen Aufgaben in Berlin an der Leitung der Wiener Staatsoper
ST. ZWEIG läßt sich in Salzburg nieder

1920–1921

Politik und Wirtschaft

1920 März Kapp-Putsch in Berlin
18.5. * KAROL WOJTYLA (Johannes Paul II.)
K. ADENAUER wird Präsident des preußischen Staatsrats
CH. WEIZMANN wird Präsident der Zionistischen Weltorganisation
C. F. GOERDELER wird Bürgermeister von Königsberg
A. G. RONCALLI wird Präsident des Zentralrates des Päpstlichen Missionswerkes für Italien
J. B. TITO kehrt nach Jugoslawien zurück und beteiligt sich am Aufbau der Kommunistischen Partei und der Gewerkschaft
P. TOGLIATTI wird Sekretär der PSI in Turin

Wissenschaft und Technik

1920 14.6. † MAX WEBER
31.8. † WILHELM MAX WUNDT
N. BOHR leitet das Institut für theoretische Physik an der Universität Kopenhagen
ANNA FREUD beginnt nach ihrer Ausbildung als Lehrerin ein Studium der Psychologie bei ihrem Vater
E. FROMM wird Mitbegründer des ›Freien Jüdischen Lehrhauses‹
N. HARTMANN wird Professor für Philosophie an der Universität Marburg
W. KÖHLER übernimmt die Leitung des Psychologischen Institutes in Berlin
W. NERNST erhält den Nobelpreis für Chemie
J. PIAGET arbeitet in BINETS Laboratorium in Paris

1920 H. PLESSNER wird Privatdozent an der Universität Köln
W. REICH wird Mitarbeiter von S. FREUD
B. RUSSELL verfaßt nach seiner Reise nach Rußland: *The Practice and Theory of Bolshevism*
H. STAUDINGER veröffentlicht seine Thesen über den makromolekularen Bau hochpolymerer Verbindungen
L. WITTGENSTEIN läßt sich als Dorfschullehrer in Niederösterreich nieder

Kunst und Kultur

1920 25.1. † AMADEO MODIGLIANI
H. V. HOFMANNSTHAL: *Jedermann*
J. JOYCE läßt sich in Paris nieder
W. KANDINSKY wird Professor an der Universität Moskau
P. KLEE wird von W. GROPIUS an das staatliche Bauhaus in Weimar berufen
LE CORBUSIER gründet zusammen mit dem Maler A. OZENFANT die Zeitschrift ›L'Esprit Nouveau‹
G. LUKÁCS: *Die Theorie des Romans*
P. MONDRIAN: *Le Néo-Plasticisme*
M. RAVEL: *La Valse*
M. REINHARDT inszeniert den *Jedermann* auf dem Salzburger Domplatz
I. STRAWINSKIJ läßt sich in Frankreich nieder
I. STRAWINSKIJ: *Pulcinella*

1920 ST. ZWEIG heiratet FRIDERIKE V. WINTERNITZ

1921 27.11. * ALEXANDER DUBČEK
29.7. A. HITLER wird 1. Vorsitzender der NSDAP
D. BEN GURION übernimmt die Leitung der jüdischen Gesamtgewerkschaft im Rahmen der jüdischen Selbstverwaltung in Palästina
W. CHURCHILL wird Staatssekretär für die Britischen Kolonien
W. I. LENIN verkündet die ›Neue Ökonomische Politik‹

1921 F. NANSEN wird Hochkommissar für Flüchtlingsfragen beim Völkerbund
P. NENNI tritt in die Sozialistische Partei Italiens ein
P. TOGLIATTI wird Mitbegründer der Kommunistischen Partei Italiens (PCI)

Links: *Wolfgang Kapp (1858–1922). Als extremer Nationalist versuchte er im März 1920 zusammen mit General von Lüttwitz die Reichsregierung zu stürzen.*

Unten: *Charles Spencer (»Charlie«) Chaplin (1889–1977) schrieb und produzierte fast alle Filme selbst, in denen er auch die Hauptrolle spielte. Hier in* The Kid *(1921).*

1921 M. BORN folgt einem Ruf als ordentlicher Professor für Physik nach Göttingen
A. F. BUTENANDT studiert Chemie und Biologie an der Universität Marburg
K. V. FRISCH wird Professor für Zoologie in Rostock
E. FISCHER: *Menschliche Erblichkeitslehre und Rassenhygiene*
J. PIAGET beginnt mit empirischen Studien zur kognitiven Entwicklung des Menschen am Institut Jean-Jacques Rousseau in Genf
A. PORTMANN wird Assistent bei E. GUYÉNOT in Genf
L. WITTGENSTEIN: *Tractatus logico-philosophicus*

1921 J. ARP heiratet die Malerin SOPHIE TAEUBER
A. BRETON trennt sich von den Dadaisten
CH. CHAPLIN: *The Kid*
M. GORKIJ begibt sich wegen seines Lungenleidens nach Sorrent
P. HINDEMITH führt sein Drittes Streichquartett bei den Donaueschinger Kammermusikaufführungen auf
W. KANDINSKY verläßt die Sowjetunion und geht nach Berlin
W. KANDINSKY folgt einem Ruf an das Bauhaus in Weimar
H. MOORE wird Stipendiat am Royal College of Art

1922–1923

Politik und Wirtschaft

1922 24.6. Ermordung des deutschen Außenministers W. RATHENAU
29.10. MUSSOLINIS Marsch auf Rom
W. CHURCHILL tritt zusammen mit LLOYD GEORGE zurück
F. NANSEN erhält den Friedensnobelpreis
P. TOGLIATTI wird Mitglied des Zentralkomitees der PCI

Walther Rathenau (1867–1922). Seit 1922 Reichsaußenminister, unterzeichnete er im April 1922 den Rapallo-Vertrag mit der UdSSR. Im Juni 1922 wurde er von rechtsradikalen Offizieren erschossen.

Wissenschaft und Technik

1922 26.5. † ERNEST SOLVAY
L. BINSWANGER: *Einführung in die Probleme der allgemeinen Psychologie*
N. BOHR erhält den Nobelpreis für Physik
A. EINSTEIN erhält rückwirkend den Nobelpreis für Physik
E. FERMI geht nach seiner Promotion an der Universität Pisa nach Göttingen zu M. BORN
ANNA FREUD wendet sich der Kinderanalyse zu
M. HEIDEGGER wird außerordentlicher Professor in Marburg
W. HEISENBERG lernt in Göttingen N. BOHR kennen
K. JASPERS erhält gegen den Widerstand von H. RICKERT einen Lehrstuhl für Philosophie in Heidelberg

1922 K. LORENZ beginnt ein Medizinstudium an der Columbia University in New York
L. MEITNER habilitiert sich an der Universität Berlin
A. PORTMANN studiert in München bei R. HERTWIG, S. MOLLIER und H. WÖLFFLIN
E. SCHRÖDINGER wird Professor für theoretische Physik in Zürich
J. A. SCHUMPETER wird Präsident einer österreichischen Privatbank

Kunst und Kultur

1922 18.11. † MARCEL PROUST
B. BRECHT: *Trommeln in der Nacht*
B. BRECHT erhält den Kleistpreis
A. BRETON veröffentlicht zusammen mit PHILIPPE SOUPAULT: *Les champs magnétiques*
M. CHAGALL kehrt nach Paris zurück
M. ERNST trennt sich von seiner Frau und reist nach Paris
H. V. HOFMANNSTHAL: *Das Salzburger Große Welttheater*
H. HESSE: *Siddhartha*
P. HINDEMITH wird als Bratschist Mitglied des Amar-Quartetts
J. JOYCE: *Ulysses*
F. KAFKA wird vorzeitig pensioniert
O. KOKOSCHKA: *Dresden-Neustadt*

1922 K. KRAUS: *Die letzten Tage der Menschheit*
R. M. RILKE: *Duineser Elegien*
O. SPENGLER: *Der Untergang des Abendlandes*, 2. Teil
K. S. STANISLAWSKIJ unternimmt mit seiner Schauspieltruppe eine zweite Gastspielreise durch Europa und die Vereinigten Staaten
TEILHARD DE CHARDIN hält paläontologische und geologische Vorlesungen am Institut Catholique in Paris
TH. MANN und H. MANN versöhnen sich wieder

1923 9.11. A. HITLER scheitert mit seinem Putschversuch in München
P. NENNI wird Chefredakteur des ›Avanti‹

Rechts: *Adolf Hitler mobilisierte am 9.11.1923 seinen Kampfbund, die SA, um seinen gemeinsam mit General Erich Ludendorff am 8.11. eingeleiteten Putschversuch gegen die Reichsregierung zu vollenden. Beide wurden aber verhaftet.*

1923 10.2. † WILHELM CONRAD RÖNTGEN
R. AMUNDSEN scheitert mit dem Versuch, von Point Barrow aus mit dem Flugzeug den Nordpol zu erreichen
K. H. BAUER wird Dozent für Chirurgie in Göttingen
K. v. FRISCH wird Professor für Zoologie in Breslau
Gründung des ›Wiener Kreises‹ mit M. SCHLICK, R. CARNAP, FR. WAISMANN, H. FEIGL, O. NEURATH, V. KRAFT, H. HAHN, PH. FRANK und K. GÖDEL
E. KRETSCHMER wird Pofessor und Direktor der Nervenklinik in Marburg

1923 H. J. OBERTH legt in Heidelberg die Lehramtsprüfung ab
H. J. OBERTH: *Die Rakete zu den Planetenräumen*
A. PORTMANN setzt seine Studien in Berlin bei O. HERTWIG und H. NACHTSHEIM fort
K. W. ZIEGLER wird Privatdozent für Chemie an der Universität Marburg

1923 September F. KAFKA lebt zusammen mit DOA DYMANT in Berlin
B. BARTÓK heiratet DITTA PÁSZTORY
S. BECKETT beginnt sein Studium am Trinity College in Dublin mit Romanistik
M. BUBER: *Ich und Du*
M. BUBER lehrt an der Universität Frankfurt a. M. Religionswissenschaft
S. DALÍ wird wegen revolutionärer Umtriebe von der Akademie der Schönen Künste in Madrid relegiert
H. HESSE wird Schweizer Staatsbürger
P. HINDEMITH wird Mitglied des Arbeitsausschusses der Donaueschinger Kammermusikfeste
LE CORBUSIER: *Vers une Architecture*
G. LUKÁCS: *Geschichte und Klassenbewußtsein*

1923 R. M. RILKE erkrankt an Leukämie
G. B. SHAW: *Saint Joan*

1924–1925

Politik und Wirtschaft

1924 21. 1. † WLADIMIR ILJITSCH LENIN
W. CHURCHILL wird als Mitglied der konservativen Partei Schatzkanzler
TH. HEUSS wird als Mitglied der DDP Abgeordneter des Reichstages

Wissenschaft und Technik

1924 K. E. CIOLKOVSKIJ übernimmt die Leitung der neu gegründeten Sektion für interplanetaren Verkehr der Luftkriegsakademie
G. DOMAGK wird Privatdozent an der Universität Greifswald für Pathologie
W. HEISENBERG habilitiert sich an der Universität Göttingen
Winter W. HEISENBERG geht zu N. BOHR nach Kopenhagen
H. JUNKERS gründet in Dessau die ›Junkers Motorenbau GmbH‹
E. KRETSCHMER: *Konstitution und Charakter*
K. R. POPPER schließt eine Lehre als Tischler mit der Gesellenprüfung ab
J. A. SCHUMPETER verliert sein Vermögen beim Zusammenbruch der Wiener Privatbank, der er vorsteht

1924 A. SCHWEITZER kehrt nach Lambarene zurück
TH. W. ADORNO promoviert bei HUSSERL
A. WEGENER übernimmt den für ihn eingerichteten Lehrstuhl für Meteorologie an der Universität Graz
R. WILLSTÄTTER legt aus Protest gegen antijüdische Strömungen an der Universität München seine Professur nieder

1925 22. 6. † CHRISTIAN FELIX KLEIN
R. AMUNDSEN scheitert erneut bei dem Versuch, zusammen mit L. ELLSWORTH in einem Flugzeug den Nordpol zu überfliegen
W. v. BRAUN lernt OBERTHS Buch: *Die Raketen zu den Planetenräumen* kennen
F. BERGIUS verkauft seine Patente zur Kohleverflüssigung an die BASF

Kunst und Kultur

1924 3. 6. † FRANZ KAFKA
B. BRECHT läßt sich in Berlin nieder und wird neben CARL ZUCKMAYER Dramaturg am Deutschen Theater unter M. REINHARDT
A. BRETON: *Manifeste du surréalisme*
A. MALRAUX wird in Pnom Penh wegen versuchter Ausfuhr geraubter Khmer-Statuen verurteilt
J. MIRÓ unterschreibt BRETONS surrealistisches Manifest
J.-P. SARTRE besucht die École Normale Supérieure in Paris, wo er R. ARON, P. NIZAN und SIMONE DE BEAUVOIR kennenlernt
TH. MANN: *Der Zauberberg*
A. WEBERN übernimmt die Zwölftontechnik A. SCHÖNBERGS

1925 28. 2. † FRIEDRICH EBERT
P. v. HINDENBURG wird zum Nachfolger gewählt
19. 3. A. G. RONCALLI (JOHANNES XXIII.) wird in Rom zum Bischof geweiht
13. 10. * MARGARET H. THATCHER
CH. DE GAULLE tritt für eine Reorganisation des französischen Heeres ein
A. HITLER: *Mein Kampf*

Reichsaußenminister Dr. Gustav Stresemann (links) und Reichskanzler Dr. Hans Luther (Mitte) unterzeichneten im Oktober 1925 für Deutschland den Vertrag von Locarno, der die Stellung Deutschlands in Europa regelte und die Voraussetzung für dessen Beitritt zum Völkerbund bildete (1926).

1925 B. CROCE gibt seinen *Protest* gegen GENTILES *Manifest der faschistischen Intellektuellen* heraus
G. DOMAGK wird Privatdozent für Pathologie an der Universität Münster
K. v. FRISCH wird als Nachfolger von HERTWIG nach München berufen
E. FISCHER wird Direktor des von ihm und H. MUCKERMANN gegründeten Kaiser-Wilhelm-Institutes für Anthropologie in Berlin
H. GEIGER übernimmt eine Professur für Physik an der Universität Kiel
N. HARTMANN lehrt an der Universität Köln
F. JOLIOT-CURIE wird Mitarbeiter von M. CURIE an dem neugegründeten Radium-Institut der Sorbonne in Paris

1925 E. P. JORDAN entwickelt zusammen mit N. BOHR und W. HEISENBERG die Grundlagen der Matrizenmechanik
J. PIAGET wird Professor in Neuchâtel
J. A. SCHUMPETER übernimmt einen Lehrstuhl für Finanzwissenschaften an der Universität Bonn
TH. W. ADORNO studiert Musik bei A. BERG in Wien
A. TOYNBEE wird Professor an der London School of Economics
H. O. WIELAND wird als Nachfolger von R. WILLSTÄTTER an die Universität München berufen

1925 M. BUBER und F. ROSENZWEIG beginnen mit der Neuverdeutschung des Alten Testamentes
G. DE CHIRICO kehrt nach Paris zurück
W. KANDINSKY gründet zusammen mit FEININGER, KLEE und JAWLENSKY die Gruppe der ›Blauen Vier‹ am neuen Bauhaus in Dessau
E. KÄSTNER promoviert in Leipzig zum Dr. phil.
P. KLEE siedelt mit dem Bauhaus nach Dessau über
H. MOORE wird Leiter einer Bildhauerklasse am Royal College of Art
G. B. SHAW erhält den Nobelpreis für Literatur

1926–1927

Politik und Wirtschaft

1926 2. 2. * VALÉRY GISCARD D'ESTAING
17. 9. G. STRESEMANN u. A. BRIAND treffen sich in Thoiry
A. DE GASPERI wird als Generalsekretär der italienischen Volkspartei verhaftet
P. NENNI emigriert nach Paris
E. PANKHURST kehrt nach England zurück
P. TOGLIATTI emigriert nach Deutschland und Frankreich

Die »Lufthansa« wurde am 1.6.1926 durch Zusammenschluß von »Junkers Luftverkehr« und »Deutscher Aero Lloyd« in Berlin gegründet. Am 24.7.1926 starteten zwei »Junkers G 24« von Berlin aus zu einem Erkundungsflug über Moskau nach Peking. Das Foto zeigt die Ankunft in Peking am 30.8.1926.

Wissenschaft und Technik

1926 Mai R. AMUNDSEN überfliegt zusammen mit dem Amerikaner L. ELLSWORTH und dem Italiener NOBILE mit einem Luftschiff von Spitzbergen aus den Nordpol
R. CARNAP wird Dozent für Philosophie an der Universität Wien und Wortführer des ›Wiener Kreises‹
J. FRH. V. UEXKÜLL gründet in Hamburg das ›Institut für Umweltforschung‹
E. FROMM erhält in München seine erste Psychoanalyse
F. JOLIOT-CURIE heiratet I. CURIE

1926 E. P. JORDAN gibt eine verallgemeinernde Darstellung der Quantenmechanik auf der Basis der Wahrscheinlichkeitsrechnung
K. MANNHEIM wird Privatdozent an der Universität Heidelberg
H. PLESSNER wird außerordentlicher Professor für Philosophie in Köln
E. SCHRÖDINGER entwickelt die Wellenmechanik und beweist die mathematische Gleichwertigkeit der Wellen- und Matrizenmechanik
H. STAUDINGER erhält einen Ruf an die Universität Freiburg
O. H. WARBURG: *Über den Stoffwechsel in Tumoren*
L. WITTGENSTEIN: *Wörterbuch für Volksschulen*

Kunst und Kultur

1926 6. 12. † CLAUDE MONET
29. 12. † RAINER MARIA RILKE
J. ARP läßt sich in Meudon bei Paris nieder
W. GROPIUS verlegt das Bauhaus von Weimar nach Dessau
P. HINDEMITH: *Cardillac*
C. V. OSSIETZKY wird Chefredakteur der Zeitschrift ›Die Weltbühne‹
A. SCHÖNBERG geht erneut nach Berlin, um eine Meisterklasse an der Akademie der Künste zu leiten
C. ZUCKMAYER läßt sich in Henndorf bei Salzburg nieder

1927 J. B. TITO wird Sekretär der Metallarbeitergewerkschaft
L. TROTZKIJ und ZINOVJEV werden auf Betreiben J. STALINS aus der Partei ausgeschlossen

Rechts: *Am 8.9.1926 beschloß die Völkerbundversammlung in Genf die Aufnahme Deutschlands. Am 10.9. hielt Reichsaußenminister Gustav Stresemann in Genf die Antrittsrede. Das Foto zeigt ihn (links) mit dem britischen Außenminister Sir Joseph Austen Chamberlain und dem französischen Außenminister Aristide Briand (2. v. r.).*

1927 N. BOHR entwickelt zusammen mit W. HEISENBERG die sog. ›Kopenhagener Deutung‹ der Quantentheorie
A. F. BUTENANDT beginnt seine Forschungen über Hormone der Keimdrüsen
K. V. FRISCH: *Aus dem Leben der Bienen*
E. FERMI übernimmt den neugeschaffenen Lehrstuhl für theoretische Physik in Rom
E. FISCHER wird Professor für Anthropologie an der Universität Berlin
S. FREUD: *Die Zukunft einer Illusion*
E. FROMM tritt dem Kreis um M. HORKHEIMER in Frankfurt a. M. bei
W. HEISENBERG wird Ordinarius für theoretische Physik in Leipzig
E. P. JORDAN wird Extraordinarius für theoretische Physik an der Universität Rostock

1927 B. MALINOWSKI wird Professor für Ethnosoziologie an der Universität London
G. K. MYRDAL lehrt politische Ökonomie an der Universität Stockholm
B. RUSSELL eröffnet zusammen mit seiner zweiten Frau eine Schule für Kinder
E. SCHRÖDINGER geht als Professor nach Berlin
H. O. WIELAND erhält den Nobelpreis für Chemie

1927 30.10. † MAXIMILIAN HARDEN
M. BILL studiert am Bauhaus in Dessau
S. DALÍ hält sich erstmals in Paris auf
M. ERNST heiratet MARIE-BERTHE AURENCHE
A. GIDE: *Voyage au Congo*
H. HESSE: *Der Steppenwolf*
P. HINDEMITH wird als Kompositionslehrer an die Berliner Musikhochschule berufen
E. KÄSTNER läßt sich als freier Journalist in Berlin nieder
LE CORBUSIER entwirft das Völkerbundpalais
M. MAETERLINCK: *La vie des termites*
R. ROLLAND bekennt sich öffentlich zum Kommunismus

1927 I. STRAWINSKIJ: *Oedipus Rex*
ST. ZWEIG: *Sternstunden der Menschheit*
H. VAN DE VELDE leitet das ›Institut supérieur des arts décoratifs‹ in Brüssel

1928–1929

Politik und Wirtschaft

1928 L. Erhard lehrt an der Handelshochschule in Nürnberg
E. Pankhurst läßt sich als Kandidatin der konservativen Partei für Whitechapel und St. Georg's aufstellen
14. 6. † Emmeline Pankhurst

Wissenschaft und Technik

1928 R. Amundsen beteiligt sich an der Rettungsaktion des im Eis notgelandeten Luftschiffs des italienischen Polarforschers Nobile
18. 6. † Roald Engebregt Gravning Amundsen
E. Fermi heiratet Laura Capon
A. Fleming wird Ordinarius für Bakteriologie am St. Mary's Hospital
H. Geiger baut zusammen mit E. W. Müller das nach ihm benannte Zählrohr zur Strahlungsmessung
O. Hahn wird Direktor des Kaiser-Wilhelm-Institutes für Chemie in Berlin
M. Heidegger wird als Nachfolger von E. Husserl nach Freiburg i. Br. berufen

1928 D. Hilbert: *Grundzüge der theoretischen Logik*
K. Lorenz promoviert in Medizin an der Universität Wien und beginnt das Studium der Zoologie und Psychologie
H. J. Oberth versucht zusammen mit F. Lang eine Rakete zu bauen
M. Scheler wird Professor in Frankfurt a. M.
M. Scheler: *Die Stellung des Menschen im Kosmos*
19. Mai † Max Scheler
E. Schrödinger geht als Nachfolger von M. Planck nach Berlin
A. O. R. Windaus erhält den Nobelpreis für Chemie
K. W. Ziegler wird Professor für Chemie an der Universität Heidelberg

Kunst und Kultur

1928 1. 5. † Ebenezer Howard
B. Brecht und K. Weill: *Die Dreigroschenoper*
P. de Coubertin gründet das ›Bureau international de la pédagogie sportive‹
M. Gorkij kehrt endgültig nach der Sowjetunion zurück
W. Gropius gibt die Leitung des Bauhauses ab und wird freischaffend tätig
Herbst S. Beckett wird Englisch-Lektor an der École Normale Supérieure in Paris
E. Kästner: *Emil und die Detektive*
M. Ravel: *Bolero*
St. Zweig reist in die Sowjetunion

Die Komponisten Hanns Eisler (links; 1898–1962) und Paul Hindemith (1895–1963) mit Bert Brecht (rechts; 1898–1956).

1929 2.4. Unterredung zwischen N. CHAMBERLAIN und B. MUSSOLINI in Florenz
3.10. † GUSTAV STRESEMANN
CH. WEIZMANN wird Präsident der Jewish Agency
A. DE GASPERI wird wieder aus der Haft entlassen und findet eine Stelle als Bibliothekar im Vatikan

Jean Piaget (1896–1980) veröffentlichte bahnbrechende Arbeiten über die individuelle Entwicklung des Denkens.

1929 18.6. * JÜRGEN HABERMAS
29.12. † WILHELM MAYBACH
4.4. † CARL BENZ
K. E. CIOLKOVSKIJ: *Kosmische Raketenzüge*
G. DOMAGK wird Forschungsdirektor der I. G. Farben in Wuppertal-Elberfeld
H. GEIGER übernimmt eine Professur für Physik an der Universität Tübingen
H. JUNKERS entwickelt den ersten Doppelkolben-Schweröl-Motor für Flugzeuge
G. K. MYRDAL besucht für zwei Jahre die USA
J. PIAGET wird Professor in Genf
J. TINBERGEN übernimmt die Leitung der Abteilung für die Erforschung von Konjunkturzyklen am Zentralbüro für Statistik in Den Haag

A. WEGENER unternimmt neue Expeditionen in das Inlandseis von Grönland
L. WITTGENSTEIN kehrt nach Cambridge zurück

1929 15.7. † HUGO VON HOFMANNSTHAL
B. BRECHT heiratet HELENE WEIGEL
S. DALÍ lernt seine spätere Frau GALA kennen. Er schließt sich den Surrealisten an
A. HITCHCOCK: *Erpressung*
F. GARCÍA LORCA bereist die USA
L. MIES VAN DER ROHE gestaltet den deutschen Pavillon auf der Weltausstellung in Barcelona
TH. MANN erhält den Nobelpreis für Literatur

Rechts: Die Dreigroschenoper *(1928) ist eines der bekanntesten Werke von Bert Brecht. Hier ein Bild der Uraufführung mit Harald Paulsen als Mackie Messer am Galgen.*

Oben: *Der »Schwarze Freitag« (25.10.1929) an der Börse von New York leitete die große Weltwirtschaftskrise ein. Das Foto zeigt die Wall-Street mit Hunderten beunruhigter Investoren.*

Mitte: *Eine Dada-Gruppe in Paris (1920) mit den Gründern Tristan Tzara (links vorne) und Francis Picabia (vorne, 3. von links). Der Dadaismus (ca. 1916–1922) verstand sich als Protest gegen überlebte bürgerliche Konventionen und war ein Vorläufer des Surrealismus.*

Gegenüberliegende Seite:

Oben links: *Adolf Hitler (vorne) mit den am 14.9.1930 gewählten 107 NSDAP-Abgeordneten, die am 13.10. an der ersten Sitzung des Reichstags vorschriftswidrig in ihren braunen Uniformen teilnahmen.*

Oben rechts: *Seit 1930 wurde Hitler geschickt als Retter vor Arbeitslosigkeit und Wirtschaftsnot hingestellt.*

Mitte: *Gruppenbild der Meister des Bauhauses (1919–1933) in Dessau mit ihrem Gründer Walter Gropius (7. von links) und (weiter nach rechts) Marcel Breuer, Wassilij Kandinsky, Paul Klee, Lyonel Feininger, Gunta Stölzl, Oskar Schlemmer.*

Unten links und rechts: *Kurt Tucholsky (1890–1935), geistreich-ironischer Satiriker und Polemiker, Mitherausgeber der Zeitschrift* Die Weltbühne; *rechts Titelblatt der Ausgabe vom 16.12.1930.*

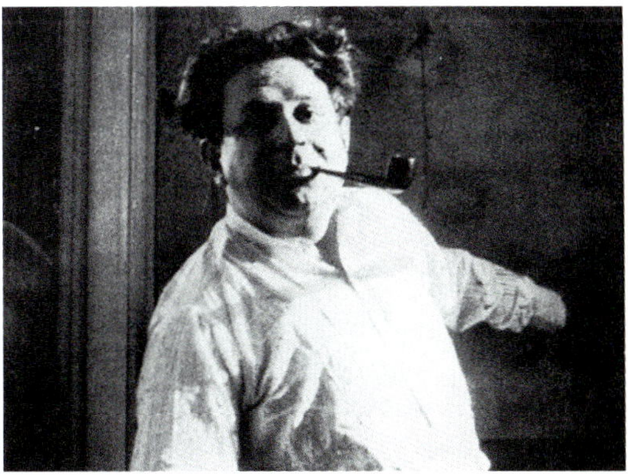

Die Weltbühne
Der Schaubühne XXVI. Jahr
Wochenschrift für Politik · Kunst · Wirtschaft
Begründet von Siegfried Jacobsohn
Unter Mitarbeit von Kurt Tucholsky
geleitet von Carl v. Ossietzky

Inhalt:

Carl v. Ossietzky . . . . Remarque-Film
K. L. Gerstorff . . . . Gewerkschaften und Fascismus
* * . . . . Gontard
Peter Scher . . . . Die unterdrückte Stimme
Peter Panter . . . . Frieden
Hanns-Erich Kaminski . . . . . Der junge Mann aus Wien
Wolf Zucker . . Das Land mit dem Minderwertigkeitskomplex
Celsus . . . . Dicke Bücher
Klaus Pringsheim . . . . Berliner Opernsanierung
Theobald Tiger . . . . Ballade
Morus . . . . Schacht auf Reisen
Bemerkungen — Antworten

Erscheint jeden Dienstag
XXVI. Jahrgang 16. Dezember 1930 Nummer 51
Versandort Potsdam

Verlag der Weltbühne
Charlottenburg · Kantstrasse 152

1930–1932

Politik und Wirtschaft

1930 3.4. * HELMUT KOHL
13.5. † FRIDTJOF NANSEN
17.5. A. BRIAND fordert einen europäischen Staatenbund
15.9. A. HITLER leistet einen Legalitätseid vor dem Leipziger Reichsgericht auf die Weimarer Verfassung
W. BRANDT wird Mitglied der SPD
C. F. GOERDELER wird Oberbürgermeister von Leipzig
D. HAMMARSKJÖLD wird Sekretär der schwedischen Arbeitslosenkommission
G. W. HEINEMANN tritt dem Christlich-Sozialen Volksdienst bei
E. OLLENHAUER wird Mitglied des Parteivorstandes der SPD
E. PACELLI (PIUS XII.) wird zum Kardinalstaatssekretär von PIUS XI. berufen

Wissenschaft und Technik

1930 1.11. A. WEGENER bricht zu seiner letzten Grönlandexpedition auf, von der er nicht mehr zurückkehrt
W. v. BRAUN beginnt nach dem Abitur eine Lehre bei der Firma Borsig, gleichzeitig studiert er an der TH Berlin
W. BOTHE wird Leiter des Laboratoriums für Radioaktivität an der Physikalisch-Technischen Reichsanstalt in Berlin
D. HILBERT: *Naturerkennen und Logik*
M. HORKHEIMER wird Professor für Sozialphilosophie in Frankfurt a. M.
J. M. KEYNES legt eine Revision der Geldtheorie vor
K. MANNHEIM wird Professor für Soziologie an der Universität Frankfurt a. M.
G. MARCONI übernimmt die Präsidentschaft der Accademia d'Italia in Rom

1930 M. PLANCK wird Präsident der Kaiser-Wilhelm-Gesellschaft
K. R. POPPER wird Lehrer an einer höheren Schule in Wien
O. H. WARBURG übernimmt die Leitung des Kaiser-Wilhelm-Institutes für Zellphysiologie in Berlin
L. WITTGENSTEIN hält in Cambridge Vorlesungen über Philosophie

1931 27.5. A. PICCARD erreicht in einem Freiluftballon die Rekordhöhe von 15781 Metern
28.7. † EMIL WARBURG
C. BOSCH erhält zusammen mit F. BERGIUS den Nobelpreis für Chemie
A. F. BUTENANDT wird Privatdozent und Leiter der organischen und biochemischen Abteilung in Göttingen

Kunst und Kultur

1930 M. BILL läßt sich als Architekt in Zürich nieder
A. BRETON: *Second manifeste du surréalisme*
P. DE COUBERTIN: *Charte de la Réforme sportive*
H. MANN wird Vorsitzender der Sektion für Dichtkunst der Preußischen Akademie der Künste
L. MIES VAN DER ROHE übernimmt die Leitung des Bauhauses in Dessau, anschließend in Berlin
I. STRAWINSKIJ: *Psalmensinfonie*

1931 21.10. † ARTHUR SCHNITZLER
D. BONHOEFFER wird Studentenpfarrer und Privatdozent in Berlin
CH. CHAPLIN: *Lichter der Großstadt*
M. CHAGALL reist nach Palästina und Syrien
P. KLEE wird an die Kunstakademie Düsseldorf berufen
O. KOKOSCHKA läßt sich in Wien nieder
G. LUKÁCS kehrt nach längerem Aufenthalt in Moskau nach Deutschland zurück
C. v. OSSIETZKY wird wegen angeblichen Verrats militärischer Geheimnisse verurteilt
J.-P. SARTRE wird Gymnasiallehrer zunächst in Le Havre, dann in Laon und Paris
A. SPEER tritt in die NSDAP ein

1931 L. J. BRESCHNEW wird Mitglied der KPdSU

Jean-Paul Sartre (1905–1980), französischer Philosoph und Schriftsteller, Großneffe von Albert Schweitzer, zeitweise Mitglied der KP, aber gegen die aggressive Politik der UdSSR, Hauptvertreter des französischen Existentialismus. 1964 verweigert er die Annahme des Nobelpreises.

1931 R. CARNAP wird Professor für Naturphilosophie in Prag
N. HARTMANN übernimmt eine Professur für Philosophie an der Universität Berlin
A. PORTMANN übernimmt die Leitung der Zoologischen Anstalt in Basel
TH. W. ADORNO habilitiert sich in Frankfurt a. M.
O. H. WARBURG erhält den Nobelpreis für Medizin und Physiologie
1932 4.4. † WILHELM OSTWALD
18.8. A. PICCARD erreicht mit seinem Freiluftballon die Rekordhöhe von 16940 Metern
A. ADLER wird zum Professor für medizinische Psychologie am Long Island Medical College in New York berufen

1932 W. V. BRAUN wird ziviler Mitarbeiter von W. DORNBERGER im Heereswaffenamt in Berlin
K. H. BAUER übernimmt den Lehrstuhl für Chirurgie in Breslau
W. BOTHE wird Professor für Physik an der Universität Heidelberg
G. DOMAGK entwickelt die Arzneimittelgruppe der Sulfonamide
B. GRZIMEK wird Ministerialbeamter im Reichsernährungsministerium in Berlin
M. HORKHEIMER wird Herausgeber der ›Zeitschrift für Sozialforschung‹
C. G. JUNG erhält den Literaturpreis der Stadt Zürich
J. A. SCHUMPETER folgt einem Ruf an die Harvard Universität

1931 C. ZUCKMAYER: *Der Hauptmann von Köpenick*
1932 C. J. BURCKHARDT wird Professor für Geschichte am Genfer Institut für Internationale Studien und an der Universität Zürich
W. KANDINSKY geht nach Schließung des Bauhauses in Dessau wieder nach Berlin
H. MOORE gibt die Leitung einer Bildhauerklasse am Royal College of Art auf und macht sich als Künstler selbständig
J. ROTH: *Radetzkymarsch*

Carl Zuckmayer (1896–1977), deutscher Dramatiker, Lyriker, Erzähler und Drehbuchautor. Nach Emigration in die Schweiz und USA wurde er 1966 Schweizer Staatsbürger.

1933

Politik und Wirtschaft

1933 4.1. A. HITLER bespricht sich mit F. v. PAPEN im Haus des Bankiers SCHROEDER
30.1. A. HITLER wird von HINDENBURG zum Reichskanzler ernannt
K. ADENAUER verliert alle seine politischen Ämter
D. BEN GURION wird Mitglied der Exekutive der Jewish Agency in Palästina
W. BRANDT emigriert nach Norwegen
E. OLLENHAUER begibt sich ins Exil nach Prag

Gegenüberliegende Seite:

Links: *Franz von Papen (1879–1969), 1932 Reichskanzler, 1933 Vizekanzler in der Regierung Hitler, dann Botschafter. Im Nürnberger Prozeß wurde Papen freigesprochen.*

Rechts: *Reichskanzler Adolf Hitler begrüßt den Reichspräsidenten Generalfeldmarschall Paul von Hindenburg 1933 in Potsdam.*

Wissenschaft und Technik

1933 14.2. † CARL ERICH CORRENS
M. BORN wird seines Amtes als Professor für Physik in Göttingen enthoben und emigriert nach England
A. F. BUTENANDT wird Ordinarius für organische Chemie an der TH Danzig
A. EINSTEIN emigriert in die USA und beginnt mit seinen Arbeiten am Institute for Advanced Studies in Princeton
E. FROMM emigriert in die USA
F. HABER emigriert nach England
O. HAHN wird kommissarischer Leiter des Fritz-Haber-Institutes
M. HEIDEGGER wird Rektor der Universität Freiburg i. Br.

1933 W. HEISENBERG erhält die Max-Planck-Medaille
W. HEISENBERG erhält den Nobelpreis für Physik
M. HORKHEIMER emigriert in die USA
C. G. JUNG wird Privatdozent an der ETH Zürich und beteiligt sich an den Eranos-Tagungen in Ascona
H. JUNKERS scheidet aus seinen Werken auf Druck der Nationalsozialisten aus und übersiedelt nach München
K. LEWIN emigriert von Berlin aus in die USA
G. MANN emigriert nach Frankreich

Kunst und Kultur

1933 28.2. B. BRECHT und HELENE WEIGEL verlassen Berlin und wandern in die Schweiz aus
Mai A. SCHÖNBERG verläßt endgültig Berlin
Oktober A. SCHÖNBERG folgt von Frankreich aus einem Ruf an die Universität Boston
S. BECKETT läßt sich als freier Schriftsteller in London nieder
M. BUBER baut in Deutschland eine jüdische Erwachsenenbildung auf
A. CAMUS tritt in die Kommunistische Partei ein
W. KANDINSKY siedelt von Berlin nach Paris über

1933 P. KLEE wird als Lehrer an der Kunstakademie Düsseldorf von den Nationalsozialisten entlassen und geht nach Bern
F. GARCÍA LORCA wird als Gastregisseur nach Buenos Aires eingeladen
G. LUKÁCS emigriert in die UdSSR
H. MANN emigriert nach Frankreich und wird Ehrenpräsident des Schutzverbandes deutscher Schriftsteller im Exil
C. v. OSSIETZKY wird im Zusammenhang mit dem Reichstagsbrand in ein KZ verschleppt
M. REINHARDT übersiedelt nach Wien
J.-P. SARTRE erhält einen Stipendienaufenthalt am Institut Français in Berlin
A. SPEER entwickelt zusammen mit A. HITLER Repräsentationsbauten in Berlin, München und Nürnberg

1933 G. K. MYRDAL wird Professor für politische Ökonomie und Finanzwissenschaft in Stockholm, daneben Senator in verschiedenen Regierungsausschüssen und Direktor der Bank von Schweden
J. PIAGET wird Direktor des Institut Universitaire des Sciences de L'Education
H. PLESSNER emigriert nach kurzem Aufenthalt in der Türkei nach Holland
W. REICH emigriert nach Dänemark
E. SCHRÖDINGER hält sich für drei Jahre in Oxford auf
E. SCHRÖDINGER erhält den Nobelpreis für Physik
F. STRASSMANN wird Mitarbeiter am Kaiser-Wilhelm-Institut für Chemie in Berlin

1933 J. TINBERGEN wird Professor der Wirtschaftswissenschaften in Rotterdam und Leiter des Institute for Economic Research

1933 TH. MANN kehrt von einer Vortragsreise nach Amsterdam, Brüssel und Paris nicht mehr nach Deutschland zurück und läßt sich in der Schweiz nieder
H. MARCUSE emigriert in die USA und wird Mitarbeiter von M. HORKHEIMER am ›Institute of Social Research‹

Carl von Ossietzky (1889–1938), Pazifist, Herausgeber der Zeitschrift Die Weltbühne, *starb an den Folgen der KZ-Haft. 1935 erhielt er den Friedensnobelpreis. Aufnahme um 1923.*

1934–1935

Politik und Wirtschaft

1934 Juni A. HITLER trifft erstmals mit B. MUSSOLINI in Venedig zusammen
2.8. † PAUL VON HINDENBURG
A. HITLER vereinigt das Amt des Reichspräsidenten und des Reichskanzlers auf sich
7.10. * ULRIKE MEINHOF

Ernst Röhm (1887–1934), am Putschversuch Hitlers 1923 beteiligt, ab 1931 Stabchef der SA, 1933 Reichsminister, wurde wegen angeblichen Umsturzversuchs auf Befehl Hitlers erschossen.

Wissenschaft und Technik

1934 29.1. † FRITZ HABER
4.7. † MARIE CURIE
W. BOTHE wird Leiter des Institutes für Physik am Kaiser-Wilhelm-Institut für medizinische Forschung
Das Ehepaar JOLIOT-CURIE entdeckt die künstliche Radioaktivität
A. GEHLEN wird als Nachfolger von H. DRIESCH Professor für Philosophie in Leipzig
M. HEIDEGGER tritt vom Amt des Rektors der Universität Freiburg zurück
M. HORKHEIMER leitet in Verbindung mit der Columbia University das inzwischen in Frankfurt geschlossene Institut als ›Institute of Social Research‹ weiter
K. R. POPPER: *Logik der Forschung*

1934 TH. W. ADORNO emigriert nach England und lehrt in Oxford
E. TELLER wird Rockefeller Fellow in Kopenhagen
K. ZUSE entwickelt die Grundkonzeption für eine programmgesteuerte Rechenmaschine

Kunst und Kultur

1934 B. BARTÓK und Z. KODÁLY werden von der ungarischen Akademie der Wissenschaften mit der Erforschung des ungarischen Volksliedes beauftragt
B. BRECHT und H. WEIGEL lassen sich in Dänemark nieder
S. DALÍ besucht erstmals die USA
M. GORKIJ wird Vorsitzender des sowjetischen Schriftstellerverbandes
W. GROPIUS emigriert nach London, wo er zusammen mit M. FRY das Impington College erbaut
ST. ZWEIG emigriert nach London

1935 14. 9. T. G. MASARYK scheidet nach einem Schlaganfall aus dem Amt des Präsdenten der tschechoslowakischen Republik aus
L. BECK wird Generalstabschef des deutschen Heeres
D. BEN GURION übernimmt den Vorsitz in der Exekutive der Jewish Agency in Palästina
T. H. LIE wird norwegischer Justizminister

Rechts: *Wolfgang Köhler (1887–1967) Mitbegründer der Berliner Schule der Gestaltungspsychologie, wurde durch Intelligenzprüfungen an Menschenaffen bekannt.*

1935 3. 2. † HUGO JUNKERS
21. 5. † HUGO MARIE DE VRIES
19. 9. † KONSTANTIN EDUARDOVIČ CIOLKOVSKIJ
M. BORN erhält eine Gastprofessur am indischen Institut für Naturwissenschaften in Bangalore
C. BOSCH wird Vorsitzender des Verwaltungs- und Aufsichtsrates der I. G. Farben
J. CHADWICK wird Professor für Physik in Liverpool
J. CHADWICK erhält den Nobelpreis für Physik
Das Ehepaar JOLIOT-CURIE erhält den Nobelpreis für Chemie
E. P. JORDAN wird ordentlicher Professor an der Universität Rostock

1935 W. KÖHLER emigriert nach Amerika und wird Research-Professor für Philosophie und Psychologie am Swarthmore College in Philadelphia
K. LEWIN wird Professor für Kinderpsychologie an der Universität von Iowa
E. TELLER lehrt an der Universität London
E. TELLER wird Professor für theoretische Physik an der George Washington University in Washington

1935 D. BONHOEFFER übernimmt die Leitung des Predigerseminars der Bekennenden Kirche in Finkenwalde
H. MANN: *Die Jugend des Königs Henri Quatre*
P. PICASSO läßt sich von O. KHOKLOWA scheiden
ST. ZWEIG reist erstmals nach Südamerika

Carl Bosch (1874–1940), deutscher Chemiker, Vorsitzender des Aufsichts- und Verwaltungsrates der I. G. Farbenindustrie AG, erhielt 1931 den Nobelpreis für Chemie.

1936–1937

Politik und Wirtschaft

1936 18.3. Aufstand General FRANCOS gegen die Madrider Regierung
D. HAMMARSKJÖLD wird Staatssekretär im schwedischen Finanzministerium
A. HITLER und B. MUSSOLINI erkennen die Regierung FRANCOS in Spanien an
P. NENNI kämpft in Spanien gegen den Franco-Faschismus

Wissenschaft und Technik

1936 27.2 † IWAN PETROWITSCH PAWLOW
E. BLOCH läßt sich in Prag nieder
M. BORN erhält einen Lehrstuhl für theoretische Physik an der Universität Edinburgh
A. F. BUTENANDT wird Direktor des Kaiser-Wilhelm-Institutes für Biochemie in Berlin
R. CARNAP lehrt Philosophie an der Universität von Chicago
H. GEIGER wird Professor an der TH Berlin
E. P. JORDAN: *Atom und Weltall*
J. M. KEYNES: *A General Theory of Employment, Interest and Money*
E. SCHRÖDINGER wird Professor für Physik in Graz

1936 F. WANKEL gründet die ›Wankel-Versuchswerkstätten‹ in Lindau zur Entwicklung des Kreiskolbenmotors
K. W. ZIEGLER erhält eine Gastprofessur an der Universität von Chicago
K. W. ZIEGLER wird Professor für Chemie in Halle an der Saale

Kunst und Kultur

1936 8.5. † OSWALD SPENGLER
12.6. † KARL KRAUS
18.6. † MAKSIM GORKIJ
19.8. † FEDERICO GARCÍA LORCA
15.11. * WOLF BIERMANN
CH. CHAPLIN: *Moderne Zeiten*
S. DALÍ: *Vorahnung des Bürgerkriegs*
A. MALRAUX beteiligt sich als Flieger und Organisator am Spanischen Bürgerkrieg
J. ROTH: *Beichte eines Mörders*
A. SCHÖNBERG erhält eine Professur an der Universität von Los Angeles

1937 14.9. † TOMÁŠ GARRIGUE MASARYK
5.11. A. HITLER verkündet erstmals seine Kriegsziele (Hoßbachprotokoll)
W. BRANDT wird Berichterstatter im Spanischen Bürgerkrieg
C. F. GOERDELER tritt als Bürgermeister von Leipzig zurück
J. B. TITO wird zum Generalsekretär der Kommunistischen Partei Jugoslawiens gewählt
P. TOGLIATTI wird politischer Beauftragter der Komintern bei der kommunistischen Partei Spaniens während des Bürgerkrieges

»Zwei Volksführer«: Benito Mussolini und Adolf Hitler. Besuch des Duce in Berlin 25.–29.9.1937.

1937 28.5. † ALFRED ADLER
20.7. † GUGLIELMO MARCONI
W. V. BRAUN wird technischer Direktor der Heeresversuchsabteilung in Peenemünde
C. BOSCH wird Präsident der Kaiser-Wilhelm-Gesellschaft
W. HEISENBERG heiratet ELISABETH SCHUMACHER
K. JASPERS wird aus seinem Lehramt in Heidelberg entlassen
K. LORENZ habilitiert sich für Anatomie und Tierpsychologie an der Philosophischen Fakultät der Universität Wien
K. MANNHEIM emigriert nach England und wird Dozent an der London School of Economics

1937 28.12. † MAURICE RAVEL
2.9. † PIERRE DE COUBERTIN
S. BECKETT geht nach Paris
C. J. BURCKHARDT wird Hoher Kommissar des Völkerbundes in Danzig
W. GROPIUS lehrt in Cambridge/Massachusetts
P. HINDEMITH entschließt sich zum Verlassen Deutschlands und geht in die Schweiz
L. MIES VAN DER ROHE emigriert in die USA
P. PICASSO: *Guernica*
A. SPEER wird Generalbauinspekteur für Berlin

1937 G. MANN wird Universitätslektor in Paris
K. R. POPPER wird Lektor am Canterbury University College, Christchurch, Neuseeland

Unten: *Arnold Schönberg (1874–1951), bedeutendster Vertreter der Neuen Musik (Expressionismus), nach 1920 Schöpfer der Zwölftonmusik.*

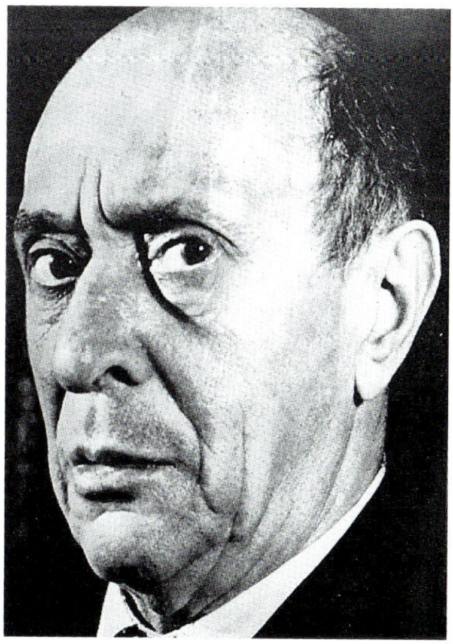

Rechts: *Am 11.3.1938 marschierten deutsche Truppen in Österreich ein. Der Anschluß wurde am 13.3. vollzogen und durch eine Volksabstimmung am 10.4. bestätigt.*

Unten links: *Ausstellung »Entartete Kunst« in den Arkaden des Münchner Hofgartens im Juli 1937:* Christus und die Ehebrecherin *von Max Beckmann.*

Unten rechts: Entartete Musik: *Titelseite der Broschüre zur Düsseldorfer Ausstellung »Entartete Kunst« während der Reichsmusiktage 1938.*

Gegenüberliegende Seite:

Oben: *Deutsche Truppen marschierten am 15.3.1939 in die Tschechoslowakei ein, die als »Reichsprotektorat Böhmen und Mähren« dem Deutschen Reich eingegliedert wurde. Das Foto zeigt protestierende Bevölkerung am Wenzelsplatz in Prag.*

Mitte links: *Titelseite des Sonderheftes der* Berliner Illustrirten Zeitung *zur Olympiade 1936 in Berlin.*

Mitte rechts: *Am 1.8.1936 eröffnete Hitler in Berlin die 11. Olympischen Spiele. Links von Hitler der Präsident des Olympischen Organisationskomitees Dr. von Lewald, rechts der italienische Kronprinz Umberto, dann Graf Baillet-Latour, Goebbels, Göring.*

Unten links: *Statue im Monumentalstil der Hitlerzeit in Berlin auf dem Reichssportfeld (Olympiastadion) von Josef Thorak (1889–1952). Aufnahme 1937.*

Unten rechts: Arbeitsmaiden *von Leopold Schnitzler (1940).*

Berliner Illustrirte Zeitung
BERICHT
in Wort und Bild
„Die 16 olympischen Tage"

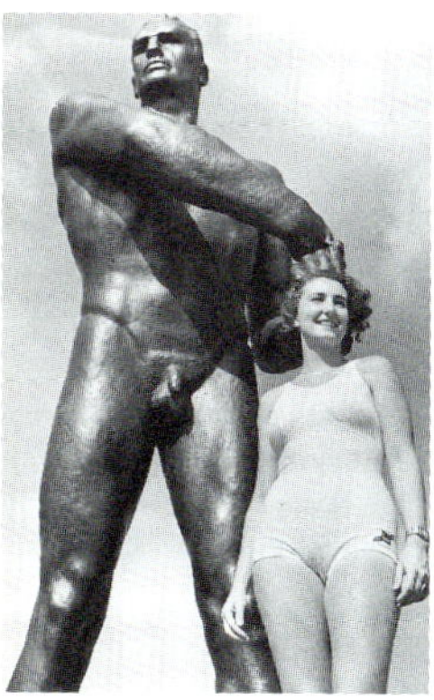

1938–1939

Politik und Wirtschaft

1938 29.9. A. Hitler, B. Mussolini, N. Chamberlain und E. Daladier unterzeichnen das Münchner Abkommen
L. Beck tritt noch vor dem Einmarsch Hitlers in die Tschechoslowakei als Generalstabschef zurück
B. Kreisky emigriert nach Schweden
J. Monnet übernimmt die Leitung der Koordination der französisch-britischen Rüstungsproduktion

Unterzeichnung des Münchner Abkommens durch den französischen Premierminister Edouard Daladier am 29.9.1938. Im Hintergrund H. Göring und A. Hitler. Neben den o. g. unterzeichneten das Abkommen auch B. Mussolini und N. Chamberlain.

Wissenschaft und Technik

1938 26.4. † Edmund Husserl
17.7. L. Meitner flieht über Holland und Kopenhagen nach Stockholm
E. Bloch flieht vor dem deutschen Einmarsch in Prag in die USA
E. Fermi erhält den Nobelpreis für Physik
E. Fermi emigriert in die USA
S. Freud und seine Tochter Anna emigrieren nach London
A. Gehlen übernimmt den philosophischen Lehrstuhl in Königsberg
O. Hahn entdeckt zusammen mit F. Strassmann die Uranspaltung
C. G. Jung reist nach Indien

1938 G. K. Myrdal leitet im Auftrag der Carnegie-Stiftung eine Studie über das amerikanische Rassenproblem
H. J. Oberth erhält einen Forschungsauftrag der Wissenschaftlichen Gesellschaft für Luftfahrt in Wien
J. Piaget übernimmt zusätzlich eine Professur in Lausanne
A. Portmann wird Präsident der Basler Volkshochschule
B. Russell beginnt Gastvorlesungen in den USA zu halten
E. Schrödinger wandert aus politischen Gründen aus Österreich aus und baut in Dublin das Institute for Advanced Studies auf

Kunst und Kultur

1938 24.10. † Ernst Barlach
4.5. † Carl von Ossietzky
7.8. † Konstantin Sergejewitsch Stanislawskij
B. Brecht: *Leben des Galilei*
M. Buber wandert nach Jerusalem aus
O. Kokoschka siedelt nach London über
H. Mann: *Die Vollendung des Königs Henri Quatre*
L. Mies van der Rohe lehrt am Illinois Institute of Technology
P. Mondrian geht nach London
M. Reinhardt emigriert in die USA
J. Roth: *Die Kapuzinergruft*
Th. Mann übersiedelt mit seiner Familie von der Schweiz aus in die USA und übernimmt einen Lehrauftrag an der Universität Princeton

1938 F. Werfel emigriert zusammen mit seiner Frau Alma Mahler nach Frankreich, anschließend über Spanien in die USA
C. Zuckmayer emigriert in die Schweiz

1939 2. 3. E. Pacelli wird als Pius XII. zum Nachfolger von Papst Pius XI. gewählt
W. Brandt wird Sekretär der Norwegischen Volkshilfe
W. Churchill wird mit Kriegsausbruch erneut Erster Lord der Admiralität
C. F. Goerdeler beteiligt sich am Widerstand gegen Hitler
T. H. Lie übernimmt das norwegische Wirtschaftsministerium
P. Togliatti geht nach Moskau

Rechts: *Der spanische General Francisco Franco y Bahamonde nach siegreicher Beendigung des Bürgerkriegs 1939.*

1938 A. Sommerfeld zieht sich von seiner Lehrtätigkeit an der Universität München zurück
Th. W. Adorno betreibt in New York empirische Sozialforschung

1939 2. 8. A. Einstein unterschreibt einen Brief an den amerikanischen Präsidenten, der ihn zum Bau der Atombombe auffordert
23. 9. † Sigmund Freud
A. F. Butenandt erhält zusammen mit L. Ružička den Nobelpreis für Chemie
G. Domagk erhält den Nobelpreis für Medizin und Physiologie, wird aber gezwungen, den Preis abzulehnen
E. Fermi übernimmt einen Lehrstuhl an der Columbia Universität in New York
W. Heisenberg wird zum Heereswaffenamt nach Berlin einberufen

1939 H. Plessner wird Professor für Soziologie in Groningen
W. Reich läßt sich in den USA nieder
A. Toynbee wird Abteilungsleiter für auswärtige Angelegenheiten am Royal Institute of International Affairs
R. Willstätter emigriert in die Schweiz

1939 27. 5. † Joseph Roth
B. Brecht begibt sich nach Schweden
B. Brecht: *Mutter Courage und ihre Kinder*
C. J. Burckhardt übernimmt die Präsidentschaft des Internationalen Roten Kreuzes
A. Camus meldet sich bei Kriegsausbruch als Freiwilliger bei der französischen Armee, wird aber aus Gesundheitsgründen abgelehnt
S. Dalí besucht zum zweiten Mal die USA
M. Ernst wird in Frankreich interniert, aufgrund der Fürsprache von Paul Éluard aber wieder freigelassen
J. Joyce: *Finnegan's Wake*
Sommer I. Strawinskij folgt einer Einladung der Harvard University in die USA

1939 St. Zweig heiratet Lotte Altmann
Teilhard de Chardin bleibt während des Zweiten Weltkrieges in Peking
C. Zuckmayer emigriert in die USA

1940–1941

Politik und Wirtschaft

1940 13.5. W. CHURCHILL übernimmt das Amt des Premierministers
W. BRANDT geht nach Schweden aufgrund der deutschen Besetzung Norwegens
Frühjahr CH. DE GAULLE wird Unterstaatssekretär im französischen Kriegsministerium
18.6. CH. DE GAULLE ruft von London aus zur Nichtanerkennung der Vichy-Regierung in Frankreich auf und gründet die Organisation ›Freies Frankreich‹
C. GRAF SCHENK V. STAUFFENBERG wird in die Organisationsabteilung des Heeres-Generalstabs versetzt

1940 PH. PÉTAIN wird französischer Ministerpräsident und schließt mit Deutschland und Italien einen Waffenstillstand
PH. PÉTAIN bildet in Vichy als ›Chef de l'Etat Français‹ eine eigene Regierung
R. SCHUMAN wird kurzfristig Unterstaatssekretär für Flüchtlingsfragen der luxemburgischen Regierung
September R. SCHUMAN wird verhaftet und nach Deutschland deportiert

Wissenschaft und Technik

1940 26.4. † CARL BOSCH
A. GEHLEN übernimmt den philosophischen Lehrstuhl in Wien
A. GEHLEN: *Der Mensch*
N. HARTMANN: *Der Aufbau der realen Welt*
K. LORENZ erhält einen Ruf als Ordinarius für Psychologie an die Universität Königsberg
G. MANN gelingt die Flucht aus Frankreich in die USA
H. J. OBERTH wird Mitarbeiter von W. V. BRAUN in Peenemünde

Der indische Dichter Rabindranath Tagore (Thakur, 1861–1941) und Professor Albert Einstein.

Kunst und Kultur

1940 29.6. † PAUL KLEE
Dezember J. JOYCE wird mit seiner Familie in die Schweiz eingelassen
J. ARP flüchtet mit seiner Frau nach Südfrankreich
B. BARTÓK emigriert in die USA und wird Associate Professor für Musik an der Columbia University in New York
S. BECKETT beteiligt sich an Aktivitäten der französischen Résistance
B. BRECHT begibt sich nach Finnland
S. DALÍ läßt sich in den USA nieder
P. HINDEMITH emigriert in die USA
A. MALRAUX gerät in deutsche Kriegsgefangenschaft, kann aber wieder fliehen
H. MANN gelingt die Flucht aus Frankreich nach den USA

1940 J. MIRÓ flieht aus Frankreich nach Spanien
P. MONDRIAN geht nach New York
I. STRAWINSKIJ heiratet VERA SUDEIKINA

1941 4.6. † WILHELM II.
19.12. A. HITLER übernimmt selbst den Oberbefehl über das Heer
W. CHURCHILL und F. D. ROOSEVELT verkünden die Atlantik-Charta
D. HAMMARSKJÖLD wird Präsident des schwedischen Reichsbankdirektoriums
T. H. LIE wird norwegischer Außenminister der Londoner Exilregierung
R. SCHUMAN gelingt die Flucht aus deutscher Kriegsgefangenschaft und schließt sich der französischen Widerstandsbewegung an
J. B. TITO beginnt den Kampf gegen den bestehenden Staatsapparat und die deutsch-italienischen Besatzungsmächte mit seinen kommunistischen Partisanengruppen

1941 4.1. † HENRI BERGSON
18.11. † WALTHER HERMANN NERNST
A. EINSTEIN wird amerikanischer Bürger
E. FROMM: *Escape from Freedom*
W. HEISENBERG trifft in Kopenhagen mit N. BOHR zusammen
TH. W. ADORNO siedelt nach Los Angeles über und lehrt in Berkeley
K. ZUSE baut ›Z3‹, den ersten programmgesteuerten Rechner in Relaistechnik

Rechts: *Seit September 1944 wurden die von Wernher von Braun und Walter Dornberger entwickelten V-2-Raketen gegen Ziele in England eingesetzt. Das Foto zeigt den Abschuß einer V-2 vom Versuchsgelände in Peenemünde (Pommern).*

1941 13.1. † JAMES JOYCE
J. ARP geht in die Schweiz zurück
B. BRECHT und H. WEIGEL wandern in die USA aus
A. BRETON emigriert in die USA, wo er zusammen mit M. ERNST und M. DUCHAMP die surrealistische Zeischrift ›VVV‹ herausbringt
M. CHAGALL läßt sich in den USA nieder
M. ERNST gelingt die Ausreise nach den USA; er heiratet PEGGY GUGGENHEIM
A. HITCHCOCK: *Verdacht*
J.-P. SARTRE wird nach deutscher Kriegsgefangenschaft erneut Gymnasiallehrer in Paris
A. SCHÖNBERG wird Bürger der USA
D. D. SCHOSTAKOWITSCH: *Leningrader Symphonie*

1941 I. STRAWINSKIJ läßt sich in Hollywood nieder
ST. ZWEIG läßt sich in Petropolis (Brasilien) nieder
TH. MANN läßt sich in Kalifornien nieder
F. WERFEL: *Das Lied von Bernadette*

1942–1944

Politik und Wirtschaft

1942 20. 1. A. HITLER beschließt auf der »Wannsee-Besprechung« die ›Endlösung der Judenfrage‹
L. ERHARD wird Mitarbeiter am Institut für Industrieforschung in Nürnberg
K. WOJTYLA tritt einem Untergrund-Priesterseminar bei

Wissenschaft und Technik

1942 12. 3. † ROBERT BOSCH
16. 5. † BRONISLAW MALINOWSKI
3. 8. † RICHARD WILLSTÄTTER
K. H. BAUER wird Ordinarius für Chirurgie an der Universität Heidelberg
L. BINSWANGER: *Grundformen und Erkenntnis menschlichen Daseins*
E. FERMI wird Mitarbeiter am ›Manhatten-Projekt‹ am Forschungsinstitut der Universität Chicago
W. HEISENBERG wird Direktor des Kaiser-Wilhelm-Institutes für Physik in Berlin-Dahlem
1. Oktober W. HEISENBERG wird Ordinarius an der Universität Berlin
E. P. JORDAN erhält die Max-Planck-Medaille

1942 J. M. KEYNES entwirft die Grundzüge einer internationalen Wirtschaftsordnung für die Nachkriegszeit
G. MANN wird Professor für Geschichte an verschiedenen Universitäten in den USA
C. F. V. WEIZSÄCKER wird Professor für theoretische Physik an der Universität Straßburg

Kunst und Kultur

1942 22. 2. † STEFAN ZWEIG (Selbstmord)
S. BECKETT flieht mit seiner Frau nach Südfrankreich
A. CAMUS: *Le mythe de Sisyphe*
A. CAMUS tritt der Résistance bei
A. SPEER wird Reichsminister für Rüstung und Produktion
H. VAN DE VELDE wird Vorsitzender der Flämischen Akademie für Wissenschaft, Schrifttum und Schöne Künste

Niels Bohr (1885–1962), dänischer Physiker, arbeitete 1943–1945 in Los Alamos an der Entwicklung der Atombombe. 1922 wurde ihm der Nobelpreis für Physik verliehen.

1943 A. DE GASPERI wird Mitbegründer der illegalen Democrazia Cristiana
C. GRAF SCHENK V. STAUFFENBERG wird aufgrund seiner schweren Verwundung Stabschef beim allgemeinen Heeresamt
C. GRAF SCHENK V. STAUFFENBERG wird Stabschef beim Befehlshaber des Ersatzheeres
29. 9. * LECH WAŁESA
J. MONNET wird Mitglied des ›französischen Komitees der nationalen Befreiung‹
P. NENNI wird in Frankreich von der Gestapo verhaftet und an Italien ausgeliefert
J. B. TITO wird Ministerpräsident einer provisorischen jugoslawischen Regierung

1944 20. 7. Attentat auf A. HITLER
20. 7. † CLAUS GRAF SCHENK V. STAUFFENBERG
20. 7. C. F. GOERDELER wird im Zusammenhang mit dem Attentat auf HITLER verhaftet
20. 7. † LUDWIG BECK
22. 12. A. G. RONCALLI (JOHANNES XXIII.) wird von Papst PIUS XII. zum Apostolischen Nuntius in Frankreich ernannt
März P. TOGLIATTI kehrt von Moskau nach Italien zurück und initiiert eine parlamentarisch gebundene Aktionseinheit aller antifaschistischen Kräfte des Landes
Mai CH. DE GAULLE ruft in Algerien die ›provisorische Regierung der Französischen Republik‹ aus
F. MITTERRAND wird Generalsekretär für Kriegsgefangenenangelegenheiten in der provisorischen Regierung CH. DE GAULLES

1943 14. 2. † DAVID HILBERT
N. BOHR flieht vor einer drohenden Verhaftung nach Schweden und emigriert schließlich in die USA, wo er Mitarbeiter am Manhattan-Projekt in Los Alamos wird
B. CROCE beteiligt sich an der Gründung der italienischen Liberalen Partei
M. HORKHEIMER wird Direktor der wissenschaftlichen Abteilung des ›American Jewish Committee‹ in New York
K. JASPERS erhält von der Reichsschrifttumskammer ein allgemeines Schreibverbot
C. F. V. WEIZSÄCKER: *Zum Weltbild der Physik*

1943 K. W. ZIEGLER wird Direktor des Kaiser-Wilhelm-Institutes für Kohleforschung in Mülheim a. d. Ruhr

1944 25. 7. † JAKOB FREIHERR VON UEXKÜLL
E. FERMI siedelt als Mitarbeiter am ›Manhattan-Projekt‹ nach Los Alamos
E. P. JORDAN wird als Professor für Physik nach Berlin berufen
C. G. JUNG wird Professor für medizinische Psychologie an der Universität Basel
J. M. KEYNES leitet die britische Delegation in Bretton Woods
C. F. V. WEIZSÄCKER wird Mitarbeiter am Kaiser-Wilhelm-Institut für Physik in Berlin

---

1943 30. 10. † MAX REINHARDT
D. BONHOEFFER wird verhaftet
H. HESSE: *Das Glasperlenspiel*

1944 1. 2. † PIET MONDRIAN
23. 4. † EDVARD MUNCH
13. 12. † WASSILIJ KANDINSKY
30. 12. † ROMAIN ROLLAND
F. WERFEL: *Jacobowsky und der Oberst*

Oben links und rechts: *Die Geschwister Hans (1918–1943) und Sophie Scholl (1921–1943) wurden als Mitglieder der Widerstandsbewegung »Weiße Rose« nach der Verteilung von Flugblättern an der Münchner Universität hingerichtet.*

Mitte: *Josip Broz Tito (1892–1980; Mitte) berät Ende Mai 1944 mit Partisanenführern in einer Höhle die Lage. Links neben ihm der spätere Außenminister Edvard Kardelj, rechts A. Ranković, ganz rechts Milovan Djilas.*

Gegenüberliegende Seite:

Oben: *Vom 19.4.–16.5.1943 wird das Warschauer Ghetto nach einem Aufstand vernichtet. Im Bild: Zusammengetriebene Juden warten an der Ghettomauer auf ihren Abtransport.*

Mitte links: *Claus Graf Schenk von Stauffenberg (1907–1944), Generalstabsoffizier, der am 20.7.1944 eine Bombe in Hitlers Hauptquartier in Rastenburg legte und noch am gleichen Tag standrechtlich erschossen wurde.*

Mitte rechts: *Reichsmarschall Hermann Göring (helle Uniform) und Martin Bormann (links) betrachten die Zerstörungen.*

Unten links: *Angesichts des bevorstehenden Sieges trafen sich Winston Churchill, Franklin Roosevelt und Josef Stalin vom 4.–11.2.1945 in Jalta.*

Unten rechts: *Die Abkommen der Potsdamer Konferenz unterzeichneten am 2.8.1945 (von links) Clement Attlee, Harry Truman und Josef Stalin.*

1945–1946

Politik und Wirtschaft

1945 2. 2. † CARL FRIEDRICH GOERDELER
29. 4. A. HITLER heiratet EVA BRAUN
30. 4. † ADOLF HITLER
G. W. HEINEMANN tritt der CDU bei
29. 11. J. B. TITO wird jugoslawischer Ministerpräsident
Juli W. CHURCHILL verliert sein Amt als Premierminister durch die Wahlniederlage der Konservativen noch während der Potsdamer Konferenz
November CH. DE GAULLE wird Vorsitzender der provisorischen Regierung
K. ADENAUER wird erneut Oberbürgermeister von Köln
W. BRANDT kehrt nach Deutschland zurück
A. DE GASPERI wird zum Ministerpräsidenten Italiens gewählt

1945 L. ERHARD wird bayerischer Wirtschaftsminister
B. KREISKY wird Staatssekretär im österreichischen Außenministerium
T. H. LIE leitet die norwegische Regierungsdelegation auf der Konferenz von San Francisco, die zur Gründung der Vereinten Nationen führt
P. NENNI wird italienischer Außenminister
PH. PÉTAIN stellt sich dem französischen Gericht und wird wegen Kollaboration zum Tode verurteilt, von CH. DE GAULLE aber altershalber begnadigt
K. WALDHEIM nimmt als Mitarbeiter des österreichischen Außenministeriums an den Verhandlungen über den österreichischen Staatsvertrag teil

Wissenschaft und Technik

1945 3. 5. W. HEISENBERG wird von den Amerikanern interniert
24. 9. † HANS GEIGER
N. BOHR kehrt aus den USA nach Kopenhagen zurück
A. F. BUTENANDT wird Professor für Physiologische Chemie an der Universität Tübingen
A. FLEMING erhält zusammen mit E. CHAIN und H. FLOREY den Nobelpreis für Medizin und Physiologie
B. GRZIMEK leitet den Aufbau des Frankfurter Zoologischen Gartens
O. HAHN wird zusammen mit anderen führenden Atomforschern in England interniert
K. JASPERS wird zum 1. Senator der Universität Heidelberg

1945 C. G. JUNG gründet die Schweizerische Gesellschaft für praktische Psychologie
K. LEWIN übernimmt eine Professur an der Universität Cambridge (USA) und gründet dort das erste gruppendynamische Forschungszentrum
G. K. MYRDAL wird schwedischer Handelsminister
W. REICH: *Die sexuelle Revolution*
E. TELLER wird Mitarbeiter am Institute for Nuclear Studies in Chicago
J. TINBERGEN wird Direktor des Planungsbüros der niederländischen Regierung

Kunst und Kultur

1945 9. 4. † DIETRICH BONHOEFFER
26. 8. † FRANZ WERFEL
15. 9. † ANTON WEBERN
26. 9. † BÉLA BARTÓK
S. BECKETT kehrt von Südfrankreich nach Paris zurück
B. BRECHT: *Der kaukasische Kreidekreis*
C. J. BURCKHARDT wird Schweizer Gesandter in Paris
S. DALÍ: *Melancholica Atomica*
W. GROPIUS gründet in Cambridge Mass. ›The Architects' Collaborative‹
E. KÄSTNER wird Mitbegründer des Kabaretts ›Die Schaubude‹
18. 10. E. KÄSTNER leitet das Feuilleton der ›Neuen Zeitung‹ in München
G. LUKÁCS kehrt aus der Sowjetunion nach Budapest zurück

1945 H. MANN: *Ein Zeitalter wird besichtigt*
J.-P. SARTRE gibt den Lehrerberuf auf und wird freier Schriftsteller in Paris

1946 Januar CH. DE GAULLE tritt als Vorsitzender der provisorischen Regierung in Frankreich zurück
29.1. T. H. LIE wird zum Generalsekretär der UN gewählt
14.5. D. BEN GURION proklamiert die Staatsgründung Israels und wird provisorischer Regierungschef
K. ADENAUER wird Vorsitzender der Christlich-Demokratischen-Union in der britischen Zone
W. CHURCHILL setzt sich in öffentlichen Reden in Fulton und Zürich für die Gründung der NATO und des Europarates ein
L. ERHARD wird Vorsitzender der Sonderstelle Geld und Kredit in Bad Homburg
G. W. HEINEMANN wird Oberbürgermeister von Essen

1946 J. MONNET leitet das Kommissariat für wirtschaftliche Planung zur Modernisierung der französischen Wirtschaft
E. OLLENHAUER kehrt von London nach Deutschland zurück und wird unter K. SCHUMACHER stellvertretender Parteivorsitzender der SPD

1946 Januar K. R. POPPER übernimmt die Stelle einer Readership an der London School of Economics
3.1. W. HEISENBERG wird zusammen mit anderen deutschen Kernphysikern aus der Internierung in England entlassen
21.4. † JOHN MAYNARD KEYNES
E. FERMI übernimmt die Leitung des neugegründeten Kernforschungsinstitutes an der Universität Chicago
O. HAHN erhält den Nobelpreis für Chemie für das Jahr 1944
N. HARTMANN wird Professor für Philosophie an der Universität Göttingen
F. JOLIOT-CURIE wird französischer Regierungskommissar für Atomenergie

1946 E. KRETSCHMER wird Professor für Psychiatrie und Anthropologie an der Universität Tübingen
A. MITSCHERLICH wird Privatdozent für Neurologie an der Universität Heidelberg
H. PLESSNER wird ordentlicher Professor für Philosophie in Groningen
E. TELLER wird Professor für Physik an der Universität Chicago
C. F. V. WEIZSÄCKER siedelt nach Göttingen über

1946 A. BRETON kehrt nach Paris zurück
M. ERNST heiratet die surrealistische Malerin DOROTHEA TANNING und läßt sich in Arizona nieder
H. HESSE erhält den Nobelpreis für Literatur und den Goethepreis der Stadt Frankfurt a. M.
P. PICASSO läßt sich in Südfrankreich nieder
A. SPEER wird in Nürnberg zu 20 Jahren Haft verurteilt
C. ZUCKMAYER: *Des Teufels General*

Hermann Hesse (1877–1962), deutscher Romanschriftsteller und Dichter, erhielt 1946 den Nobelpreis für Literatur. Gemälde von E. Morgenthaler (1945).

1947–1948

Politik und Wirtschaft

1947 20.11. ELISABETH II. heiratet PHILIP MOUNTBATTEN
W. BRANDT übernimmt den Posten eines Presseattachés der norwegischen Militärmission in Berlin
P. TOGLIATTI wird Generalsekretär der italienischen KP

Am 20.11.1947 heiratete die britische Kronprinzessin Elizabeth den Herzog von Edinburgh, Philip Mountbatten, vormals Prinz von Griechenland (aus dem Hause Schleswig-Holstein).

Wissenschaft und Technik

1947 9.1. † KARL MANNHEIM
12.2. † KURT LEWIN
4.10. † MAX PLANCK
B. CROCE wird Vorsitzender der italienischen Liberalen Partei
G. DOMAGK erhält nachträglich die Urkunde und die Nobel-Medaille von 1939
A. GEHLEN wird Ordinarius für Soziologie an der Hochschule für Verwaltungswissenschaften in Speyer
E. P. JORDAN nimmt den Ruf als Professor für Physik in Hamburg an
G. K. MYRDAL wird Generalsekretär der Wirtschaftskommission der UN in Genf
A. PORTMANN wird Rektor der Universität Basel

1947 L. WITTGENSTEIN gibt vorzeitig seine Lehrtätigkeit in Cambridge auf und lebt vorzugsweise in Galway/Westirland
K. W. ZIEGLER wird Professor für Chemie in Aachen

Kunst und Kultur

1947 B. BRECHT kehrt in die Schweiz zurück
A. GIDE erhält den Nobelpreis für Literatur
TH. MANN: *Doktor Faustus*
H. VAN DE VELDE siedelt in die Schweiz über

*Bert Brecht (1898–1956) und Max Frisch (*1911) im Frühjahr 1949 in Zürich.*

1948 20.6. L. ERHARD hebt im Rahmen der Währungsreform die Zwangsbewirtschaftung weitgehend auf
K. ADENAUER wird zum Präsidenten des Parlamentarischen Rates ernannt
CH. WEIZMANN wird provisorischer Staatspräsident von Israel
L. ERHARD wird Direktor der gemeinsamen Wirtschaftsverwaltung der westlichen Besatzungszonen
R. SCHUMAN wird französischer Außenminister
TH. HEUSS wird Vorsitzender der FDP

Rechts: *Die Berliner Bevölkerung erwartet einen amerikanischen »Rosinenbomber« während der sowjetischen Blockade Westberlins (März 1948–Mai 1949).*

1948 6.6. † LOUIS JEAN LUMIÈRE
E. BLOCH erhält einen Ruf für den Lehrstuhl für Philosophie an der Universität Leipzig
J. CHADWICK wird Master des Gonville and Caius College in Cambridge
B. CROCE zieht sich aus der Politik zurück
Gründung des C. G. Jung-Institutes in Zürich
O. HAHN wird erster Präsident der in Göttingen neugegründeten ›Max-Planck-Gesellschaft‹
K. JASPERS folgt einem Ruf an die Universität Basel
F. JOLIOT-CURIE beteiligt sich an der Errichtung des ersten französischen Atomreaktors

1948 A. PICCARD unternimmt einen Tauchversuch mit seinem ›Bathyscaph‹, der aber scheitert

1948 B. BRECHT läßt sich in Berlin (Ost) nieder und begründet das ›Berliner Ensemble‹, seine eigene Theatertruppe
S. DALÍ kehrt nach Spanien zurück
TEILHARD DE CHARDIN unternimmt seine erste Romreise

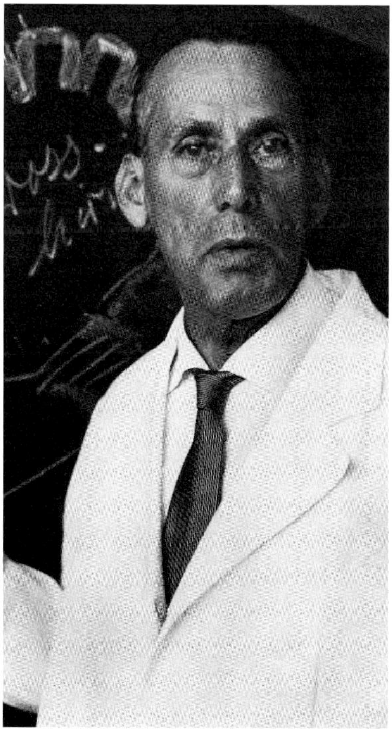

Rechts: *Adolf Portmann (*1897), bedeutender Zoologe, arbeitet vor allem über Zusammenhänge zwischen Umwelt, Verhalten und Gestalt der Tiere sowie zwischen Biologie und Anthropologie.*

1949–1950

Politik und Wirtschaft

1949 12. 9. TH. HEUSS wird 1. Bundespräsident
K. ADENAUER wird vom Deutschen Bundestag zum ersten Bundeskanzler gewählt
D. BEN GURION wird Ministerpräsident von Israel
CH. WEIZMANN wird erster Staatspräsident von Israel
L. ERHARD wird Wirtschaftsminister der Bundesrepublik Deutschland
W. HALLSTEIN übernimmt die Leitung der UNESCO-Kommission
D. HAMMARSKJÖLD wird Unterstaatssekretär im schwedischen Außenministerium
G. W. HEINEMANN wird Präsident der Synode der EKD
G. W. HEINEMANN wird Bundesinnenminister im ersten Kabinett K. ADENAUERS

Wissenschaft und Technik

1949 9. 3. W. HEISENBERG wird Präsident des ›Deutschen Forschungsrates‹
30. 3. † FRIEDRICH BERGIUS
E. BLOCH siedelt nach Leipzig über
E. FROMM wird Professor an der National-University in Mexico City
M. HORKHEIMER kehrt nach Deutschland zurück
K. R. POPPER wird Professor für Logik und Wissenschaftslehre an der University of London
TH. W. ADORNO kehrt nach Frankfurt a. M. zurück und arbeitet zusammen mit M. HORKHEIMER am Institut für Sozialforschung

1949 E. TELLER wird Stellvertretender Direktor der Forschungsabteilung für Theoretische Physik in Los Alamos
K. ZUSE gründet die Zuse KG in Bad Hersfeld zum Bau von Rechenautomaten

Kunst und Kultur

1949 6. 5. † MAURICE MAETERLINCK
8. 9. † RICHARD STRAUSS
S. BECKETT: *Der Namenlose*
M. CHAGALL kehrt von den USA nach Frankreich zurück
TH. MANN besucht erstmals nach dem Krieg Deutschland zu Ansprachen im Goethejahr in Frankfurt a. M. und Weimar

Werner Heisenberg (1901–1976), einer der bedeutendsten theoretischen Physiker, Begründer der Quantenmechanik. 1932 wurde er mit dem Nobelpreis für Physik ausgezeichnet.

1950 Oktober G. W. HEINEMANN tritt als Bundesinnenminister zurück
K. ADENAUER wird Parteivorsitzender der Gesamt-CDU
W. HALLSTEIN wird Staatssekretär im Auswärtigen Amt
J. MONNET wird Präsident der Pariser Schumann-Plan-Konferenz

Links: *Prof. Dr. Theodor Heuss (1884–1963), FDP-Politiker, erster Bundespräsident der Bundesrepublik Deutschland (1949–1959).*

Rechts: *Konrad Adenauer (1876–1967) wurde 73jährig, am 15.9.1949, zum ersten Bundeskanzler der Bundesrepublik Deutschland gewählt (bis 15.10.1963).*

1950 8. 1. † JOSEPH ALOIS SCHUMPETER
9.10. † NICOLAI HARTMANN
W. V. BRAUN wird Mitarbeiter am Redstone-Arsenal der amerikanischen Armee
M. HORKHEIMER übernimmt die Leitung des neugegründeten ›Institutes für Sozialforschung‹ in Frankfurt a. M.
F. JOLIOT-CURIE wird wegen Zugehörigkeit zum Weltfriedensrat als französischer Regierungskommissar abgesetzt
H. J. OBERTH beteiligt sich an einem italienischen Regierungsauftrag in La Spezia
B. RUSSELL erhält den Nobelpreis für Literatur
F. STRASSMANN wird Zweiter Direktor des Max-Planck-Institutes für Chemie in Mainz
H. O. WIELAND wird emeritiert

1950 12. 3. † HEINRICH MANN
2.11. † GEORGE BERNARD SHAW
H. BÖLL: *Wanderer kommst du nach Spa...*
C. J. BURCKHARDT läßt sich endgültig in der Schweiz nieder

Rechts: *Der französische Außenminister Robert Schuman (rechts) erläutert in Paris am 20.6.1950 seinen Plan einer Montan-Union (Gründung 18.4.1951 als »Europäische Gemeinschaft für Kohle und Stahl« zwischen Frankreich, BRD, Italien und Benelux mit Sitz in Luxembourg).*

1951–1954

Politik und Wirtschaft

1951 23.7. † PHILIPPE PÉTAIN
W. CHURCHILL übernimmt noch einmal das Amt des Premierministers
D. HAMMARSKJÖLD wird stellvertretender Außenminister in Schweden
G. W. HEINEMANN gründet die »Notgemeinschaft für den Frieden Europas«

1952 9.11. † CHAIM WEIZMANN
10.11. T. H. LIE tritt von seinem Amt als UN-Generalsekretär zurück
D. HAMMARSKJÖLD wird Leiter der schwedischen UN-Delegation
G. W. HEINEMANN tritt aus der CDU aus
J. MONNET wird Präsident der Hohen Behörde der Montanunion
G. B. MONTINI wird als engster Mitarbeiter PIUS XII. Prostaatssekretär für kirchliche Angelegenheiten
E. OLLENHAUER wird als Nachfolger von K. SCHUMACHER Parteivorsitzender der SPD

Wissenschaft und Technik

1951 26.4. † ARNOLD SOMMERFELD
29.4. † LUDWIG WITTGENSTEIN
K. LORENZ leitet die Forschungsstelle für Verhaltensphysiologie des Max-Planck-Institutes auf Schloß Buldern bei Dülmen
H. PLESSNER wird Professor für Soziologie und Philosophie in Göttingen
H. STAUDINGER übernimmt nach seiner Emeritierung die ehrenamtliche Leitung des staatlichen Forschungsinstitutes für Makromolekulare Chemie in Freiburg

1952 29.2. W. HEISENBERG wird Vorsitzender der von der Deutschen Forschungsgemeinschaft eingesetzten Kommission für Atomphysik
20.11. † BENEDETTO CROCE
R. CARNAP lehrt Philosophie am Institute for Advanced Study in Princeton
ANNA FREUD arbeitet an der Hampstead Child Therapy Clinic in London
J. PIAGET übernimmt zusätzlich eine Professur an der Sorbonne in Paris
A. SCHWEITZER: *Die Lehre der Ehrfurcht vor dem Leben*
A. SCHWEITZER erhält den Friedensnobelpreis
TH. W. ADORNO wird wissenschaftlicher Leiter der Hacker Foundation in Beverly Hills in Kalifornien

Kunst und Kultur

1951 19.2. † ANDRÉ GIDE
13.7. † ARNOLD SCHÖNBERG
M. BILL erhält in São Paulo den Großen Preis der Bildhauerei
M. BILL übernimmt die Leitung der Hochschule für Gestaltung in Ulm
H. BÖLL läßt sich als freier Schriftsteller in Köln nieder
P. HINDEMITH übernimmt eine Professur an der Universität Zürich
E. KÄSTNER wird Präsident des deutschen PEN-Zentrums (West)
I. STRAWINSKIJ: *The Rake's Progress*

1952 CH. CHAPLIN verläßt die USA und siedelt sich in Vevey am Genfer See an
TH. MANN kehrt nach Europa zurück und läßt sich erneut in der Schweiz nieder

1953 12.1. A. G. RONCALLI (JOHANNES XXIII.) wird in das Kollegium der Kardinäle aufgenommen und zum Patriarch von Venedig erhoben
7.4. D. HAMMARSKJÖLD wird als Nachfolger von T. H. LIE Generalsekretär der UN
W. CHURCHILL erhält den Nobelpreis für Literatur
H. SCHMIDT wird erstmals zum Abgeordneten des Bundestages gewählt
J. B. TITO wird nach einer Verfassungsreform jugoslawischer Staatspräsident

1954 19.8. † ALCIDE DE GASPERI
H. SCHMIDT wird Mitglied der SPD

Am 17.6.1953 kam es zu einem Aufstand in Ost-Berlin, der von sowjetischen Truppen niedergeschlagen wurde.

1953 E. BLOCH wird Mitherausgeber der ›Deutschen Zeitschrift für Philosophie‹
M. BORN zieht sich von seinen Lehraufträgen an der Unversität Edinburgh zurück
W. HEISENBERG wird Präsident der wiedererrichteten Humboldt-Stiftung
K. LORENZ erhält einen Lehrauftrag für Verhaltensforschung an der Universität Münster
H. STAUDINGER erhält den Nobelpreis für Chemie
E. TELLER wird Professor für theoretische Physik an der Universität von Kalifornien
K. W. ZIEGLER gelingt die Niederdrucksynthese des Polyäthylens

1954 10. 4. † AUGUSTE LUMIÈRE
28.11. † ENRICO FERMI
M. BORN erhält zusammen mit WALTHER BOTHE den Nobelpreis für Physik
R. CARNAP übernimmt einen Lehrstuhl für Philosophie an der Universität von Los Angeles
B. GRZIMEK: *Kein Platz für wilde Tiere*

1953 S. BECKETT: *Warten auf Godot*
W. BIERMANN siedelt in die DDR über
H. BÖLL: *Das Brot der frühen Jahre*
M. BUBER erhält den Friedenspreis des Deutschen Buchhandels
P. HINDEMITH lehrt an der Yale University in New Haven

1954 M. ERNST wird von A. BRETON aus der Gruppe der Surrealisten ausgeschlossen
H. MARCUSE wird Professor an der Brandeis University in Waltham

1955–1958

Politik und Wirtschaft

1955 K. ADENAUER besucht erstmals die Sowjetunion
D. BEN GURION wird erneut zum Ministerpräsident Israels gewählt
W. CHURCHILL tritt endgültig vom Amt des Premierministers zurück
J. MONNET gründet das ›Aktionskomitee für die Vereinigten Staaten von Europa‹
K. WALDHEIM wird ständiger österreichischer Beobachter bei den UN

1956 V. GISCARD D'ESTAING wird Abgeordneter der französischen Nationalversammlung
R. SCHUMAN wird Präsident der Europäischen Bewegung
K. WALDHEIM wird österreichischer Gesandter

Wissenschaft und Technik

1955 11. 3. † ALEXANDER FLEMING
18. 4. † ALBERT EINSTEIN
E. BLOCH wird ordentliches Mitglied der Deutschen Akademie der Wissenschaften in Ostberlin
K. V. FRISCH: *Bienenfibel*
M. HEIDEGGER leitet das Kolloquium über ›Was ist das – die Philosophie‹ in Cérisyla-Salle, das von J. BEAUFRET organisiert wurde
H. J. OBERTH geht als Mitarbeiter W. V. BRAUNS nach Huntsville/Alabama

1956 16. 3. † IRÈNE JOLIOT-CURIE
29. 7. † LUDWIG KLAGES
A. F. BUTENANDT übersiedelt mit dem Max-Planck-Institut für Biochemie nach München und übernimmt den Lehrstuhl für Physiologische Chemie an der Universität München
W. HEISENBERG übernimmt den Vorsitz des Arbeitskreises Kernphysik in der Deutschen Atom-Kommission
E. SCHRÖDINGER kehrt nach Österreich zurück
H. STAUDINGER zieht sich endgültig von der aktiven Forschung im Bereich der makromolekularen Verbindungen zurück
A. TOYNBEE zieht sich von all seinen Lehrverpflichtungen zurück

Kunst und Kultur

1955 10. 4. † PIERRE TEILHARD DE CHARDIN
M. ERNST kehrt nach Frankreich zurück
H. HESSE erhält den Friedenspreis des Deutschen Buchhandels
LE CORBUSIER erbaut die Kapelle in Ronchamp
TH. MANN besucht Deutschland aus Anlaß des Schiller-Jahres
12. 8. † THOMAS MANN

1956 14. 8 † BERTOLT BRECHT
S. BECKETT: *Endspiel*
H. MARCUSE: *Triebstruktur und Gesellschaft*

1957 W. BRANDT wird zum Regierenden Bürgermeister von Berlin gewählt
G. W. HEINEMANN tritt in die SPD ein

1958 14.9. K. ADENAUER trifft zum ersten Mal mit CH. DE GAULLE in Colombey-les Deux-Eglises zusammen
9.10. † PIUS XII. (EUGENIO PACELLI)
28.10. A. G. RONCALLI wird als JOHANNES XXIII. zum Nachfolger von Papst PIUS XII. gewählt
Mai CH. DE GAULLE wird nach dem Militärputsch in Algerien mit der Bildung einer neuen Regierung beauftragt
21.12. CH. DE GAULLE wird zum ersten Präsidenten der V. Republik gewählt
W. HALLSTEIN wird Präsident der EWG-Kommission
R. SCHUMAN wird erster Präsident des Europäischen Parlaments in Straßburg
K. WALDHEIM wird österreichischer Botschafter in Ottawa

1957 8.2. † WALTER BOTHE
5.8. † HEINRICH OTTO WIELAND
3.11. † WILHELM REICH
E. BLOCH wird zwangsemeritiert
A. GEHLEN: *Die Seele im technischen Zeitalter*
W. HEISENBERG unterzeichnet zusammen mit siebzehn anderen deutschen Physikern das ›Manifest der Göttinger Achtzehn‹ gegen eine atomare Bewaffnung der Bundeswehr
K. LORENZ lehrt Verhaltensforschung an der Universität München
K. LORENZ leitet zusammen mit ERICH V. HOLST das Max-Planck-Institut für Verhaltensphysiologie in Seewiesen bei Starnberg

1957 C. F. V. WEIZSÄCKER wird Professor für Philosophie an der Universität Hamburg
C. F. V. WEIZSÄCKER: *Atomenergie und Atomzeitalter*
F. WANKEL läßt seinen Kreiskolbenmotor bei den NSU-Motorenwerken in Neckarsulm testen

1958 14.8. † FRÉDÉRIC JOLIOT-CURIE
J. HABERMAS: *Erkenntnis und Interesse*
W. HEISENBERG übersiedelt zusammen mit seiner Familie von Göttingen nach München und leitet hier das neue Max-Planck-Institut für Physik und Astrophysik
24.2. W. HEISENBERG formuliert seine ›Einheitliche Feldtheorie‹
H. J. OBERTH kehrt nach Deutschland zurück

1957 25.10. † HENRY VAN DE VELDE
A. CAMUS erhält den Nobelpreis für Literatur
W. GROPIUS beteiligt sich an der Bauausstellung in Westberlin
P. HINDEMITH: *Harmonie der Welt*
D. D. SCHOSTAKOWITSCH: *Das Jahr 1905*

1958 P. PICASSO malt den *Fall des Ikarus* für das Unesco-Gebäude in Paris

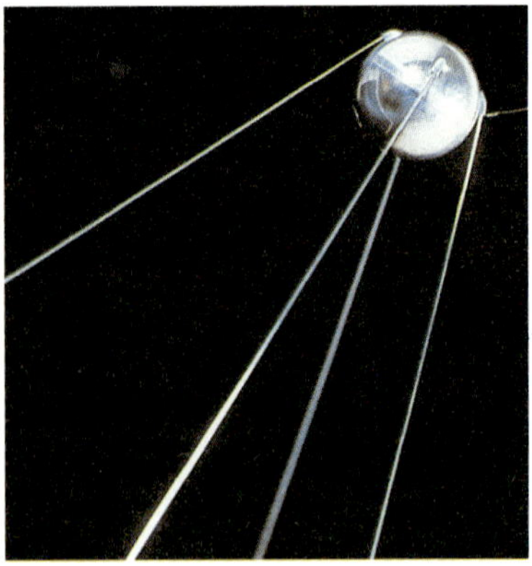

Oben links: *Ch. de Gaulle begrüßt K. Adenauer auf den Stufen des Elysée-Palastes in Paris.*

Oben rechts: *Der israelische Ministerpräsident David Ben Gurion und Adenauer am 14.3.1960 in New York.*

Mitte links: *Am 4.10.1957 startete die UdSSR den ersten Erdsatelliten »Sputnik I«.*

Mitte rechts: *Wernher von Braun (1912–1977) vor seinen Raketen. Die Entwicklung begann mit der V-2 und endete mit der Saturn V für den bemannten Weltraumflug.*

Gegenüberliegende Seite:

Oben links: *Der sowjetische Ministerpräsident N. Chruschtschow mit US-Präsident D. Eisenhower in Washington am 15.9.1959.*

Oben rechts: *Gipfeltreffen in Wien. Am 3. und 4.6.1961 trafen sich Chruschtschow und US-Präsident Kennedy.*

Mitte links: *Am 28.10.1958 wurde Kardinal Angelo Giuseppe Roncalli (1881–1963) zum neuen Papst Johannes XXIII. gewählt.*

Mitte rechts: *Johannes XXIII. eröffnete am 11.10.1962 das II. Vatikanische Konzil im Petersdom in Rom. 2 540 Konzilsväter nahmen an der Eröffnungssitzung teil.*

Unten links: *Elvis Presley (1935–1977), löste als Rock-'n'-Roll-Sänger seit 1955 weltweite Begeisterung aus. Einer der erfolgreichsten amerikanischen Showstars. Aufnahme von 1962.*

Unten rechts: *Das »Atomium« in Brüssel, errichtet für die Weltausstellung 1958.*

Politik und Wirtschaft

1960 14. 3. K. ADENAUER und D. BEN GURION treffen sich zu einem ersten deutsch-israelischen Gespräch
7. 5. L. BRESCHNEW wird Vorsitzender des Präsidiums des Obersten Sowjet
R. SCHUMAN tritt als erster Präsident des Europäischen Parlaments zurück
U. MEINHOF wird Chefredakteurin der Zeitschrift *Konkret*

Am 13.8.1961 errichtete die DDR eine Mauer zwischen dem Ostsektor und den Westsektoren in Berlin. Das Foto zeigt das unpassierbare Brandenburger Tor mit Stacheldraht.

Wissenschaft und Technik

1959 9. 6. † ADOLF OTTO REINHOLD WINDAUS
E. BLOCH: *Das Prinzip Hoffnung*
W. KÖHLER wird Präsident der American Psychological Association

1960 5. 2. N. BOHR weiht in Genf das Protonensynchrotron der Europäischen Organisation für Kernforschung ein
9. 5. W. HEISENBERG weiht in München das Max-Planck-Institut für Physik und Astrophysik ein
W. V. BRAUN übernimmt die Leitung des George C. Marshall Space-Flight-Center der NASA
B. GRZIMEK: *Serengeti darf nicht sterben*
B. GRZIMEK wird Professor für Zoologie in Gießen

1960 O. HAHN übergibt die Präsidentschaft der ›Max-Planck-Gesellschaft‹ an A. BUTENANDT und wird Ehrenpräsident
G. MANN übernimmt eine Professur für Politikwissenschaft an der TH Stuttgart
A. MITSCHERLICH übernimmt die Leitung des Sigmund-Freud-Institutes in Frankfurt a. M.
J. TINBERGEN leitet den 20th Century Fund und wird Vorsitzender des UN-Komitees für Entwicklungsplanung

Kunst und Kultur

1959 A. HITCHCOCK: *Der unsichtbare Dritte*

1960 4. 1. † ALBERT CAMUS
C. J. BURCKHARDT: *Meine Danziger Mission*
A. HITCHCOCK: *Psycho*
LE CORBUSIER errichtet das Priesterseminar La Tourette bei Lyon

*Konrad Lorenz (*1903), Hauptbegründer der Verhaltensforschung an Tieren, erhielt 1973 den Nobelpreis für Medizin. Hier mit seinen Graugänsen im Max-Planck-Institut für Verhaltensforschung am Eß-See bei Seewiesen (Oberbayern).*

1961 18. 9. † DAG HAMMARSKJÖLD
H. SCHMIDT wird Hamburgs Innensenator
1962 11. 10. JOHANNES XXIII. eröffnet das II. Vatikanische Konzil in Rom
K. WALDHEIM wird Generalsekretär der politischen Abteilung des österreichischen Außenministeriums

1963 3. 6. † JOHANNES XXIII. (ANGELO GIUSEPPE RONCALLI)
21. 6. G. B. MONTINI wird als PAUL VI. zum Papst gewählt
4. 9. † ROBERT SCHUMAN
15. 10. K. ADENAUER tritt als Bundeskanzler zurück
12. 12. † THEODOR HEUSS
L. ERHARD wird als Nachfolger von K. ADENAUER zum Bundeskanzler gewählt
T. H. LIE wird norwegischer Minister für Industrie
E. OLLENHAUER wird Präsident der Sozialistischen Internationalen
14. 12. † ERICH OLLENHAUER
J. B. TITO wird jugoslawischer Staatspräsident auf Lebenszeit
K. WOJTYLA wird Erzbischof v. Krakau

1961 4. 1. † ERWIN SCHRÖDINGER
6. 6. † CARL GUSTAV JUNG
L. BINSWANGER wird Ehrenmitglied der Schweizerischen Akademie der Medizinischen Wissenschaften
E. BLOCH übernimmt eine Gastprofessur in Tübingen
R. CARNAP legt seinen Lehrauftrag an der Universität von Los Angeles nieder
K. LORENZ wird alleiniger Direktor des Max-Planck-Institutes für Verhaltensphysiologie in Seewiesen bei Starnberg
A. TOYNBEE: *A Study of History*
1962 25. 3. † AUGUSTE PICCARD
18. 11. † NIELS HENDRIK DAVD BOHR
A. GEHLEN wird Professor für Soziologie an der TH Aachen

1962 A. PORTMANN übernimmt die Leitung der Eranos-Tagungen
1963 E. KRETSCHMER: *Gestalten und Gedanken*
K. LORENZ. *Das sogenannte Böse*
A. MITSCHERLICH: *Auf dem Weg zur vaterlosen Gesellschaft*
K. W. ZIEGLER erhält zusammen mit dem Italiener G. NATTA den Nobelpreis für Chemie

---

1961 M. BUBER schließt die Neuverdeutschung des Alten Testamentes in Jerusalem ab
P. PICASSO heiratet JACQUELINE ROQUE
1962 9. 8. † HERMANN HESSE

1963 28. 12. † PAUL HINDEMITH
H. BÖLL: *Ansichten eines Clowns*
M. CHAGALL malt die Decke der Pariser Oper aus
A. HITCHCOCK: *Die Vögel*

1964–1669

Politik und Wirtschaft

1964 4. 1. PAUL VI. bricht zu seiner Reise nach Jerusalem auf
21. 8. † PALMIRO TOGLIATTI
W. BRANDT wird als Nachfolger von E. OLLENHAUER Parteivorsitzender der SPD
K. WALDHEIM übernimmt das Amt des ständigen Vertreters Österreichs bei den UN

1965 24. 1. † WINSTON S. CHURCHILL
D. BEN GURION gründet die israelische Rafi-Partei
T. H. LIE wird norwegischer Handelsminister

1966 5. 5. K. ADENAUER trifft D. BEN GURION in Israel
Dezember L. ERHARD tritt nach Bildung der Großen Koalition als Bundeskanzler zurück
W. BRANDT wird Außenminister und Vizekanzler der Großen Koalition
L. ERHARD wird Nachfolger K. ADENAUERs als Parteivorsitzender der CDU
G. W. HEINEMANN wird Bundesjustizminister
L. WAŁESA wird Elektromonteur in der Danziger Lenin-Werft

Wissenschaft und Technik

1964 8. 2. † ERNST KRETSCHMER
24. 4. † GERHARD DOMAGK
Der von F. WANKEL entwickelte Kreiskolbenmotor geht erstmals für Automobile in Serie
B. GRZIMEK wird Präsident des deutschen Naturschutzringes
G. MANN siedelt in die Schweiz über
A. PORTMANN wird Präsident der Hermann-Hesse-Stiftung
C. F. v. WEIZSÄCKER: *Die Tragweite der Wissenschaft*

1965 4. 9. † ALBERT SCHWEITZER
8. 9. † HERMANN STAUDINGER

1966 5. 2. † LUDWIG BINSWANGER
O. HAHN, L. MEITNER und F. STRASSMANN erhalten den Enrico-Fermi-Preis
A. MITSCHERLICH wird Ordinarius für Psychologie an der Universität Frankfurt a. M.

Kunst und Kultur

1964 H. MARCUSE: *Der eindimensionale Mensch*
J.-P. SARTRE erhält den Nobelpreis für Literatur, lehnt ihn jedoch ab

1965 13. 6. † MARTIN BUBER
27. 8. † LE CORBUSIER
W. BIERMANN: *Die Drahtharfe*
H. MARCUSE wird Professor an der University of California in San Diego

1966 7. 6. † JEAN ARP
28. 9. † ANDRÉ BRETON
M. CHAGALL malt Wandbilder für die Metropolitan Opera in New York
C. ZUCKMAYER wird schweizerischer Staatsbürger

1967 19.4.† KONRAD ADENAUER
B. KREISKY wird Vorsitzender der SPÖ
K. WOJTYLA wird zum Kardinal ernannt

1968 30.12. † TRYGVE HALVDAN LIE
L. J. BRESCHNEW formuliert die nach ihm benannte Doktrin der Vorherrschaft der Sowjetunion in Osteuropa
K. WALDHEIM wird Außenminister von Österreich
April A. DUBČEK setzt sich als 1. Sekretär der KPČ für die Einführung eines Reformkommunismus in der Tschechoslowakei ein
August A. DUBČEK wird nach dem Einmarsch der Streitkräfte des Warschauer Paktes aller seiner politischen Ämter enthoben
U. MEINHOF geht in den Untergrund

1969 5.3. G. HEINEMANN wird zum Bundespräsidenten gewählt
28.4. CH. DE GAULLE tritt nach einer Wahlniederlage bei einem Referendum über eine Verwaltungsreform zurück
19.5. H. KOHL wird Ministerpräsident von Rheinland-Pfalz
Oktober W. BRANDT wird zum ersten Bundeskanzler der SPD gewählt

---

1967 11.6. † WOLFGANG KÖHLER
9.7. † EUGEN FISCHER
A. MITSCHERLICH: *Die Unfähigkeit zu trauern*
G. K. MYRDAL übernimmt den Vorsitz des Institutes für Friedensforschung in Stockholm

1968 28. 7. † OTTO HAHN
27.10. † LISE MEITNER

1969 26.2. † KARL JASPERS
6.8. † THEODOR W. ADORNO
B. GRZIMEK wird Naturschutzbeauftragter der deutschen Bundesregierung
G. K. MYRDAL wird Direktor des ›Institute of International Economic Studies‹ in Stockholm
J. TINBERGEN erhält zusammen mit RAGNAR FRISCH den Nobelpreis für Ökonomie
C. F. v. WEIZSÄCKER übernimmt die Leitung des neugegründeten ›Max-Planck-Institutes zur Erforschung der Lebensbedingungen der wissenschaftlich-technischen Welt‹ in Starnberg

---

1967 M. BILL übernimmt ein Lehramt an der Hamburger Kunsthochschule
C. J. BURCKHARDT: *Richelieu*

1968 J.-P. SARTRE bricht endgültig mit den Kommunisten nach dem Einmarsch in die Tschechoslowakei

1969 5.7. † WALTER GROPIUS
17.8. † LUDWIG MIES VAN DER ROHE
S. BECKETT erhält den Nobelpreis für Literatur
A. MALRAUX tritt als französischer Kulturminister im Zusammenhang mit der Abdankung DE GAULLES zurück

Oben: *Der »Prager Frühling« nahm am 20.8.1968 ein jähes Ende durch den Einmarsch der Truppen des Warschauer Paktes. Hier sowjetische Panzer in Preßburg.*

Unten: *Die »Beatles« (v. l. n. r.: Paul McCartney, George Harrison, John Lennon und Ringo Starr) erhielten am 26.10. 1965 von Königin Elizabeth II. den Orden »Member of the British Empire«.*

Gegenüberliegende Seite:

Oben links: *Bundeskanzler Willy Brandt bei der Abfahrt vom Hauptbahnhof Erfurt nach seinem Treffen mit dem DDR-Ministerpräsidenten Willi Stoph am 19.3.1970.*

Oben rechts: *Brandt und der sowjetische Ministerpräsident Alexej Kossygin unterzeichneten am 12.8.1970 in Moskau den deutsch-sowjetischen Gewaltverzichtsvertrag. Rechts Außenminister Andrej Gromyko. Hinter Brandt Parteichef L. Breschnew.*

Mitte links: *W. Brandt kniet am 7.12.1970 in Warschau am Ehrenmal für die Opfer des jüdischen Ghettos nieder.*

Mitte rechts: *Am 7.12.1970 unterzeichneten in Warschau (von links) W. Scheel, W. Brandt, Ministerpräsident Jozef Cyrankiewicz und Außenminister Stefan Jedrychowski den deutsch-polnischen Vertrag.*

Unten links: *Eine Gemini-Kapsel der USA auf der Erdumlaufbahn*

Unten rechts: *Neil Armstrong und Michael Aldrin (im Bild) betraten als erste Menschen am 20.7.1969 den Mond (Raumschiff »Apollo 11«).*

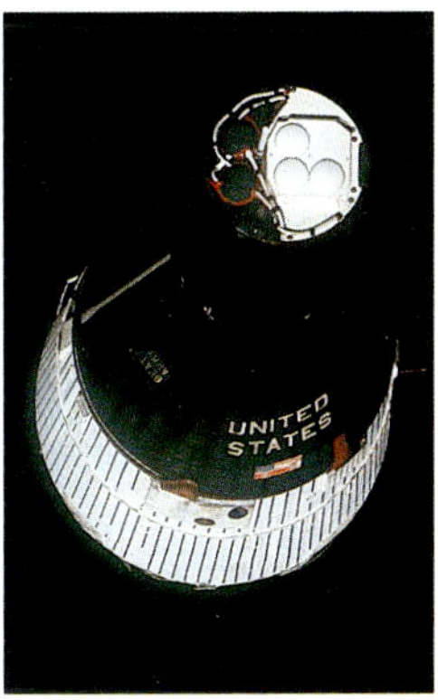
UNITED
STATES

1970–1975

Politik und Wirtschaft

1970 9.11. † CHARLES DE GAULLE
W. BRANDT trifft W. STOPH in Erfurt
B. KREISKY wird österreichischer Bundeskanzler
U. MEINHOF wird Mitglied der nach ihr und A. BAADER benannten terroristischen Vereinigung
U. MEINHOF beteiligt sich an der Befreiung von A. BAADER aus der Haftanstalt

1971 W. BRANDT erhält den Friedensnobelpreis
F. MITTERRAND leitet die neukonstituierte Parti Socialiste
K. WALDHEIM unterliegt als Kandidat der ÖVP bei den Bundespräsidentenwahlen in Österreich
Dezember K. WALDHEIM wird zum Generalsekretär der UN gewählt

1972 1.1. K. WALDHEIM tritt das Amt des Generalsekretärs der UN an
U. MEINHOF wird verhaftet

Rechts: *Der neu gewählte Bundeskanzler Helmut Schmidt (SPD) wurde am 16.5.1974 durch Bundestagspräsidentin Annemarie Renger vereidigt (im Amt bis 1982).*

Wissenschaft und Technik

1970 5.1. † MAX BORN
2.2. † BERTRAND ARTHUR WILLIAM RUSSELL
1.8. † OTTO HEINRICH WARBURG
14.9. † RUDOLF CARNAP
W. V. BRAUN wird Stellvertretender Administrator im Hauptquartier der NASA in Washington
W. HEISENBERG tritt als Geschäftsführender Direktor des Max-Planck-Institutes für Physik und Astrophysik aus seinem Amt aus
G. K. MYRDAL erhält zusammen mit seiner Frau den Friedenspreis des deutschen Buchhandels

1971 J. HABERMAS wird Direktor des Max-Planck-Institutes zur Erforschung der Lebensbedingungen der wissenschaftlich-technischen Welt in Starnberg
G. MANN: *Wallenstein*

1972 E. WARBURG wird Professor für Physik in Straßburg

Kunst und Kultur

1970 H. BÖLL wird Präsident des PEN-Zentrums der Bundesrepublik
O. KOKOSCHKA: *Mein Leben*

1971 6.4. † IGOR STRAWINSKIJ
4.6. † GEORG LUKÁCS
H. BÖLL: *Gruppenbild mit Dame*
H. BÖLL wird Präsident des internationalen PEN-Clubs
A. HITCHCOCK: *Frency*
D. D. SCHOSTAKOWITSCH: *15. Symphonie*

1972 H. BÖLL erhält den Literaturnobelpreis

1973 1.12. † DAVID BEN GURION
18.5. L. BRESCHNEW trifft in Bonn mit W. BRANDT zusammen

1974 30.10. H. SCHMIDT trifft in Moskau mit L. BRESCHNEW zusammen
W. BRANDT tritt im Zusammenhang mit der Spionageaffäre Guillaume als Bundeskanzler zurück
V. GISCARD D'ESTAING wird zum französischen Präsidenten gewählt
H. SCHMIDT wird als Nachfolger von W. BRANDT Bundeskanzler

1975 29.10. H. SCHMIDT trifft in Peking mit MAO TSE-TUNG zusammen
M. H. THATCHER wird Oppositionsführerin im Unterhaus
Beginn der Baader-Meinhof-Prozesse in Stuttgart-Stammheim

1973 7.7. † MAX HORKHEIMER
11.8. † KARL WALDEMAR ZIEGLER
K. V. FRISCH erhält zusammen mit K. LORZENZ und N. TINBERGEN den Nobelpreis für Medizin und Physiologie
J. HABERMAS: *Kultur und Kritik*
K. LORENZ gründet die Abteilung Tiersoziologie am Institut für Vergleichende Verhaltensforschung der Österreichischen Akademie der Wissenschaften in Altenberg bei Wien
K. LORENZ: *Die Rückseite des Spiegels*
K. LORENZ: *Die acht Todsünden der zivilisierten Menschheit*

1974 24.7. † JAMES CHADWICK
G. K. MYRDAL erhält zusammen mit FRIEDRICH V. HAYEK den Nobelpreis für Ökonomie

1975 22.10. † ARNOLD JOSEPH TOYNBEE
C. F. V. WEIZSÄCKER: *Fragen zur Weltpolitik*

1973 16.4. † PABLO PICASSO
H. MARCUSE: *Konterrevolution und Revolte*

1974 13.2. H. BÖLL trifft sich mit dem aus der UdSSR ausgewiesenen Regimekritiker A. SOLSCHENIZYN
4.3. † CARL JACOB BURCKHARDT
29.7. † ERICH KÄSTNER

1975 9.8. † DMITRI D. SCHOSTAKOWITSCH
CH. CHAPLIN wird von der britischen Königin in den Adelsstand erhoben
C. ZUCKMAYER: *Der Rattenfänger*

1976–1979

Politik und Wirtschaft

1976 W. BRANDT wird zum Vorsitzenden der Sozialistischen Internationale gewählt
7.7. † GUSTAV HEINEMANN
J. MONNET löst selbst das von ihm gegründete ›Aktionskomitee für die Vereinigten Staaten von Europa‹ auf
L. WAŁESA wird nach Streikunruhen in Danzig entlassen
9.5. † ULRIKE MEINHOF
9.9. † MAO TSE-TUNG

1977 5.5. † LUDWIG ERHARD

1978 6.8. † PAUL VI. (GIOVANNI BATISTA MONTINI)
28. 9. † JOHANNES PAUL I.
16.10. K. WOJTYLA wird als JOHANNES PAUL II. zum Papst gewählt

1979 16.3. † JEAN MONNET
3.5. M. THATCHER wird britische Premierministerin
23.5. K. CARSTENS wird zum Bundespräsidenten gewählt
7.7. W. BRANDT und B. KREISKY treffen in Wien mit PLO-Chef ARAFAT zusammen

Wissenschaft und Technik

1976 30.1. † ARNOLD GEHLEN
1.2. † WERNER HEISENBERG
26.5. † MARTIN HEIDEGGER

1977 16.6. † WERNHER VON BRAUN
4.8. † ERNST BLOCH

1978 7.7. † KARL HEINRICH BAUER

Gegenüberliegende Seite:

Oben links: *Nach dem Tod von Francisco Franco wurde Juan Carlos de Borbon am 22.11.1975 zum König von Spanien proklamiert und vereidigt.*

Oben rechts: *Der sowjetische Staats- und Parteichef Leonid Breschnew (1906–1982) besuchte vom 4.–7.5.1978 die Bundesrepublik Deutschland. Hier mit Bundeskanzler Helmut Schmidt.*

Mitte: *Mit Karol Wojtyla, dem Erzbischof von Krakau, wurde am 16.10.1978 der erste Nichtitaliener seit 1523 zum Papst gewählt. Hier gibt Johannes Paul II. den ersten Segen »Urbi et Orbi«.*

Kunst und Kultur

1976 1.4. † MAX ERNST
16.11. W. BIERMANN wird aus der DDR ausgewiesen
23.11. * ANDRÉ MALRAUX

1977 18. 1. † CARL ZUCKMAYER
26.12. † CHARLIE CHAPLIN

1978 20.11. † GIORGIO DE CHIRICO

1979 29.7. † HERBERT MARCUSE

Gegenüberliegende Seite.

Unten links: *Anläßlich des 25jährigen Staatsjubiläums des Landes Baden-Württemberg fand 1977 im Alten Schloß von Stuttgart eine der erfolgreichsten Ausstellungen »Die Zeit der Staufer« statt. Hauptobjekt war der »Cappenberger Barbarossa-Kopf« (Kaiser Friedrich I.) um 1160.*

Unten rechts: Mann und Frau den Mond betrachtend *von Caspar David Friedrich (1824), eines der Hauptwerke der großen C. D. Friedrich-Ausstellung in Hamburg (1974).*

1980–1982

Politik und Wirtschaft

1980 1. 1. † Pietro Nenni
3. 5. † Josip Broz Tito
November Johannes Paul II. besucht die Bundesrepublik
L. Wałesa wird Vorsitzender des Streikkomitees der Lenin-Werft und übernimmt die Führung der neugegründeten Gewerkschaft ›Solidarität‹

1981 13. 4. Attentat auf Johannes Paul II.
10. 5. F. Mitterrand wird zum französischen Präsidenten gewählt
22. 11. L. Breschnew besucht erneut die Bundesrepublik
11. 12. H. Schmidt trifft E. Honecker am Werbellinsee
13. 12. L. Wałesa wird im Zuge der Verhängung des Kriegsrechts in Polen verhaftet und interniert

1982 29. 3. † Walter Hallstein
1. 10. H. Schmidt muß als Bundeskanzler zurücktreten, H. Kohl wird Nachfolger
10. 11. † Leonid I. Breschnew
Jurij Andropow tritt als Generalsekretär des ZK der KPdSU die Nachfolge an
13. 11. L. Wałesa wird freigelassen
14. 11. L. Wałesa kehrt nach Danzig zurück

Wissenschaft und Technik

1980 18. 3. † Erich Fromm
22. 4. † Fritz Strassmann
31. 7. † Ernst Pascual Jordan
16. 9. † Jean Piaget

1982 12. 6. † Karl von Frisch
26. 6. † Alexander Mitscherlich
28. 6. † Adolf Portmann
9. 10. † Anna Freud

Kunst und Kultur

1980 22. 2. † Oskar Kokoschka
29. 4. † Alfred Hitchcock
15. 4. † Jean-Paul Sartre

1981 1. 9. † Albert Speer

Rechts: *Plakat der Preußen-Ausstellung vom 16.8.–15.11.1981 in Berlin.*

Oben links: *Lech Walesa, Sprecher der seit 1980 gegen die Wirtschaftspolitik der polnischen Regierung streikenden Arbeiter und Führer der Ende 1980 gegründeten unabhängigen Gewerkschaft »Solidarität«. Nach Verhängung des Kriegsrechts am 13.12.1981 wurde er inhaftiert und erst am 13.November 1982 wieder freigelassen. Foto 30.3.1981.*

Unten links: *Helmut Kohl (CDU) wurde am 1.10.1982 durch ein konstruktives Mißtrauensvotum von der Mehrheit des Bundestages als Nachfolger Helmut Schmidts (SPD; rechts) zum neuen Bundeskanzler gewählt.*

Oben rechts: *Streikende Arbeiter in der Lenin-Werft in Danzig im August 1980.*

Unten rechts: *Die Verhinderung von Kernkraftwerken ist ein besonderes Anliegen von Umweltschützern. Im Bild eine Demonstration gegen das geplante Kernkraftwerk Brokdorf am 28.2.1981.*

Biographische Nachschlagewerke

Günter Albrecht u. a. (Hg.), *Lexikon deutschsprachiger Schriftsteller.* Lpzg. 1974.

Allgemeine Deutsche Biographie. Lpzg. 1875–1881.

Max Arnim, *Internationale Personalbibliographie 1800–1943.* Lpzg. 1944.

Bruno Berger/Heinz Rupp (Hg.), *Deutsches Literaturlexikon.* Bern/Mchn. 1968–81.

C. C. Bergius (Hg.), *Die großen Entdecker.* Gütersloh 1975.

Anton Bettelheim (Hg.), *Biographisches Jahrbuch und Deutscher Nekrolog.* Bln. 1897–1917.

Biographia Britannica. Ldn. 1747–66, Nachdr. Hildesheim 1973.

Frederic Boas (Hg.), *Modern English Biography. Ldn. 1965.*

Günter Buch, *Namen und Daten, Biographien wichtiger Personen der DDR.* Bln./Bonn 1973.

Dictionnaire de Biographie Française. Paris 1933 ff.

Johann Gottlob Wilhelm Dunkel, *Historisch-kritische Nachrichten von verstorbenen Gelehrten und deren Schriften.* Cöthen 1753, Nachdr. Hildesheim 1968.

Deutsches Biographisches Jahrbuch. Bln./Lpzg. 1925–29.

Kurt Fassmann (Hg.), *Die Großen der Weltgeschichte.* Zürich 1971–79.

Aldo Ferrabino (Hg.), *Dizionario Biografico degli Italiani.* Rom 1960 ff.

J. Fischer (Hg.), *Biographisches Lexikon der hervorragenden Ärzte der letzten fünfzig Jahre.* Bln. 1932/33.

Firmin Didot Frères (Hg.), *Nouvelle Biographie Universelle.* Paris 1852–57.

Hermann Heimpel u. a. (Hg.), *Die großen Deutschen.* Bln./Ffm./Wien 1960.

Karl August Hennicke, *Beiträge zur Ergänzung und Berichtigung des Jöcher'schen Allgemeinen Gelehrten Lexikons und des Meuse'schen Lexikons.* Lpzg. 1811, Nachdr. Hildesheim 1969.

Dietmar Henze (Hg.), *Enzyklopädie der Entdekker und Erforscher der Erde.* Graz 1975 ff.

Francis Hodgson (Hg.), *Who's Who in Science in Europe.* Ldn. 1967 ff.

Franz Hübotter u. a. (Hg.), *Biographisches Lexikon der hervorragenden Ärzte aller Zeiten und Völker.* Bln./Wien 1929–1935.

Martin Hürlimann (Hg.), *Große Schweizer.* Zürich 1938.

Charles Coulston Gillispie (Hg.), *Dictionary of Scientific Biography.* NY 1970–1978.

Pierre Grimal (Hg.), *Dictionnaire des Biographies.* Paris 1958.

Christian Gottlieb Jöcher, *Allgemeines Gelehrtenlexikon.* Lpzg. 1750–1897, Nachdr. Hildesheim 1967.

Kindlers Literaturlexikon. 7 Bde. Zürich 1965.

Kindlers Malereilexikon. 6 Bde. Zürich 1964.

Karl Ritter v. Klimesch (Hg.), *Köpfe der Politik, Wirtschaft, Kunst und Wissenschaft.* Augsburg 1953.

Gerhard Kowalewski, *Große Mathematiker.* Bln. 1938.

Kürschners Deutscher Gelehrten-Kalender. Bln./Lpzg./Wiesbaden 1925 ff.

Kürschners Deutscher Literatur-Kalender. Bln./NY 1921 ff.

Conrad Matschoss, *Große Ingenieure.* Mchn. 1954.

Ders., *Männer der Technik.* Bln. 1925.

Neue Deutsche Biographie. Bln. 1953 ff.

Neue Österreichische Biographie 1815–1918. Wien 1923–57.

Edouard-Marie Oettinger, *Moniteur des Dates.* Dresden 1866.

J. C. Poggendorff, *Biographisch-Literarisches Handwörterbuch zur Geschichte der Exacten Wissenschaften.* Lpzg./Bln. 1863 ff.

Horst Claus Recktenwald (Hg.), *Lebensbilder großer Nationalökonomen.* Köln/Bln. 1965.

Peter Richard Rohden (Hg.), *Menschen die Geschichte machten.* Wien 1934.

Hellmuth Rössler/Günther Franz, *Biogr. Wörterbuch zur Geschichte.* Mchn. 1953.

Salentiny Fernand, *Das Lexikon der Seefahrer und Entdecker.* Tübingen/Basel 1974.

Leo Santifaller (Hg.), *Österreichisches biographisches Lexikon 1815–1950.* Graz/Köln 1957–72.

Robert B. Slocum, *Biographical Dictionaries and Related Works.* Detroit (Mich.) 1967.

Ulrich Thieme/Felix Becker (Hg.), *Allgemeines Lexikon der bildenden Künstler.* Lpzg. 1907–50.

Hans Vollmer (Hg.), *Allgmeines Lexikon der bildenden Künstler des XX. Jahrhunderts.*Lpzg. 1953–62.

Wer ist Wer? Das deutsche Who's Who. Bln./Lübeck 1958 ff.

Who's Who in Central and East Europe. Zürich 1937 ff.

Who's Who in Europe. Brüssel 1965.

Who's Who in France. Paris 1953 ff.

Who was Who, London. 1920 ff.

Constant Wurzbach, *Biographisches Lexikon des Kaiserthums Oesterreich.* Wien 1856–91.

Hans Wußing/Wolfgang Arnold (Hg.), *Biographien bedeutender Mathematiker.* Bln. 1975.

Register

Die bei den alphabetisch geordneten Namenseinträgen stehenden Zahlen beziehen sich auf die Jahreszahlen, nach denen die Synchronopse aufgebaut ist.

A

B

G

H

K

M

Q

R